人類大毀滅？

漫談馬雅預言與歷史預測

胡昕◎著

臺灣商務印書館

目錄

認識古代馬雅預言

一、馬雅文明及其預言之謎

　　談起古代史，今人印象中就只有四大文明故國，即位於東半球的埃及、巴比倫、印度和中國；我們比較陌生的是西半球上「新大陸」的馬雅、阿茲提克和印加這三大文明；其中，馬雅文明乃是人類古代歷史花園中，極富浪漫和神秘色彩的一枝野玫瑰，它不僅在整體上是西半球文明的先進，而且在人類智慧所能達到的高度方面（如天文、曆法、數學和文學等），與上述的四大文明古國並駕齊驅，更在人類歷史預言這一單項智力競賽中奪得冠軍。古典文明時期的馬雅人像仙女般下凡人間長達千年，留下一連串美麗的神話、深邃的預言、雄奇的廟塔、恢宏的宮殿、森嚴的祭壇和沉思的碑林後，悄然離去，至今無人知曉她的蹤跡；而馬雅先哲們從天宇觀測中得到的啟示，赫然指向了2012年。智者並未多語，卻讓今人費盡猜測。2012年不僅標誌著新一輪為期二萬六千年歲差運動（地球自轉軸空間方向的緩慢變化）的開始，也是持續二千六百萬年和七千八百萬年，這兩個地球演化歷史週期的終結之時，更是長達二億五千萬年的銀河系宇宙變化週期的尾聲。

　　現有的考古證據顯示，大約一千五百多年前（約為中國歷史上的南北朝時期），第一批馬雅人突然出現在遙遠的中美洲地區（今墨西哥南部和瓜地馬拉、薩爾瓦多、洪都拉斯與貝里斯等國）；從西元300年到900年，大體上就是歐洲人深處神權壓制的

黑暗時代，馬雅族卻在那裏培育出燦爛的文明之花。當時馬雅世界的人口總數據說超過了一千萬，其繁榮程度大概僅次於中國的大唐盛世。馬雅文化有別於其他同時期古代文明的地方在於，馬雅人當時就具有的先進技術（如天文觀測和計算方法），後者並非像我們所期待的那樣來自長期的文明發展。對馬雅文化的現代考古研究已歷經一百七十多個年頭，但迄今依然沒有讓人信服的證據能夠說明，古代馬雅文明究竟起源於何時何處，又是如何在那個十分不利人類生存的自然環境中發展起來的。儘管世人提出了種種理由來解釋古代馬雅族，何以會在九世紀突然放棄那些輝煌的城市，但這個問題仍然是當代考古學上最能測驗人類智力的謎語之一。那些自以為是的各路專家們，對馬雅文明的來龍去脈眾說紛紜，但他們都一致肯定馬雅文明的不凡成就，其中包括那些最複雜的藝術作品，和二十世紀前還無人超越的宇宙運動的週期計算。馬雅人使用了最複雜的數學方法來記錄銀河系的運動週期，在長達二千五百多年的曆法推算中竟然沒有一天的誤差。除了記錄今人所熟知的日、月的運動週期外，有著五千年悠久歷史的馬雅曆法所記錄的內容實在讓現代人驚訝而困惑，因為馬雅人記錄了行星和整個太陽系，將於2012 年同銀河系中心區域，排成一線這個罕見的天體運動現象。該事件每隔二萬六千年才會出現一次，他們終其一生都無緣親歷此一天象。在今人看來，古代馬雅社會只有刀耕火種的農業，其生產工具帶有新石器時代的特徵，那麼，神遊古今而又通曉天地的馬雅先哲們，記錄這種巨宏觀時間的宇宙運動週期的目的何在？這些記錄所傳遞的歷史預言究竟想告訴後人什麼呢？

二、公共輿論中的馬雅預言

眼下，成百上千個使用幾十種不同語言的全球互聯網站、數量日益增多的各種書籍、錄像、國際性的專題研討會和電子論壇等，都在廣泛地推測馬雅族曆法和2012這一「末日」流年的涵義。特別是這兩年來，西方英語世界（英美兩國）密集出版和再版了幾十本有關馬雅人對2012年預言方面的書籍。2008年以來中文互聯網上也出現了有關內容的介紹性報導。2009年7月臺灣出版了《2012年重生預言》，這是第一本中文專著。香港也出版了《馬雅大預言——2012年：地球滅亡的真相》的日文翻譯作品。2010年元旦，北京出版了《馬雅預言（2012）》，這是中國大陸地區第一本此類書籍；同時，還推出了譯作《2012年馬雅宇宙的生成》（見第四章）。筆者所在的美國加州舊金山東海灣社區，人們現在得耐心等候幾個星期，才能從這裏的公共圖書館借到有關書籍。2009年11月13日開始公演的好萊塢科幻性災難影片《2012》，更是將這波混合著恐懼、刺激和期待心理的「末日」文化熱推向了高潮。迄今，該片收入高達七億六千多萬美金，在當年產電影中名列第五。由此可見世人對此的關注和擔憂。需要留意的是，幾乎所有這兩年來出版的有關書籍，其封面都印有「2012」的年數，這顯然多是出於書商的精明。其實，將2012年認定為全球生態劫難之時，這僅是我們現代人（特別是主要使用西班牙語網站的）的理解、推測或宣傳，在古代馬雅人（主要是石碑的）文獻中並沒有這種歷史預測的明確記載，所有馬雅象形文字的記載中，僅有墨西哥塔巴斯科州托爾圖格羅地區的第六號石碑，提到過這個日期；就是這一碑文也沒有提到，目前流行於公共輿論的那種末日恐怖情景。即便在馬雅文化的崇拜者中間，對於2012年的歷史預言是否具有特殊的重要性，人們的意見也並不完全一致。那麼，目前世人又是如何理解馬雅智者對2012年的歷史預言呢？

筆者 2008 年 8 月初最先收到的一則中文電郵提到了「斐聲國際」的馬雅學專家摩利斯・科特羅（Maurice Cotterell），說他從許多馬雅古廟與碑石中發現了一組一再重複出現的密碼，即一百三十六萬六千五百六十（1,366,560）。若將這個密碼的單位視為「天」，換算為年的話，相當於三千七百四十年。馬雅族深信前面一個大歷史週期開始於西元前 3113 年，這也是馬雅文明的起始點。按科氏的說法，馬雅文明在西元 750 年突然消失，中間生存的年代接近三千七百四十這個年數。根據這則電郵，馬雅文獻記載說，地球每隔三千七百四十年就會被毀滅一次，而地球生命在過去已曾被毀滅過四次了。摩利斯還將馬雅文化中的聖數一百三十六萬六千五百六十（1,366,560）與太陽磁場變化週期，這二個表面上毫不相干的事件連接在一起。（摩氏的）科學計算顯示太陽磁極每隔三千七百四十年就會對調一次，而三千七百四十年剛好是一百三十六萬六千五百六十（1,366,560）天換算的年數。由於地球的磁場受到太陽磁場很大的牽制，當太陽磁極逆轉時，摩利斯推論地球磁極也會跟著對調，從而使地球南北兩極互換。生物因無法適應突然發生的重大氣候變化而集體死亡。長毛象被認為是熱帶地區的生物，但磁極對調使牠們生存的地方變成了天寒地凍的不毛之地，於是就發生了長毛象在西伯利亞和阿拉斯加等地集體死亡的現象。而考古學上的證據顯示，這二個地方原本是屬於熱帶氣候的。如果地球磁極逆轉會造成生物大量滅絕，那就不難解釋何以每隔一段時期，地球文明便會週期性的毀滅。這裏先請讀者留意上述所謂馬雅學專家所提供的這樣一條思路，即馬雅古蹟中有密碼一百三十六萬六千五百六十（1,366,560）＝三千七百四十年＝太陽磁極對換週期＝馬雅文明生存週期＝地球生物滅絕週期（即世界末日），第四章要對此展開論述，因為這個思路主導著目前有關 2012 年馬雅

預言的公共輿論。

　　2009年還是在8月份，筆者又收到的一份電郵說，馬雅古文明預言：2012年12月31日是，馬雅人長曆法中本次人類文明結束的日子，並提到美國太空總署（NASA）的預測說，地球與太陽的磁極將於2012年發生顛倒，而前幾次這種情況則分別導致了冰河時代和大洪水等事件。這則報導明確提到了2012年就是馬雅古人所預言的世界「末日」。考古學家們至今並未發現古代馬雅人擁有現代天文觀測的先進設備，如天體望遠鏡，當然，沒有證據，不等於證據不存在，但在此情況下，我們不禁要問：馬雅古人何以會選定2012年作為世界「末日」？馬雅族又是如何通過天體觀測來預言人類宏觀歷史運動的呢？這個終結日預言屆時對我們人類生活會有哪些直接的正面或負面影響呢？說白了，2012年是全球生態毀滅之日呢？還是人類走向更高歷史階段的新生之時？這些問題將在下面一至四章中加以回答。

三、馬雅預言的基本解讀法

（一）反思近代文明的傳統觀念

　　馬雅人對2012年的歷史預言蘊涵著極其豐富而又深刻的內容，對此如何解讀是一個十分複雜的課題，因為它牽涉到非常廣泛的學科知識，不僅需要有百科全書式的知識廣度，和交叉學科的綜合性思考能力，而且還要有一個合理的世界觀與合適的歷史觀，作為分析與評價的參考。由於馬雅文明被認為是一種（史前文明的）「遺產」而非「發展」，因此，它首先引發的就是對史前文明的合理思考與評價，為此，我們就得反思構成近代文明思想基礎的所

謂歷史進步的觀念。其次，馬雅預言是基於長達近二萬六千年的天象運動週期，和歷時五千多年的人類文明發展過程，而現代人所習慣的最遠視野不過就是距今五千多年前的古埃及文明。因此，要理解和評價馬雅預言，就需要重新認識史前（包括古代）文明，並用馬雅先知早已認識到的巨宏觀（包括銀河宇宙、太陽系和地球演化週期在內的）的時間觀念作為參考坐標，因為這些巨宏觀歷史週期，會直接或間接地影響甚至決定我們人類的命運。本書第二章介紹和論述了馬雅人和以亞特蘭提斯為代表的史前文明的連繫、沉島文明的來龍去脈和認識史前文明的基本思路，目的是為理解馬雅預言的豐富內容和深刻涵義作好知識上的準備。

上面提到，馬雅人通過天體觀測預言，2012 年整個太陽系的行星將和銀河宇宙排成一線，而美國太空總署（NASA）的權威預測是，屆時地球與太陽的磁極可能發生顛倒（雖然目前來看發生的概率極小），而前幾次這種情況則分別導致了冰河來臨與洪水泛濫等災難事件。倘若不瞭解現代考古和歷史學對馬雅文明的研究現狀，我們就難以理解古代馬雅人是如何能做出，這種需要有現代天文觀測設備才能進行的天體觀測；如果沒有天體和地球物理以及宇宙學的基本知識，我們就很難預知太陽走近銀河中心時，究竟會對地球生態造成何種影響，而不論正負面，該影響對整個宇宙發展又會有什麼作用。沒有天文、生物與考古等交叉學科知識與綜合性思維能力，我們將無法判斷太陽同銀河連成一線、地球與太陽磁極調換和地球生態災難，這三者間究竟是一種什麼關係，是簡單的直線因果關係呢？還是動態的自平衡（或稱複式的循環平衡）關係？亦或是兩者兼有？如果假定它們之間僅是因果關係，處於該關係鏈末端的地球生態劫難或生物滅絕到底是一個漸變過程呢？還是如地震或海嘯那樣是一種突發性事件？如果沒有宗教學、神話學、人類

學、心理學和史前文明的知識，我們就無從斷定馬雅預言，究竟是否隱含著今人還無法理解的深意；因為有學者提出，馬雅預言的終結日將預示著人類精神發展更高階段的開始。

　　儘管解讀馬雅預言涉及到眾多的現代科學知識，但諷刺的是，現代主流科學界卻並不承認有什麼馬雅預言。天文學家們已經觀測到太陽（於1998年就開始）走進了銀河中心區域的天象，但他們並不認為這會對人類歷史發展有什麼影響，更不用說有重大意義了。浸潤在現代文明中的我們有一個根深柢固的觀念，這就是歷史在進步，人類在進化。基於這點，我們潛意識就會視一切在時間上屬於過去的東西都是落後的，是應該被淘汰的。按照這個邏輯，發生在一千五百多年前的馬雅古典文明，會有什麼讓今人值得大驚小怪的東西呢？我們都明白，要理解馬雅預言，就必須首先瞭解產生這種預言的馬雅文化。但問題是我們要如何去瞭解和理解。如果用物質至上的世界觀和進化論主導的歷史觀來認識馬雅文明，我們就無法肯定馬雅預言的現實涵義與歷史深意。在主流科學看來，缺乏實證觀念的古人如何能預言今人的歷史活動？馬雅族將天象與人事相聯的預言，充其量也就是古老的星象學方法，後者至今都被認為是一種偽科學，而不許「明媒正娶」、「登堂入室」。

（二）需要一種合理的評價標準

　　顯然，要是沒有一種合理的世界觀和合適的歷史哲學作指導，在解讀馬雅預言時，我們至多僅能做到知其然，而無法知其所以然。讓人欣慰的是，現代天文考古學（Astro-archeology）已經挑戰了近代文明所鑄就的傳統史觀，它大膽肯定了古代人類天象觀測的成就和意義；越來越多的考古證據似乎有利於一種循環論的歷史觀，而1960年代在西方社會開始的新世紀（New Age）運動更

是在意識形態、文化生活和社會結構等領域，全方位對啟蒙運動以來物質至上的宇宙觀和直線進步的歷史觀進行了反思。那麼，什麼是理解馬雅預言和2012年及以後人類歷史方向的合理世界觀與歷史觀呢？就目前人類的知識和智慧而言，這個合理的世界觀概括來說應該（在心態上）是開放的、（思維方式上）是平衡的、（審美意識上）是對稱的，因為我們的宇宙乃是由兩大平衡與對稱的精神和物質世界所構成。基於該宇宙觀的歷史觀也是一種開放、平衡與對稱的歷史認識。這裏的「開放」就是接受人類歷史發展的多重可能性，「平衡」就是理解人類各種不同的歷史價值彼此影響的動態關係，「對稱」就是認識人類相互衝突的歷史理念各自所具有的獨特作用、彼此間的互補性與存在合理性。沒有這些觀念上的轉變，我們就像帶著近代科學的墨鏡，看不到馬雅智慧發散出的絢麗色彩，總會固執於用實證方法，來質疑古代馬雅先知的歷史預言在當代的「合法性」，並且無法恰當定位馬雅預言的性質、功能和意義。本書第五章〈馬雅族何以能預言〉將對上述宇宙觀和歷史哲學展開論述。

（三）在歷史進程中的馬雅預言

　　讓現代人恐懼震驚的馬雅預言，和《聖經》還有其他文化（如回教、印度教和佛教等）中的（末日）預言一樣，在知識分類上屬於歷史預測學的範疇。現代意義上的預測科學早在十七世紀就已建立，它為此後各領域的預測奠定了方法論基礎。近三百年過去了，但社會和歷史方面的預測卻始終無法進入科學研究的領域。2005年問世的《社會預測學基本原理》（北京：社會科學文獻出版社）一書結束了這一令人尷尬的局面。社會預測和歷史預測有不少相似的地方，因為它們都要找出人的行為的規律性來；但是，歷

史的範圍和預測的難度就不是社會預測所能比擬的了。雖然目前海內外都認為歷史預測具有很強的實用性，並帶有濃厚的交叉學科性質，但因為缺乏基礎理論，至今都還沒有一本歷史預測方面的專著，可供我們認識馬雅（還有其他文化中）預言的參考。歷史預測作為一門學科之所以舉步維艱，主要原因就是長期以來，對歷史是否可測這個問題始終有兩種對立的意見。決定論者（如基督徒和馬克思等都是）自信歷史是有規律的，因而認定預見其未來發展是可能的；而非決定論者（如西方現代自由派）則強調人類各歷史發展單元的獨特性，斷定歷史在整體上是沒有發展規律可尋的，因而也是無法預見的。今天，馬雅預言使我們現代人首次能心平氣和，來系統而合理地思考並探索馬雅人（還有其他民族）的歷史預測是如何可能的問題。今天人們對馬雅預言的興趣、關注和疑問所形成的文化熱潮，實際上正推動著「歷史預測」走出零敲碎打的手工作坊，以步入現代專業化生產車間。筆者根據二十多年來的閱讀、思考和實踐，通過揭示馬雅預言的方法原理，為歷史預測的科學研究提供一些思路。讀者也可舉一反三，通過認識馬雅預言，來瞭解歷史預測的基本方法，或從歷史預測的角度來解讀馬雅預言。

　　人類有史以來的歷史預言，按其方法的不同可分成三大類，即科學（或實證）的推論、通過宗教啟示或心靈直覺的傳統方法所作的預測，和兼有這兩種方法特徵的星象預測。馬雅先知通過天象觀測來預言人事，但這種預測並非僅根據天象運動週期的客觀記錄數據，如果預言者本身沒有足夠的靈異能力，來透視人類宏觀或微觀的歷史運動，馬雅預言就會像現代實證方法的預測一樣，只能根據大量的實測資訊來預言短期的歷史活動，如現代西方社會中名噪一時的「未來學家」（如托夫勒、奈思比和弗里德曼等），他們歷史預測的時程多為一二十年，最長也不過是一百年。馬雅先知的

歷史預言既有客觀的天象觀測作依據，又有非凡的心靈透視能力來獲取將來的時間記憶能量（見第一、六兩章的第二節）；這兩者的結合使馬雅智者們能預見到相當遙遠的未來發展，甚至巨宏觀的天象活動週期，而2012年時代終結日僅僅是他們諸多預言中的一個。本書第六章劃分了人類現存的種種歷史預言和預測的類型，探討了馬雅（還有其他的歷史）預言應驗的時間問題，這將有助於理解馬雅預言的性質和特點。

　　馬雅族將人類歷史分成四至五個宏觀發展週期，每個週期大約持續五千二百年。馬雅預言中的2012年則是最近一個大時代的終結日。歷史上，不同文化對歷史週期的認識不盡相同，如古代印度先知便認為，最近這一個瑜珈時代將持續四十三萬二千年。但在這些不同認識的背後，我們可以發現古代先知們預測歷史的一個基本方法，即根據某種標準來劃分出歷史階段。第三章首先介紹馬雅人的時間哲學，然後根據馬雅預言所包含的大歷史內容，來勾勒巨宏觀（地球、太陽和銀河系宇宙演化）和宏觀（人類史前文明發展）層次的時間流程。瞭解與把握現存人類所有的時代劃分理論（見第八章第二節），並找出一種合理的標準來確立人類今次文明歷史發展的階段，這是我們根據馬雅族預言歷史的方法，來認識當今時代性質和未來歷史走向的基本要求。通過比較方法，我們發現馬雅先哲們對人類歷史既有宏觀的認識（如週期長達五千多年的時代劃分），也有微觀的研究（如將每個大時代劃分成歷時僅五十二年的循環週期）。將馬雅人的歷史階段論和其他文化中相應的認識作比較，會加深我們對馬雅預言的理解，明確今天人類所處的歷史地位（或發展階段）和未來方向。從文明發展、歷史預測和比較文化這三重視野出發，將馬雅預言連繫到整個人類歷史進程來考察，即往上掛鉤於巨宏觀天象週期和史前文明，往下則銜接於今次

文明，揭示出預言所蘊涵的平衡發展宇宙觀和時間永恆的歷史哲學，提供我們走向未來的思想和精神資源，這是本書最鮮明的特色。

長期以來，傳統和（馬雅族）兼有傳統方法特徵的歷史預測之所以不受重視，主要原因就是其應驗率偏低，被實證科學主導的今人對非實證方法的智力產品是相當苛刻的，除非有百分之百的質量保證，人們很難輕易相信，那麼，傳統和兼有傳統方法特徵的歷史預測，其價值究竟在哪裏呢？第六章探討了馬雅和傳統歷史預言的象徵應驗問題，這是理解非實證方法歷史預言的關鍵。綜觀歷史，馬雅預言並非是天馬行空的獨行俠，它在古今中外都不乏知音，如中國古代的那些預言詩文、《聖經》中的末日預言、諾特丹穆斯的《諸世紀》預言和二十世紀美國睡眠中預言的先知凱西的洞見，他們分別從不同的視野透視出人類的命運。第七章擇要介紹和評述了上述的預言或預測。

最後一章是〈馬雅預言和新文明〉，筆者將馬雅預言所昭示的另一個宇宙大時代（或新的生態文明），和1960年代興起的新世紀運動連繫起來，試圖對2012年和以後歷史的發展內容做出預測。新世紀運動旨在反思近代以來所形成的傳統觀念，批評歐洲中心的種族與文化優越，檢討物質至上的社會發展目標的有效性，肯定古代、史前和土著文明，倡導心靈和精神追求作為人類最後「解放」自己的途徑，而馬雅預言正是通過這場新世紀運動才得以在全球廣為傳播的。

四、參考資料

《馬雅的智慧：浪漫神奇的文化隱喻》，林大雄著，臺灣臺北：

國際村文庫書店有限公司，1996 年 6 月初版。

Braden, Gregg & at el. *The Mystery of 2012: Predictions, Prophecies & Possibilities.* Boulder, CO.: Sounds True, 2007.

Thompson, J. Eric S. *The Rise and Fall of Maya Civilization.* 2nd Edition, enlarged. Norman: University of Oklahoma Press, 1966.

第一章
走進馬雅文明世界

一、古代文明苑的野玫瑰

（一）特殊地理環境

　　所謂馬雅文明是指中美洲古代印第安族馬雅人的傑出文化，其地域在歷史上先後包括了今瓜地馬拉和貝里斯兩國的全境、洪都拉斯和薩爾瓦多兩國大部分的西部，以及墨西哥南部即整個尤卡坦半島和恰帕斯（的東部地區）、（大部分的）塔巴斯科、坎佩切等州和金塔納羅奧地區，它們在地理上屬於中美洲，位於北回歸線和赤道之間。在這同一緯度區內還存在過埃及金字塔文明和印度宗教文明，只是埃及和印度的文明重心是在北回歸線以北地區，且地理上它們都屬於大陸型國家。古代文明基本上都是在大河灌溉下發展起來的，如巴比倫的兩河流域、埃及的尼羅河、中國的黃河與印度的恆河，而馬雅境內除了茂密的叢林、高矮不一的山地和狹長的平原，並無大河巨流；它四面被海洋揉抱，南臨太平洋，北部和西面是墨西哥海灣，東面加勒比海，南北之間的距離為八百八十公里，東西只有五百五十公里，總面積約五十萬平方公里，約等於中國四川省的大小或美國加利福尼亞和阿拉巴馬兩州的面積之和（隨著考古發現的增多，馬雅世界的地域也將隨之擴大，有可能在不遠的未來，尼加拉瓜會成為馬雅文化區的一部分）。從地圖上看，整個馬雅地區的投射形狀有點像西文字母「W」。這種四面臨海的

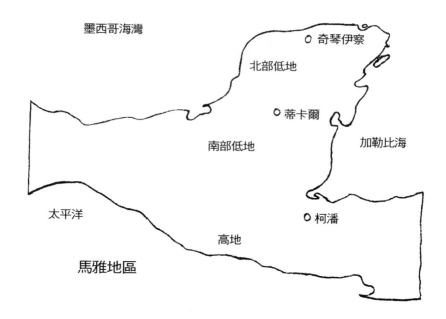

墨西哥海灣

奇琴伊察

北部低地

蒂卡爾

南部低地

加勒比海

太平洋

柯潘

高地

馬雅地區

圖 I-1 整個馬雅地區的投射形狀有點像西文字母 "W"。這種四面臨海的地
　　　理環境和古希臘文明的重鎮雅典相同，不同的是馬雅世界為颶風、豪
　　　雨、火山、地震和海嘯等天災頻發地區。

地理環境倒是和古希臘文明的重鎮雅典相同，而從歷史上來看，希
臘人和馬雅族也確是靈犀相通的「忘年交」。

　　馬雅世界地處熱帶，全年只有雨、旱兩季，但雨季的高峰剛
好就是夏至日；低地區域的雨季甚至一直要延續到年底，而每年的
8月至12月也是這裏的颶風時節，風助雨勢，雨借風力，風災水患
相交，再加上該地區構造性活躍的火山和頻繁的地震，歷史上馬雅
人一定是飽受了自然界所造成的毀滅性災難。約在西元150年，發
生在今薩爾瓦多境內的火山噴發就造成了巨大的災難，以致馬雅人
被迫遺棄了在那裏絕大部分的家園。就在三十多年前的1976年，
一場災難性的大地震便改變了瓜地馬拉整個國家的人口結構和政治

生態，其影響至今都還能感受到。歷史學家們質疑，為何馬雅族要選擇生存於這樣一個不利的自然環境；但哲學家對此卻有不同的思索：究竟是中美洲特殊的地理環境選擇了馬雅人呢？還是身心能量異常的馬雅人自覺選擇了這塊異常的土地來展現自己不凡的才華呢？我們大概都還記得，馬雅古典文明後期重鎮所在的尤卡坦半島北面一個叫奇克西魯巴（Chicxulub）的地方，乃是我們這個星球巨大的重力異常中心所在，大約六千五百萬年前一顆彗星撞上地球，就是在那裏留下了一個巨坑（直徑達一百八十多公里！），並造成了氣候劇變，地質學家們認為這可能是恐龍滅絕的主因。瞭解這個異常的地理環境和特殊的氣候條件對我們體驗古代馬雅人的歷史心理，理解他們的時間哲學，並破譯其預言密碼都會很有啟發的。

（二）隱退歷史之迷

馬雅族根據自己的曆法傳統，認為其最近的一個歷史時代開始於西元前3113（或3114）年在中美洲的定居（並將終結於2012年），但歷史學家們一般都同意馬雅文明約在西元前2500年開始形成，即奧爾梅克（Olmec）時期，其標誌性遺址為拉文塔（La Venta），至西元前400年左右建立國家，西元三至九世紀為文化與科學的發展盛世（通常這一時期被視為典型的馬雅文化，本文隨俗），此後便是政治強大和軍事擴張的所謂後古典時期（這很有點像西方歷史上前後相連的古希臘和羅馬時期），直至十五世紀衰落，最後被西班牙殖民者毀滅。其實，「馬雅」一詞被用來稱謂該地區乃是近五百年的事。十世紀以後，尤卡坦半島上有三個強大的城邦，其中又以馬雅潘（Mayapan）最具主導優勢；在十二至十四世紀即所謂馬雅後古典文明時期之後，西班牙人遠涉重洋來到

新大陸，於是那些講究效率的歐洲人，便用馬雅潘的簡稱形式「馬雅」一詞來指稱中美洲這一地區而沿用至今。

馬雅文明最讓今人不解的就是，它在六至九世紀這期間悄然無聲地消失在歷史的雲霧中。當時，所有的馬雅人拋棄了祖輩們營建的家園，留下一片空蕩蕩的宏基偉業，長途跋涉去北方的荒蠻叢林，重頭開始人生的一切。當哥倫布發現美洲大陸時，馬雅文明已處在它盛世後衰落再復興時（即十三至十五世紀）的末期。面對西方殖民者的入侵，馬雅人不願被命運拖著走，於是他們再次選擇了以退為進的戰略，從而讓歷史學家們又一次跌破了眼鏡。對馬雅族的首次歷史「隱退」，後人有諸多的推測，但都缺乏足夠的說服力。有人提出外族入侵說，但當時的中美洲並不存在一個強大到能對抗馬雅人的民族，更何況遺址中也未發現任何爭戰的痕跡；有人說是因為禍起蕭牆（或兄弟鬩牆），根據是遺址中一些建築工程未能完工，並有國王寶座被打碎和祭司雕像被擊毀的現象，但若此，何以得勝者不留在原地「作威作福」呢？有人說是因為氣候驟變和地震破壞造成生態毀滅，但已有的氣象資料和地震記錄不能有力證明這一點；有人覺得是馬雅人不合理的耕作方法導致了饑荒，但考古學家說馬雅人的農耕技術雖然無法和中國人比，但還不至於落後到要產生致命饑荒的程度，因為他們早就採用了輪作制來延續土地肥力；還有人猜測是瘟疫終結了馬雅古典文明，但此說也無令人信服的憑據。最近有人想到了地外生物，推測馬雅族是外星人在地球上的「國會議員」或「人大代表」，其特權就是有難時能得到及時的救助，即乘坐宇宙飛船逃離地球。這個猜測據說還有考古學的物證。1952年11月發掘到馬雅古典時期的國王巴卡爾（Votan Pacal, 603～683）的墓穴，石棺上有一浮雕，上面是一個人正在駕駛一艘奇特的飛行器，其形狀和現代的航太用火箭一樣，駕艙內則

圖 I-2　馬雅古典時期的國王巴卡爾（Votan Pacal, 603～683）的墓穴，圖為
　　　　石棺上的浮雕。有人覺得上面是一個宇航員，正在駕駛一艘奇特的飛
　　　　行器，其形狀和現代的航天用火箭一樣，駕艙內則有許多管路連接飛
　　　　行器尾部的推進裝置。但有關研究人員都只認為，石棺上的浮雕乃是
　　　　說明，國王巴卡爾死後進入地下世界的詳情；畫面上是他在去世那一
　　　　刻，從銀河墜落后進到通往另一世界的道上。（圖片由美國馬雅藝術
　　　　家 Merle Greene Robertson 博士授權刊載）

有許多管路連接飛行器尾部的推進裝置。本來在1930年代初，美國靈媒凱西（見第七章第五節）就鐵口直斷說，馬雅族和古埃及人一樣都是一萬二千多年前，因地震而沉沒海底的亞特蘭提斯（見第二章）文明人種的後裔，現在這個說法更讓人不置可否了。筆者仔細查看過現有收錄上述石棺浮雕照片的資料後發現，所謂奇特的飛行器的說法出自一個叫丹尼肯（Erich von Daniken, 1935～ ）之口，丹氏為瑞士作家，著有《眾神之車──歷史上的未解之謎》一書（見第二章第二節），認為古代文明受外星人的影響。其他有關學者或作者都只認為，石棺上的浮雕乃是說明國王巴卡爾死後進入地下世界（Underworld）的詳細情景；那個所謂的宇航員乃是巴卡爾國王，畫面上是他在去世那一刻從銀河墜落後進到通往另一世界的道上。有興趣的讀者可參閱插圖 I-2 來判斷其中的是非。無論如何，上述的猜測是給考古學家們增加了額外的負擔，除非他們能夠鑽進海底，拿出證據來否定凱西的說法，否則，馬雅文明始終有一層神秘的油彩，也將耗盡無數後人的心智去破解上述的謎底。

（三）馬雅人的天才

雖然歐洲人早在十六世紀就開始征服美洲大陸，但西方卻一直要到三百多年以後才首次證實馬雅文化的存在，並由此開啟對馬雅文明的考古學研究。這主要是因為通往古蹟的道路太過艱險──不僅需要穿越茂密的森林──那裏野獸出沒，瘴癘橫行，還得翻山越嶺，而山路陡峭、狹窄又危險──到處是滑膩的岩石（步行是難以想像的），人隨時會從所騎的牲畜上翻出去摔死，而後者又會不斷陷進齊肚的泥漿。總之，每前進一步都要用盡體力。那個時代的探險家們甚至在行前需要準備好自己身後墓地上的碑文，難怪古人有「蜀道之難，難於上青天」的感嘆。可以這樣說，在所有已知

的古代文明中，唯有馬雅文化的發掘最考驗人的意志和耐力了。蒂卡爾（Tikal）是古代馬雅世界保存最好的城市遺址，它是馬雅文明最輝煌歲月的見證，1848年有個叫門德斯（Modesto Méndez）的探險家前往搜尋這座傳說中的美麗城市，結果無功而返。此後，要過了一百多年，美國百餘名考古學家徵得所在國瓜地馬拉政府的同意後，才得以前往考察發掘；經過了長達十四年的艱苦努力，這座佔地一百三十平方公里、佈局嚴謹合理的馬雅城市才得以重見天日。然而，讓現代西方人對馬雅文明情有獨鍾的，卻並非因為它是棵芬芳帶刺的野玫瑰，而是它被認定為「新世界的希臘人」（所謂新世界是有別於西方殖民前的美洲舊大陸）。

　　別看馬雅人身材矮小（平均身高只有一米五四），其貌不揚（臉部平寬、顴骨突顯），他們可是人類歷史上少有的天才民族。馬雅人的建築工程具有古代世界的先進水準，他們能對堅硬石料進行加工雕鏤；他們創造的象形文字圖形複雜，讀寫與刻畫均需長期的訓練，迄今已知字元有八百五十多個，詞彙多達三萬。除了年代符號及少數人名和器物名外，上個世紀九〇年代前相當一部分馬雅文字都還未被釋讀成功。讓人驚嘆而疑惑的是，馬雅文字大多是奇形怪狀的各種神靈之頭像，馬雅先祖採用了簡化、抽象和抽取局部代表整體等多種嫻熟而合理的表現方法，來刻畫他們所崇拜的各方神祇，但考古學家們迄今也未能發現，馬雅文字是如何從黃毛丫頭出落成體態豐潤、線條柔美的少婦。如果僅從文字發生學角度來觀察，馬雅文字似乎還處於「幼兒期」，但其形式的完美性卻遠勝於古埃及那種半記音字母化的象形文字。馬雅人能夠巧妙地將具體形象的描繪與誇張特徵的抽象，有機地統一起來，故被譽為是個追求形式完美的民族。

　　馬雅族發明或發展出人類最早的算術進位系統，包括零的概

念符號和表示位值的算帳方法，以及兩種計數方法，一種可與今天人類使用的阿拉伯數字媲美，另一種類似於羅馬數字。這一發明被譽為是人類歷史上最輝煌的業績之一。馬雅人能熟練地運用大量數字，可稱得上是第一流的天文學家。揉和著太陽、月亮和金星等天體運動週期的馬雅曆法，在人類歷史上是相當有獨創性的。在世人看來，古代馬雅族有些類似於現代社會中的（理論）數學家，他們在抽象領域表現傑出，卻在實際方面顯得笨拙：他們能夠畫出天象圖來，卻把握不了輪子的力學原理，也未能從（建築中石砌的）撐架中抽象出拱形結構來；馬雅人能計數到「億」，卻從未學會如何稱量一袋玉米，在貨物交易中也沒有金屬打造的硬幣，只是隨意地用可可豆來充作貨幣。

馬雅族和希臘人一樣都對天文學和數學具有特殊的興趣，他們最相似的地方就是其生活方式在所有方面都保持著中庸的風格，享受自然，品嚐生活，但卻不貪不婪。歷史上這兩個民族都未能形成統一的國家，據地自立或因地制宜的城邦小國培養了寬容理性的宗教意識，也形成了富有創意的文化氛圍。神權時代的馬雅人生活以宗教為主，崇拜的神祇多達百餘種（如天神、太陽神、雨神和玉米神等）。由於熱帶作物茂盛，食物來源豐富，特別是作為主食的玉米太容易種了（據說一個馬雅農夫全年只要用半年不到或稍長一些的農作時間，便能收獲兩倍於他及其全家人一年所需的糧食），這是一種（提供熱量的）碳水化合物和（提供營養的）蛋白質兼有的理想食品，因此，古代馬雅的農業就始終發達不起來，畜牧業就更免談了；很長時期內人們都不知（可能也是無需要）用鐵。少勞甚至不勞可獲的玉米是馬雅人宗教生活的「經濟基礎」，一個終日需要操勞農作的人，是很難全心侍奉神靈的。以祭司為主的貴族熱衷於觀測天象，來保持君權神授的尊嚴和社稷人

圖 I-3　殖民者燒毀了幾乎所有的馬雅古籍，成千冊手抄書本僅有三卷逃過此
　　　　劫，被人帶去歐洲後分藏在西班牙的馬德里、法國的巴黎和德國的德
　　　　勒斯登，其中又以德勒斯登手抄本（Dresden Codex）最為珍貴，它
　　　　做工考究，內容都是有關馬雅人最看重的金星天文週期的計算和有關
　　　　曆法，以及各種祭祀娛神與占卜方法，是馬雅文化的代表性成就之
　　　　一。圖為有七十四頁手抄本的第九頁，馬雅象形文字和獨特的數字清
　　　　晰可見。

圖片來源：Google《新世界百科全書》
www.newworldencyclopedia.org/entry/Maya_codices

心的安定，而普通百姓則將一生主要精力和時間，貢獻於氣宇恢宏的神廟建造和震撼人心的祭祀活動。沉浸於宗教生活中的馬雅人，他們在雕刻、彩陶和壁畫等視覺藝術方面的天才表現至今都讓人難以忘懷。奇琴伊察（Chichen Icha，在今墨西哥尤卡坦半島中部）有一座庫庫爾坎（Kukulcan）神廟，其朝北的臺階上，馬雅藝匠們精心雕刻了一條帶羽毛的蟒蛇——馬雅人所崇拜的太陽神之化身，牠張口吐舌，造型逼真，蛇身卻隱含於階梯的斷面上，每年春、秋分這兩天的下午，太陽緩緩西沉時，北牆的光照部分，稜角就漸次分明，那些筆直的線條也從上到下，變成了波浪形，彷彿是一條飛動的巨蛇從天而降，逶迤遊走，似飛似騰，這奇景每每會讓馬雅人如癡如狂。這種融天文、物理、建築等學科知識和神話的想像於一體所造成的藝術幻覺，即便用現代科技來仿製，也是相當困難的。也許有人會求全責備於馬雅人，覺得他們未能在科技方面有貢獻於人類，但要知道，馬雅人是生活在神權中心的時代，他們的主要精力和時間都需要用來和他們所崇拜的神祇建立密切的連繫，維持一種和諧的關係（如通過祭祀請神祇吃飯或送牠們禮品），唯有如此，他們才能獲得生活的安定感，即從人生中獲得意義，至於其他方面（像通過科技發明來）改進物質生活的質量，相比之下，就顯得有些微不足道了。

二、寬容創意的宗教文化

（一）馬雅人的宇宙觀

上面提到宗教是馬雅人的生活重心，這對以物質享受或感官刺激為主要樂趣的現代人來說，實在不是一下子就能理解的。這就

需要介紹一下馬雅人是如何來看我們這個宇宙的。從哲學上來說，馬雅人的世界觀乃是一種泛神論，即自然界的一切如高山、大海、森林和平原等都充滿著神力；天分十三，每一處都有神祇居住其中，但主要是由四個神祇來支撐這個宇宙，祂們分別站在它的四邊。我們人類生活在自然中，就必須和天上和地下以及各方面的神祇搞好關係。和中國人一樣，馬雅人也有方位與色彩相連繫的觀念，並認為這個觀念十分重要，馬雅宗教幾乎在所有方面和許多曆法都與一種宇宙方位及色彩相關。馬雅人賦予東方紅色（中國人則賦予藍色或青色，象徵動物是青龍，它包括了天上處女座的天門和天蠍座內的星辰），北方白色（中國則是黑色，即玄武，它包括了摩羯座的星辰），西方黑色（中國則是白色，即白虎，它包括了金牛和獵戶座內的諸星），南方黃色（中國是紅色，即朱雀），綠色可能就是中央方位的色彩（中國則是黃色或土色）。從馬雅和中國文化的比較中，可以看出所謂色彩與方位相關的概念，基本上是一種帶地域性質的象徵思維，最典型的就是中央色彩，由於華夏文明產生於黃土高原，因此中國人就賦予中央黃色或土色；同樣，馬雅人立足於森林，喜歡將城鎮建在密林中，因此，中央就很自然地被賦予了綠色。

馬雅神話認為，我們居住的世界乃是由一條巨型鱷魚背負著，後者浮在一個大水塘中；馬雅人相信存在著依次垂直排列的九層地下世界，每一層都由一個神祇主管，這九個黑暗之神中有個叫密克特蘭特克特力（Mictlantecutli）的神祇，祂和妻子共管第五層地下世界。可見，數目字十三、九和四對馬雅人具有特別重要的涵義。請留意鱷魚對馬雅人重要的宇宙觀方面的象徵涵義。在馬雅宇宙觀中有一個內容就是對歷史階段的認識。馬雅族認為我們這個世界已被毀滅過三次（後於馬雅文明的阿茲提克人則認為是四

次），我們現在正處於第四個歷史發展時代（阿茲提克人則認為是第五個），每一個時代都因為災難鬼造成毀滅而被終結，這些「掃帚星」不是火山就是颶風，不是地震就是洪水。前面提到，馬雅文明所在的中美洲乃是各種自然災害（火山、地震、海嘯、颶風與洪水）經常會頻發（有時則會集中爆發）的地區。這些自然災害最終都會引發洪水（如颶風帶來特大暴雨、火山引發地震再引起海嘯等）來摧毀馬雅人的家園。因此，除了太陽神之外，馬雅族對水神就有一種特別的敬畏，而鱷魚則是水神的「符號」。表面溫順而實質兇狠的鱷魚實在是中美洲自然環境的最佳象徵，也很易讓人聯想到漢語中「鱷魚流淚」的成語。用鱷魚來作為世界觀的象徵內容，這說明飽受自然災害之苦的馬雅人對世界的看法是傾向於悲觀的。顯然，時代終結論反映了馬雅族的實際生活體驗；這些痛苦的災難經驗通過世代傳承，變成了馬雅人的集體無意識（或共用基因），反過來又影響到後世一代又一代馬雅人的世界觀。在第四章中我們還要論及這點。

（二）馬雅人的宗教觀

我們已經瞭解，馬雅人的宇宙觀是一種泛神論的形式；受到馬雅族崇拜的神祇多達一百六十六個（其中個性鮮明的至少有三十多種）。在這方面，信奉多神教的印度人可說是馬雅族的知交了。馬雅神明可分成四組，每一組都有其相關的方位和色彩，每一組神祇既能作為一個個單獨的個體來崇拜，也可作為單一的神祇集體來供奉。這有點像基督教基本信義中的三位一體說，即上帝只有一個，但包括聖父、聖子和聖靈這三個位格。三者雖各有特定位份，卻完全同具一個本體，同為一個獨一真神，而不是三個神，但又非只是一位。不同的是，馬雅眾神的天性中兼有善與惡的因素。譬如

雨神查克斯（Chacs）既為人送來所需的雨水，也造成冰雹和長時期的潮濕而有礙於玉米的生長。玉米是馬雅族的「命根子」，妨礙玉米生長無異於讓人去死，因此，雨神是用骷髏來象徵的。相比之下，一神論的基督教中上帝形象就簡潔明瞭得多，祂是宇宙萬物真善美之源，至於世間的醜陋乃是人類墮落後惡行所致。有學者認為，馬雅神話裏的眾神具有動、植物和人性的混合特徵，這些神祇多是馬雅人心智活動的投射，而非他們體形的複製。這裏就引出了一個問題，即馬雅人的宗教思維基本上是具體、形象並帶有變化的特點，它是否反映了馬雅人變化多端的自然環境呢？這種具象思維最終是否也影響到馬雅人的宇宙觀和他們的歷史預言呢？西方命學家認為，神話好比是一個民族誕生時的天象，出生星圖則猶如一個人的神話。通過分析神話的象徵涵義，可以看出一個民族的心理特徵、思維習慣和行為方式。下面介紹馬雅族所崇拜的神祇，祂們代表著馬雅先民的「意識形態」內容。這些神祇好比現代人所推崇的財富、事業、個性、才能和創意等觀念。

1. **天神**——日月是天宇中最為重要的神祇，祂們是宇宙最早的居民。馬雅文化中一系列的傳說都是圍繞這兩個主神來述說的。和希臘神話中的太陽神阿波羅一樣，馬雅人的日神既是音樂和詩歌的守護神，也是著名的獵手。月神是紡織和生育的女神，她和日神是世界上第一對同居者，但馬雅人的月神和猴子一樣，代表性慾和性交，是縱情放蕩的象徵，因此她對丈夫並不忠誠（這一點和希臘神話剛好相反）。同時，月亮也是玉米、大地和所有農作物的神祇。天神中除了日月兩神要算金星神和前述的雨神為重了，馬雅人最畏懼的洪水便是雨神的惡行。

2. **地神**——諸多地神中地位重要的是那些掌管各種作物之神，如素食植物神和玉米神，後者代表了數目字「八」。雖然馬雅

人有專門的大豆神，但玉米神表示青春和成長，因此，人們習慣將玉米神作為所有植物的代表神祇。

3.暗神——馬雅神話認為，人死後居住在三個地方。戰死疆場或死於祭祀石頭的武士和死於生產的婦女升至天堂，其中武士乃陪伴著太陽從東方地平線上升至中天，而婦女則從中天下到西方的地平線。那些死於各種疾病如水腫和癲癇者、溺死者和被雷電擊死者去雨神的住處，那裏是天界的最低處，有各種豐盛的食用植物。最後一個死者去處就是地下世界的最低點密克特蘭（Mictlan）。

4.眾神——除了上述的天神、地神和暗神外，馬雅人還有其他各種名目的功能性神祇，如交易守護神、商業神、採蜂神和刺青神等。不少神祇起源於動物，如蝙蝠、狗、悲鳴鳥和貓頭鷹等。但迄今還未能發現馬雅人的火神。

據通才型考古學最後一代的馬雅學權威英國人湯普遜（J.E.S. Thompson, 1898～1975）的研究，馬雅宗教有以下幾個最突出的特徵：

(1) 雨神和地神都源於兩棲動物，帶有蛇類和鱷魚的特徵。這些神祇或者獨自發展出複雜的傳說，或者混合著人的性格。純粹的人形神祇在馬雅藝術中並不多見。這個特徵是否和馬雅人所生活於其中的熱帶雨林的環境有關？

(2) 神祇屬性的善惡二元對立，有些時候這些神祇還可以變換性別。此外，神祇的年紀也有老、少二元性質，有些神祇能兼有青年和老年的功能性特徵。在馬雅藝術中惡是和死亡標識相連的。這個特徵是否和馬雅人所生活於其中的熱帶雨林氣候頻發毀滅性天災有關？

(3) 在大的分類中，馬雅諸神之間很難加以區分，因為祂們可以同時既屬於天神又屬於暗神，而這原本是兩大性質完全

相對立的神祇。

(4) 諸神和時間相關的重要性。譬如，馬雅曆法中構成月份的二十天都被視為神祇，並屬於祈禱的對象。表示天數的數目字本身也被看作神祇，並可能是對應於天界十三神祇的。所有的時間階段也被看作是神祇，並且馬雅眾神不斷在變換其分類而讓人有無所適從感，但這卻使得祭司兼星象家能夠在預言時模棱兩可。

馬雅族和中國人一樣能同化外來宗教。明顯的例子就是馬雅人在哥倫布之後接受了西方的基督教，但他們自己原有的神祇並未被他神所取代，馬雅人是根據自己的偏愛混合了這兩種不同的宗教。因此，馬雅眾神和基督教的聖徒被融合成性能平穩的萬神廟，那裏基督教的上帝位在頭上。在尤卡坦地區，雨神是騎在西班牙人的馬背上的，並被命名為天使長。此外，月神和聖母馬麗亞合在了一起。在今屬瓜地馬拉境內馬雅世界的高地（Highland）村莊，天主教的聖徒、高山和馬雅人的日期名稱都成了薩滿教通靈人士的祈禱對象，做禱告的地方就在世界方位的十字架前。這從一個側面說明，馬雅人具有現代多元文化的心態和有容乃大的氣度；他們這種兼收並蓄的開放意識，正是馬雅文化源遠流長的一個重要因素。

（三）馬雅人的宗教生活

1. 宗教生活兩大內容：祭司和祭祀

前面提到古典文明時期的馬雅人沉浸於宗教生活，他們一生的精力和時間主要用來和各類神祇搞好關係。在今人看來馬雅族這種做法既愚昧又浪費精力。但要是從古代馬雅族的角度來看今人，他們也會覺得我們這些所謂的現代人一生簡直就是在作繭自縛、自作自受：為了滿足無窮的物質慾望和各種感官享受，現代人一出娘

胎便被驅趕著，投入到無止境的各種追名奪利的競爭洪流中。在官本位的社會裏，各級政府官員乃是上帝的代言人，人們的主要精力和時間便用於和各層級的大小官員拉關係，來獲取最大的（物質）利益；在金本位的社會中，貨幣成了上帝的化身，人們一生的能量便都被用來賺取盡可能多的金錢、擁有盡可能多的財富，既滿足各種世俗慾望，也用來證明自我存在的意義。顯然，我們要把握馬雅人的歷史，只能根據「換位法」設身處地去理解馬雅人的歷史心理和相應的歷史行為。不像現代人自外於自然或站在自然的對立面冷眼看世界，生活在神權時代的馬雅族曉得，人只是自然界不可分割的一小部分，只有對自然心存敬畏才能從中獲得食物和安寧。也許和今人一樣，他們也有無窮的物質慾望和感官享樂的要求，但馬雅古人明瞭這些都需要取得神祇的諒解，就像現代商業活動需要遵守法律一樣。

神權對古代馬雅人來說至少有雙重涵義。在自然界，它體現在各種形式的自然力上，如風暴、豪雨、火山、地震和海嘯等；在人類社會，神權表現為穩定的生活秩序，它具體由祭司來維持，後者就是溝通神人兩界的「經紀人」或「仲介」。用現代語言來說就是，古代人主動改造自然的能力極其有限，因此，維持人與自然或神的和諧關係就成了最大的政治或官方的霸語話權。古代馬雅社會生活有兩大主要特徵：一是由祭司中心等級制來保障社會秩序，二是全民參與各種祭祀活動來維持神人關係。前者的重要性相當於現代社會的法制或傳統（農業）社會的人治，後者相當於現代民主社會中各種花樣的選舉活動。古代馬雅人相信有通靈能力的祭司可代表他們和各種自然神祇溝通，而各種祭祀活動就是神人溝通的場所和形式。據1980年代的一則報導說，居住在美國亞利桑那州的土著印第安人通過半個小時不到的祭祀舞蹈，就能使舞者身心能量接

上所祈求的雨神，隨後，溫柔的雨水便緩緩下降，讓現場目擊者驚訝不已（丹尼爾，第387頁）。

2. 祭司如何預言？——「神菇」的效用

馬雅祭司所擁有的通靈能力保證了他們的社會地位和相應的特權，即祭司職務的世襲權利。通常，馬雅古代社會的大祭司享有中世紀大主教的權威和榮譽，擁有某些現代社會總統或首相的行政權力，具有現代國家的自然和社會科學院長的學識，並保有古今專制社會傳位給家人的特權。一般祭司最主要的工作就是負責社區內所有的占卜事務（即預測咨詢）和祭祀活動如奉獻和禮拜；但所有祭司的一項重要職責便是預測。占卜作業程式是查看（用於農作的）二百六十天的年曆和其他時間階段，並測算出不同因素的影響，這算是最複雜的預測咨詢了，還有其他比較簡單的占卜作業，主要用於探知病因、查出用邪術使人致病者的名字、確定失物的地點、預測患者能否康復和女孩能否成為賢妻等。祭司階層（即幹部隊伍）的吐故納新主要通過世襲和招聘貴族子女中的有志人才。馬雅人有一整套嚴格的程式來培養祭司，既有黃埔軍校那樣的短期集訓營地，也有西點軍校那樣的正規學府，更有中央黨校那種高級神學院。馬雅社會的祭司特別是高級祭司，其社會影響和精神作用相當於神職人員和心理醫師，但從功能角度來看，則相當於現代社會的科學家和工程技術人員，因為他們擔負著溝通神人連繫的操作重任。他們的「文理科」通才知識和一般性的預測技術基本上可通過培訓學習來獲得，但要探知神意、求得神助，那就需要特殊的天賦了。

馬雅祭司階層有一部分人叫「祈覽」（Chilans），意為先知或預言家，專司預測（雖然他們和一般祭司的職責範圍相當程度上是有重複的）；他們查看占卜年曆，並通過視象幻覺來獲取神意

後就能作出預言。在查看占卜文獻之前，「祈覽」們會先用還未接觸土壤的清水（Zubuy），在書的木質封面上淋一遍，這種水是從婦人進不去的深山老林裏買來的，它源自岩石凹陷部分或植物的液汁。等到預言出來後，祭司們就聚集到先知的住所，五體投地聆聽神旨。湯普遜認為，這些先知可能借助了土產的致幻植物或動物分泌物來改變常規的意識狀態，從而能看清宇宙真相（或神意）。麻醉藥（如煙草和石灰的混合物）可能被用來誘導這些預言祭司的視覺。藥力更強的麻醉品如芘幽特（Peyote）或曼陀羅（Datura）也可能在馬雅和美洲其他地區使用，雖然這兩種麻藥都並非美洲的土產。有致幻作用的蘑菇在馬雅高地區域（今瓜地馬拉境內）甚為重要。有資料顯示，蘑菇家族中有一種被稱為「神菇」（「Magic Mushrooms」，即 Psilocybin Mushrooms）的有毒蘑菇，如果適量食用，它能改變人的常規感覺狀態，讓人進到靈異世界，和所謂神祇交往；若食量太少，則不會產生這種情形，倘若食量過度，就有致命的危險。中美洲和同樣位於赤道與北回歸線之間的非洲幾內亞，和亞洲馬來西亞的婆羅洲等地方，都盛產這種有致幻作用的神菇，中美洲馬雅世界的墨西哥和阿茲提克的裸蓋菇則具有更強的致幻效力，而民間普遍有食用毒蘑菇的習俗。四百多年前，西班牙人殖民美洲大陸在墨西哥時就注意到，當地的馬雅族人喜歡在拂曉前食用致幻菇，沉迷於自我陶醉的幻覺感；幻覺過後，人們還聚集一起談論各自所見的不同幻境和天神的啟示，以及個人的自我體驗（姚博，第33頁）。現代醫學已能證明，絕大多數致幻劑在服用之後就會有即時反應，如嘔吐、對聲光刺激的過度敏感，和四肢麻木等現象。但隨之就會產生所渴求的致幻效果，屆時靈魂好像離開了肉體，朝著先祖和神祇飛去，視象幻覺中會出現神秘的動物形象，還會聽到死者的聲音，遙遠空間一下子就變得近在咫尺。

在古代世界中，馬雅文明之所以出落得與眾不同，一個重要原因很可能就是，該地區熱帶雨林氣候環境下盛產的上述這種神菇（還有蛤蟆菌）所具有的致幻作用。這種普遍生長的強效力的致幻植物和動物（如下面述及的蟾蜍）分泌物，使普通民眾對靈異世界多有切身的體驗，從而能具備自覺的宗教意識，這是馬雅文明的思想和社會基礎，也是馬雅智者預言歷史的物質條件。今人都會感嘆馬雅人是如何能在沒有現代技術甚至沒有輪子的條件下，建成了那些氣勢宏偉的神廟和金字塔、新城鎮和大水庫的，搞不懂他們是如何溝通交往的，因為馬雅人在深山老林中所建的一百二十座城鎮之間，竟然沒有一條相連的道路（向思鑫，第258頁）。其實，從第五章就要述及的平衡對稱宇宙觀來看，物質世界的輝煌有賴於精神力量的強大。現代西方強勢文明的背後乃是有著數千年傳承的（猶太—基督）宗教力量。馬雅人強烈而深刻的宗教意識就是一種強大的精神力量，它能轉變成創造和改變現實世界的物質力量，是一種取之不盡用之不竭的生命能量。只要善加利用，沒有現代通訊技術，人們照樣可以（通過順風耳）互通資訊。馬雅人對此是完全心領神會的，在重大的祭祀活動中，他們在祭司指導下食用這種又被稱為「聖肉」的「神菇」來感知神意，洞察歷史，提升靈魂，將自我融入無邊的宇宙之中。

馬雅祭司的另一項重要職責就是替人治病，這首先需要通過占卜來診斷病因（類似於西方命學中醫療星象學的診斷方法）。那些被預測所診斷的病因包括敵人發送疾病、中了風邪、未能提供必需的奉獻和足夠的祈禱，以及未能正確地從事某些禮拜等。馬雅人對草藥相當有興趣；讓人吃驚的是，馬雅醫藥文獻中竟然有一大部分內容是論述癥狀的治療，而且這些文獻乃是基於客觀觀察某些草藥作用於人體系統的效果。

3. 祭祀活動目的：與眾神和諧關係

　　除了由祭司中心等級制保障社會秩序，古代馬雅社會生活的另一個特徵就是，全民參與各種祭祀活動來維持神人關係。各種名目的祭祀活動和這些儀式之前繁瑣複雜的準備活動，以及隨之而來的清規戒律，像車輪大戰一樣讓馬雅人一年忙到頭，中間幾乎沒有喘息的機會。譬如說，祭祀前需要準備好相應的偶像，這就得先挑選佳木如西班牙雪松，然後要設法說服工匠來雕刻，因為這項工作相當危險，弄不好就會使工匠本人或其家人染病甚至死亡。這些準備工作結束後，工匠、祭司和長者便需要一起住進由藩籬隔開的臨時小屋，不得與外界有任何交往直至雕像完成。這期間，負責給他們送茶飯的只能是雕像的訂貨者，無關人員一律不得接近。這種神秘而嚴格的作法，令人聯想到現代社會中負責高考作業人員的境遇。此外，所有參與者都必須節食、戒齋、淨身和清心，而這些都是相當花時間費功夫的。在習慣於聲色犬馬的今人看來，馬雅人的祭祀相當的冗長乏味，一場禮拜要延續好幾天，至少也要一整天，內容無非就是（向神）祈福、（向祭司）懺悔、（自覺）奉獻和（祭司）說教。祭祀活動唯一能引起今人興趣的大概就是現場（可能是精心營造）的神秘氣氛：燃燒硬樹膠脂發出的香氣彌漫開來，形成裊裊升騰的香霧，地面上成片成片的燭光閃閃爍爍，伴隨著成千上萬人集體的誦聲和整齊畫一的各種肢體動作，只有身臨其境，才能真切地感受到那種靈魂升天的崇高、神佑我族的偉大和天堂在此的滿足。這種場合也是祭司們一生最為得意的時候；通常在奉獻一種叫阿瓜狄醯黛（Aguardiente）的燒酒飲料給神祇後，祭司們會順便也喝上一杯以產生微醉感，它會讓人感覺自己是最親近天神的。這種祭祀活動要求所有人都得參加，因故缺席者須返回補席，否則會染病乃至死亡。而馬雅族深信疾病源於過去的罪孽，因此，

祭祀活動的一個主要內容就是懺悔，人們可以向祭司懺悔，也可以家人之間彼此懺悔來消除罪惡感。但配偶之間的懺悔往往引發了爭吵和責罵；集體懺悔時則會找出替罪人去犧牲，以便洗淨眾人的罪孽。

馬雅祭祀活動另一個主要內容就是犧牲（Sacrifice），它包括祭獻活人，將跳動的心臟供奉神祇，奉獻人的鮮血以便強健神祇。祭獻活人在馬雅各個歷史時期都有發生，但絕沒有後來的阿茲提克人所做的那種規模，阿茲提克人沉溺於犧牲的鮮血。根據湯普遜的推論，祭獻活人在墨西哥和此後的歷史時期最為流行，因為黷武主義的理論認為需要用人血來強健神祇。此外，馬雅族相信他們所崇拜的雨神需要用小孩作犧牲。用於奉獻的兒童通常是孤兒、被過繼的遠房親戚、被綁架或從其他城鎮買來的少年。用小孩作犧牲是因為馬雅人深信犧牲應當是純淨的，即未受污染和開墾過的，不管這犧牲物是指生命還是指森林或土地。不過，馬雅人的日神和其他神祇卻需要犧牲成人來補充營養。活體取心是通常的奉獻做法，但有些祭祀是將用作犧牲者綁縛在木樁或木架子上，一群人圍著此人跳舞並向其射箭。實際上在祭祀開始時，活祭者本人也參與了舞蹈，只是到後來當其他人還在舞步時，這人便被綁縛，身上的心區部位用白色被標記出來作為射箭之的。有時，犧牲者的身體沿著金字塔的石階滾到地面後被剝皮，然後祭司就穿戴著人皮參加舞蹈；還有的時候，活祭者被從高空往下扔到石堆上，然後被取出心臟。所有這些人體活祭方法都被用於禮拜神祇陀希（Toci）的祭祀。犧牲者的肉體被分送給參與祭祀活動的貴族，頭部和四肢則保留給祭司和其助理。墨西哥地區的馬雅族認為活祭者代表著神祇並為神而死，因此，食用犧牲者的肉體能讓人擁有被祭祀的神祇陀希的某種素質。迄今，大概也沒人能確知這些被犧牲者是否出於自願，馬雅人

又是根據什麼標準來挑選犧牲者的。根據學者研究無意中透露出的資訊，犧牲者是那些被視為身體不潔的不符合要求者，若此，這些犧牲者的血肉又如何能被神祇食用來造福人類呢？但官方的意識形態能讓所有馬雅人包括那些被選作活祭神祇的人都相信，為神犧牲是符合族群（人民）利益的，因而是無上光榮的。果真如此，大祭司就應該首先去犧牲。其實馬雅人內心很清楚，神祇並非普施恩澤的太陽慈父，他們給人的好處是需要有香料、食物和人血作報酬的。因此，為了能風調雨順保豐收，也為了能平平安安過日子，馬雅人一生的主要精力和時間都用來和神祇「套近乎、拉關係」，人們定時宴請眾神，及時奉獻祭品，隨時保持謙卑，以免稍不留神就會惹怒了諸神。

三、天文與神話的雙人舞

（一）馬雅人的創世神話：人不是眾神的寵兒

馬雅族最完整的創世神話見於《波波爾·巫》（*Popol Vul*），上面記載著馬雅的傳說和歷史，是馬雅人的神話學和宇宙學，被視為馬雅族的聖經。但《波波爾·巫》只述說了三次創世過程，湯普遜認為馬雅人相信，這個世界已經被創造了四或五次。這是今人對馬雅歷史預言有諸多歧見的原因之一，也是我們在理解馬雅預言時需要留意的地方。

按《波波爾·巫》的創世神話，世界之初僅有水；創造諸神叫喊著「土」，於是便出現了大地。眾神用樹林來覆蓋地球，還在上面標出河道，並讓各種動物棲息於此，同時規定了牠們的居住區域。因為動物不會說話，所以牠們也不會讚美創造諸神，更不會

提出牠們的要求。於是眾神便用泥土製作了比之高級的物種。這些動物會說話，但缺乏智力，也沒有體力，而且因為是泥做的，故溶於水。心有不滿的神祇便滅掉了這些泥製物種。接著，眾神創製了木頭生物，它們能說話，並能繁殖後代，但它們臉上卻無表情；因為是木製的，這些生物顯得枯燥、也無血液，皮膚黃黃的，智商也有限，也不對眾神有感恩之情。於是，沮喪的神祇用豪雨毀滅了它們。這些雨水像黑葡萄乾一樣將地球表面弄得晦暗一片。於是，動物們便起身對抗這些皮諾丘（Pinocchio）們。美洲虎豹和老鷹將它們吞食了；木棍和石頭也起來朝它們打去。它們的狗、甚至水壺、燒鍋、碾磨石和燒烤器也都加入了反抗隊伍，追著將它們逼向了屋頂、樹梢和山洞。它們的狗說：「為什麼你們不給我們一點吃的東西呢？你們很少看我們，但卻追逐並趕走我們。你們吃東西時手上總是拿著木棍，隨時要驅趕我們。」它們的燒烤器和飯鍋子說：「你們總是讓我們受苦受難。我們嘴巴和臉上都被煙灰弄黑了。我們總是被放在火上燒烤，好像我們從沒痛感一樣。現在你們也來嚐嚐這滋味，用火來烤烤你們。」

逃脫出去的幾個木偶的「後裔」便是猴子。在最後一輪的創造中，馬雅族奎策（Quiché）部落的先祖則是用黃白兩色玉米粘合起來而造就的；玉米是從山下的藏匿處拿來的。這第一批的人類共有四個，他們太有天分了。他們能看到地球絕大多數的地方。但眾神們可不願看到人類成為自己的對手，於是，便用光霧將他們的雙目弄瞎，就像我們往鏡子上呼氣會產生遮目效果一樣，神為這四個人分別創製了配偶。然後，天亮了，晨星升起來了，太陽也出來了。這幾個人向造物主磕頭崇拜，他們就是馬雅族奎策人、卡克奇克爾（Cakchiquel）人和其他馬雅族高地區域人的祖先。馬雅學權威湯普遜注意到，在中美洲所有創世神話中，高潮點並非是神創造

了人，而是黎明的來臨。因為馬雅古賢並未像今人那樣視人分離於其他生物，直到今天馬雅人的意識深處仍舊覺得，在眾神的創世過程中人類相對來說並沒有什麼重要的地位。留意這個看法有助於我們加深理解，馬雅人萬物平等發展的世界觀和第三章要論述的時間永恆的歷史哲學——馬雅族預言歷史的基本方法。

（二）馬雅人的天文觀測：瞭解眾神把握命運

在古代世界中，巴比倫、古埃及和中國人以及稍後的馬雅族最重視天文觀測了，其中又數馬雅人的天文學成就最受人稱道，這主要表現在以下幾個方面。

1. 觀測範圍廣至銀河系

西方星象學家習慣用十二星座來觀測歲差（地球自轉軸空間方向的緩慢變化），而馬雅古人則是用十三個星座，並且以銀河系作觀測基準；顯然，後者的方法更加合理與可靠，因為銀河系是用肉眼所能觀測到的我們這個宇宙的邊界所在，其背景對從地球上作天文觀測的人來說具有恆定性。馬雅人通過天文臺觀測的目標不是天上最明亮的星辰，而是肉眼根本無法看見的星體如天王星。

2. 洞察所謂的宇宙奇觀

前面提到，馬雅祭司階層中的預言家們採用麻醉植物來改變常規意識、探知神意。馬雅天學家們為了能徹底認清宇宙真相，也服用採自前述被稱為「神菇」的神聖植物，或一種叫卜佛海岸蟾蜍（Bufo Marines Toads）分泌物的致幻藥來改變常態的感知途徑。這種土產的迷幻藥能讓人看到常人感官所無法知覺的宇宙空間；古代馬雅天象觀測家們借助這種迷幻藥和以往的經驗積累，能異常清晰地看到銀河系的分佈情形和運動狀況以及夜空中燦爛的能量「團夥」。被譽為現、當代科學發現和成就的量子力學、宇宙黑洞、蟲

洞（Wormholes，物理學上的概念，指時空的一個緊縮區域，其界限從局部解剖上來看是微小細密的，但其內部卻彼此並不相聯）、類星射電源和其他時空異常狀態等，在馬雅智者那裏早就成為其宇宙洞察中的內容了；馬雅人不僅瞭解量子的各種奇觀，而且能隨意地通過集中意識來呈現這類異常的物理現象並在其中穿行。

3. 天文學密切服務於現實生活

馬雅先哲們根據他們持久、耐心而富有創意的天文觀測，結合太陽、月亮、金星乃至水星和火星等天體的運行規律所編成的年曆，乃是古代文明世界中最複雜和最精確的曆書。相比之下，中國人看重月亮和木星的運行週期（即所謂陰曆和太歲），歐洲人只看重太陽。在馬雅人的年曆系統中，既有二百六十天的（農作和祭祀）年曆，也有幾乎完全和公曆相當的三百六十五個天數的回歸年曆（但一年劃分為十八個月，每月二十天），還有根據金星會合週期五百八十四天的天文曆。比較讓今人困惑的是，馬雅人同時還使用劃分成十三個月，每月也是二十天的宗教年曆。有人發現，這種紀年法不是根據地球上所觀測到的天體運行情況來測算的，這種天文知識很可能來自外星人的傳授，或是馬雅先祖從遙遠年代的史前文明人類那裏承繼而來。

前面提到馬雅貴族階層熱衷於天象觀測，我們現在應該不難理解馬雅先哲們如此重視天文觀測的主要動機何在。馬雅祭司們擔負著溝通神人連繫的重任，而神人關係的和諧與否直接影響到社會秩序的穩定。在馬雅古人看來，太陽系乃至銀河中諸星系的天體都是直接影響他們生活的神祇。摸清祂們的脾氣習性，熟悉祂們的生活規律，掌握祂們的活動週期，就能做到防患於未然。和中國人一樣，馬雅族一定也明白「凡事預則立」的道理。譬如，馬雅人很重

視對金星的觀測，因為它被視為戰爭的守護神和預兆星，而在世界其他地區的傳統文化中，火星才是戰神。馬雅人不僅對金星的各種活動規律瞭若指掌，還將其運行週期編入他們實用的曆法和年書中。在馬雅古典文明時期，金星運行中的關鍵時刻被認為是有利於戰事的，有些戰役還專門安排在這些時刻來利用金星的守護效應。此外，馬雅人覺得偕日升（Heliacal Rising，即恆星很靠近太陽後的第一次升起）時出現的啟明星（即黎明時天上那顆明亮的金星）是非常危險的預兆，有關人員務必事先確知其顯現的日期，以便採取有效措施來救助處於危險中的人們。另外，馬雅人也很重視對太陽在（夏、冬這兩個）至日期間（每年 6 月 22 日和 12 月 22 日前後）的運行觀測，非常熟悉這些時段中的天體位置，因為前面述及中美洲地區的氣候特點，馬雅世界的高、低兩大區域的雨季高潮，剛好分別落在夏至和冬至這兩個時段。由於歲差運動的緣故，想必每年的豪雨季節都有一些日期上的偏差，而及時掌握這些變化對馬雅人的生活就顯得很要緊了。

（三）天文與神話的熱戀：銀河是宇宙創造之母

　　最讓當代馬雅學者稱奇的，乃是馬雅族以複雜計算能力作基礎的超越今人想像之天文觀測成就，和他們將此融入神話的獨特思維。馬雅古人能將回歸年的長度測算精確到只有 0.0002 天的誤差，而現代科學計算誤差是 0.0003 天。如果說古希臘人崇拜太陽，馬雅族就是敬畏銀河，他們對此有很仔細的觀察和特殊的想像。譬如，銀河系狀如宇宙樹，它和黃道所交叉的地方則是聖樹所在地，中間黑暗部分（Dark Rift）被視為宇宙的創造之母，即偉大的女神（Great Mother Goddess），根據中美洲密茲提克族（Mixtec）的神話，世界上第一位父性乃是脫胎於這位母神的產道，而

不是由烏龜變過來的；整個銀河系則被想像成一頭嘴唇大開的巨蛇怪物：雙子和人馬這兩個星座分別是其嘴巴的上、下顎；嘴巴裏面那片黑暗區域（即上述的 Dark Rift）是馬雅古人心目中的聖地，那是孕育整個世界的子宮和誕生全部宇宙（包括太陽慈父）的產道，也是古代馬雅人三種基本時間週期即九神夜週期與十三天數目週期的終點，和二十天星座週期的起迄處。位於雙子星座的這部分銀河宇宙，是被馬雅族視為生命乃至包括人類來源的玉米神（Corn God／Maize Deity）每一年的新生之地，而位於人馬星座這部分銀河則是孕育著宇宙演化中每一個（持續五千多年或二萬六千年）大時代（World Age）的母腹。

　　馬雅古人是將天體運行的始終和生命活動的興衰看成一體的，他們用首尾可以相連的蟒蛇來象徵此一概念，並借用蛇在酷暑蛻皮的具象，來表達生命得到更新的觀念。記住這一點很重要，因為第三章要講到馬雅古人帶有循環論特徵但思辯有些奇特的時間哲學，後者對我們理解馬雅歷史預言的方法論會有所幫助。此外，馬雅人還用出現於黎明和傍晚天空的金星（即中國人所謂的啟明星和長庚星），來象徵人類天性中的陰陽兩面，正是這種兩面特性構成了人類歷史發展中的宏觀節奏。這也許能解釋何以馬雅人在天象觀測中那麼看重金星（它也是天空中除太陽和月亮以外最明亮的星體），並將其運行週期作為其曆法的一個內容。

四、參考資料

以下中文資料按出版年份的先後排列：

〈中美洲和馬雅〉，《湮沒的世界：考古的故事》，【美國】安

娜‧泰利‧懷特著，馮紀民、張冶譯，上海：知識出版社，
1985 年 2 月。

〈馬雅文化〉，《中國大百科全書‧考古學》，北京／上海：中
國大百科全書出版社，1986 年 8 月。

〈馬雅宗教〉，《中國大百科全書‧宗教》，北京／上海：中國
大百科全書出版社，1988 年 2 月。

《馬雅的智慧：浪漫神奇的文化隱喻》，林大雄著，臺北：國際
村文庫書店有限公司，1996 年 6 月初版。

〈馬雅文明之謎〉，《世界歷史 49 大謎》，向思鑫編著，臺北：
究竟出版社，2004 年 1 月。

〈古代巫師為何喜歡吃毒蘑菇？〉，《歷史大追問：雲開月現》
（世界篇），姚博編著，臺北：菁品文化事業有限公司，
2006 年 10 月。

以下英文資料按作者姓氏起首字母順序排列：

Braden, Gregg & at el. *The Mystery of 2012: Predictions, Prophecies
& Possibilities*. Boulder, CO.: Sounds True, 2007.

Benedict, Gerald. *The Mayan Prophecies for 2012*. London: Watkins
Publishing, 2008.

Calleman, Carl Johan. *The Mayan Calendar and the Transformation
of Consciousness*. Rochester, Vermont: Bear & Company, 2004.

Carmack, Robert M. et al. *The Legacy of Mesoamerica: History and Culture of a Native American Civilization*. Upper Saddle River, N.J.: Simon & Schuster／AViacom Company, 1996.

Clow, Barbara Hand. *The Maya Code: Time Acceleration and Awakening the World Mind*. Rochester, VT.: Bear & Company, 2007.

Coe, Michael D. *Ancient Peoples and Places: The Maya*. New York: Frederick A. Praeger. 1966.

——*Breaking the Maya Code*. New York: Thames and Hudson, 1992.

Drew, David. *The Lost Chronicles of the Maya Kings*. Berkeley／Los Angeles, CA.: University of California Press, 1999.

Endredy, James. *Beyond 2012: a shaman's call to personal change and the transformation of global consciousness*. Woodbury, MN.: Llewellyn Publications, 2008.

Everton, Macduff. "Maya Civilization Prior to European Contact" by Dorie Reents-Budet in *The Modern Maya: A Culture in Transition*. University of New Mexico Press, 1991.

Gilbert, Adrian & Maurice Cotterell. *The Mayan Prophecies: Unlocking the Secrets of a Lost Civilization*. Rockport, MA.: Element, 1995.

Grube, Nikolai (ed.). *Maya: Divine Kings of the Rain Forest*. Translation from German, Editing and Typesetting: Translate-A-Book, Oxford, UK. Cologne, Germany: KÖNEMANN, 2000; English ed., 2001.

Jenkins （詹金斯）, John Major. *Maya Cosmogenesis 2012: The True Meaning of the Maya Calendar End-Date*. Rochester, Vermont: Bear & Company, 1998.

Jones, Marie D. *2013: Envisioning the world after the events of 2012: the end of days or a new beginning?* Franklin Lakes, N.J.: The Career Press, Inc., 2008.

Joseph, Lawrence E. *Apocalypse 2012: A Scientific Investigation into Civilizations' End*. New York: Morgan Road Books, 2007.

Krupp, DR.E.C. *Echoes of the Ancient Skies: the Astronomy of Lost Civilizations*. New York: Harper & Row, Publishers, 1983.

Martin, Simon & Nikolai Grube. *Chronicle of the Maya Kings and Queens: Deciphering the Dynasties of the Ancient Maya*. London: Thames & Hudson, 2000.

Milerath, Susan. *Star Gods of the Maya: Astronomy in Art, Folklore, and Calendars*. Austin, TX.: University of Texas Press, 1999.

Nicholson, Robert. *Journey into Civilization: The Maya*. New York: Chelsea Juniors, 1994.

Peterson, Scott. *Native American Prophecies: Examining the History,*

Wisdom, and Startling Predictions of Visionary Native Americans. New York: Paragon House, 1990, 1991.

Pinchbeck, Daniel （丹尼爾）. *2012 The Return of Quetzalcoatl.* New York: Jeremy P. Tarcher／Penguin, 2006.

Schele, Linda & David Freidel. *A Forest of Kings: the untold story of the ancient Maya.* New York: William Morrow and Company, Inc., 1990.

Schele, Linda & Peter Mathews. *The Code of Kings: the language of seven sacred Maya temples and tombs.* New York: Scribner, 1998.

Stierlin, Henri. *The Pre-Colombian Civilizations: The World of the Maya, Aztecs, and Incas.* New York: Sunflower Books, 1979.

Thompson （湯普遜）, J. Eric S. "Maya Religion" in *The Rise and Fall of Maya Civilization.* 2nd Edition, enlarged. Norman: University of Oklahoma Press, 1966, p. 259-96.

Timms, Moria. "Maya Prophecy" in *Beyond Prophecies and Predictions: everyone's guide to the coming changes* （Ancient prophecy and modern science reveal the new millennium）. New York: Ballantine Books, 1980, 1994; p. 247-78.

Westwood, Jennifer (ed). "Palenque: A Mayan ceremonial centre" and "The unique face of the Maya" in *The Atlas of Mysterious Places: the world's unexplained sacred sites, symbolic land-*

scapes, ancient cities and lost lands. New York: Weidenfeld & Nicolson, 1987.

第二章
馬雅人和史前文明

一、馬雅人和亞特蘭提斯

（一）馬雅預言和亞特蘭提斯

　　世人在驚嘆馬雅人獨特而卓越的文化時，不禁要問：處在石器時代刀耕火種的馬雅人，何以會有並需要如此清晰的天文觀測、精確的計算結果和跨越億萬年的時間意識呢？對此，現有兩種解釋：一是所謂本土觀，即認為馬雅文明是中美洲印第安人獨立發展起來的智慧結晶；具有拉美血統的歐美馬雅學者一般都贊成這一觀點。另一種是外來說，即馬雅人是距今一萬二千多年前沉沒海底的亞特蘭提斯（Atlantis，又譯亞特蘭蒂斯、大西洋島或大西洲）人的後裔；因此，馬雅文明實際上就是亞特蘭提斯文明的延續。1995 年出版的《諸神的指印》作者漢考克（見第四章第一節）便持該說。前面提到美國靈媒凱西曾斷言，馬雅族和古埃及人一樣都來自亞特蘭提斯。此前半個世紀，美國眾議員唐納力（Ignatius Donnelly）便出版書籍《大洪水時代前的亞特蘭提斯》（*Atlantis the antediluvian world*），力陳上述的外來說，認為亞特蘭提斯不僅確實存在過，而且還是墨西哥人和其他所有美洲人的故鄉；它是潛存於西方人「集體無意識」中的伊甸樂園。問世後約七十年的時間，該書竟被重印了五十次！

　　傳說亞特蘭提斯文明的不僅是熱情的美國人，還有浪漫的歐

洲人。法國醫生和探險家普隆基恩（Augustus Le Plongeon, 1825
～1908）就是在訪問了中美洲馬雅文明遺址後確信，他在那裏發
現了被遺失的亞特蘭提斯文明史。這位法國冒險家還據此描述了亞
特蘭提斯文明社會是如何被內戰所撕裂，失敗者又是如何逃離他鄉
而建立了埃及和馬雅文明的。和其他亞特蘭提斯文明「信徒」不同
的是，普隆基恩認為是中美洲人殖民了埃及，而不是相反（這兩個
民族都以宏大神奇的金字塔建築作為自己文明的標誌，也都有相似
的歷史傳說和神祇形象）。蘇格蘭神話學家斯彭斯（Lewis Spe-
nce, 1874～1955）是少數幾個對亞特蘭提斯傳說持謹慎態度的歐
洲人，他試圖找出故事背後的科學證據來；但在缺乏實證條件的情
況下，絕大多數亞特蘭提斯文明的信徒所依據的，也只能是他人的
猜測或自己的想像了。十九世紀後半期著名的預言家、在倫敦
成立的神智學社（Theosophical Society）和現代西方命學中主要
流派之一即神秘星象學（Esoteric Astrology，又譯深度星象學或哲
學星象學）的創始人布拉瓦斯基（Helena Blavatsky, 1831～1891）
認為，亞特蘭提斯的文明人乃是我們人類排序第四的七個最基本人
種，當時這些人逃離了這個正在沉淪的大陸。後世各個人種包括克
羅馬農人（Cro-Magnons），閃米特族（Semites，包括猶太、阿
拉伯和亞述等人種）和身高八呎、長得英俊碩長的古代墨西哥的托
爾提克（Toltecs）人都源自該地。我們今天的人類是源自亞特蘭
提斯文明的第五個基本人種，不久將通過美洲人而進化成第六種，
最後將在南美洲產生人類第七即最後一個基本人種。按布氏夫人的
看法，馬雅文化的源頭就在沉沒的亞特蘭提斯文明。

　　至此，也許有人會問：就算馬雅族是亞特蘭提斯人的後裔，
馬雅預言和史前亞特蘭提斯文明又有什麼關係呢？前面導讀和第一
章已經提到，馬雅預言是基於長達近二萬六千年的天象運動週期，

而亞特蘭提斯文明從發展到突然消失，大致需要這個大尺度上的時間。此外，我們現在也已經了解，馬雅神話中有四至五次創世說，每次間隔四、五千年左右，這些年數總和大約與上述時間範圍相符。若此，我們就有理由推測：馬雅先知的大歷史預言肯定是有亞特蘭提斯文明的史實為依據的。要是布拉瓦斯基並非是在信口開河，我們在考察馬雅預言之前，就有必要將史前亞特蘭提斯文明的「老帳」翻出來「新算」一遍，看看馬雅遠祖究竟是如何從歷史舞臺上消失的，其過程的驚心動魄又是如何影響到馬雅後人對歷史的預言。

（二）亞特蘭提斯傳聞再述說

現代西方人所了解的史前亞特蘭提斯文明的傳說，其源頭在二千四百多年前古希臘的聖哲柏拉圖（Plato, 427B.C～347B.C），他是歷史上第一個用文字記下亞特蘭提斯傳聞的人。在《蒂邁歐篇》（Timaeus）和《克里底亞篇》（Critias）這兩個對話錄中，柏拉圖是這樣敘述亞特蘭提斯文明故事的：

亞特蘭提斯位於赫克力斯四柱子（今西班牙和非洲交界的直布羅陀海峽）的西面，比小亞細亞半島（今土耳其）和利比亞兩地面積之和還要大，在該島外面又有一連串的小島。大約在梭倫之前的九千年（距今一萬一千六百五十年），亞特蘭提斯就已是個強大的王國，擁有高度發達的文明和一個理想的政治制度，主宰著地中海地區各民族的命運。後來它侵略成性，擴張帝國，惹怒了上帝，最終就被海水淹沒。

讀者也許會問：上述所言可靠嗎？六十多年前美國靈媒凱西對此卻有不同的說法。他在通靈時看到，亞特蘭提斯的面積幾乎覆蓋了從加勒比海至地中海的整個大西洋海域，擁有高度發達的精神

和物質文明。那裏的科學家們用光作為能源，成功地開發了原子能，並掌握了飛行技術，還能將訊息傳遞至外太空；他們擁有電視和激光醫療設備，並能使用天然物質來合成酒類、咖啡、茶葉和麵粉。更令人稱奇的是，亞特蘭提斯人能將自己腦中出現的圖像投影到螢幕上，以此來保存他們的歷史和傳統。外來的遊客則可通過這些投影畫面，來了解倖存者所記錄的最古老的毀滅性災難。然而，在科技文明高度發展的同時，人與自然、人與人之間的矛盾和衝突也變得十分尖銳。最後此一輝煌的文明毀於三次巨大的災難：

- 第一次發生於西元前五萬年，當時人們採用最先進的科技來殺滅影響到人類生活的巨大動物。其時發生的災難（包括地磁極轉換）使亞特蘭提斯一部分陸地沉到海裏。

- 第二次發生在西元前二萬八千年，時人發明出火石和晶體作為能源，但這些新能源遭到了濫用。當時發生的災難包括火山和地震等，所引發的洪災波及整個地球。這可能就是《聖經》和其他文化中一些古籍所記載的史前「大洪水」。

- 最後一次是在西元前一萬多年，災難中亞特蘭提斯最大的陸地——波塞狄亞島（Poseidia）全部沉沒於海。預見到災難來臨的當地居民絕大多數均逃到了中美洲的馬雅和北非的埃及，從而造成了這些地方的文化復興。柏拉圖所記錄的那場滅頂之災，應該就是這一次波塞狄亞島沉沒海底事件。

其實柏拉圖本人最初也是從克里底亞那裏聽說傳聞的。克氏則在十歲時從九十高齡的曾祖父那裏聽說此事的；克氏的曾祖父又是聽他父親講述的；後者是由古希臘著名的七賢之一、雅典立法者梭倫（Solon, 640B.C～558B.C）本人告知的，而梭倫則是在到訪埃及時從一個叫賽伊斯（Sais）地方的祭司那裏聽聞此事的。歷經那麼多人的轉述，加上中間長達近萬年的時空距離，今人所疑問的

是，柏拉圖留給我們的亞特蘭提斯故事究竟有多少是他本人（加上其他轉述者）的想像？又有多少是從未見諸記載的史實？古希臘著名史家希羅多德（Herodotus, 484B.C～425B.C）在柏拉圖出生前七年去世。他曾去過埃及並求問於賽伊斯的祭司們。但希氏從未提及過沉島傳聞；如果亞特蘭提斯文明消失確有其事，祭司們一定會向希羅多德提及。然而我們卻不能因此就否認亞特蘭提斯故事的真實性。早在古埃及中王朝時期（2000B.C～1750B.C）就已流傳了內容大致相同的故事。記錄該傳說的一份埃及紙草文獻至今還保留在俄羅斯的聖彼得堡市。故事情節是這樣的：有一位古埃及旅行者坐船去法老的礦山，途中船隻被巨浪擊毀，除他之外船上所有乘員都被淹死。埃及人靠著一段木頭被沖上一個不知名的島嶼。那裏棲息著一條金龍，將他帶到自己的巢穴而沒有傷他一根毫毛。金龍告訴埃及人說，那個島上有無數的金銀財寶，以前有七十五條金龍住在那裏，大家都生活得很愉快。現在卻只有牠這一條金龍還活著，其他金龍都被天上飛來的星星（彗星？）燒成灰了。這條金龍並向埃及人預言說，很快就會有一艘埃及船隻來搭救他，但他將不會再看到那個島嶼，因為它將被巨浪吞噬。這個關於幸福而繁榮的島嶼後來沉沒於海的故事，不僅在埃及流傳甚廣，而且還在世界最長的史詩之一、印度古代梵文敘事詩《摩訶婆羅多》（*Mahabharata*）中出現；相近內容的故事還以神話形式在其他民族中流傳著。

第四章將述及，神話並非全是出自人的想像，而是有神話創造者的生活經歷作依據的。馬雅人有世界曾被洪水所毀的傳說，猶太—基督教有諾亞方舟的故事，中國人則有「精衛填海」的傳奇。所有這些都記錄了一個基本事實，即我們這個星球在西元前一到二萬年的時間內曾發生過空前的洪災，直接的起因很可能與火山或地震引發的海嘯有關，而間接的原因或是由地殼錯位引發地面的滄海

桑田，或是由異常天象誘發地磁場換位而導致氣候劇變（馬雅先知預言 2012 年的冬至日即 12 月 21 日，太陽系走進銀河中心，屆時將會出現罕見和異常的天象）。如果神話或傳說並非出自想像，那麼柏拉圖聽聞的亞特蘭提斯文明究竟會消失在哪裏呢？一個科技如此發達的文明大陸究竟是如何銷聲匿跡的呢？

（三）地磁轉換和災變

1. 亞特蘭提斯何處覓？

　　中世紀的西方人是通過阿拉伯的地理學家們才了解到消失的亞特蘭提斯文明；他們相信亞特蘭提斯確有其地，而流傳甚廣的有關西方天堂之島的神話更堅定了這一信念。探險家們在十四和十五世紀的地圖上曾標出幸運島、七城之島和聖布倫登島等地方作為搜尋航行的目標。前述十九世紀的布拉瓦斯基確信，亞特蘭提斯就在大西洋北部海域，凱西則在 1940 年具體說出了亞特蘭提斯的位置就在大西洋東部的巴哈馬群島（Bahamas）。也許是受這些靈感的鼓舞，1960 年代人們分別在大西洋兩岸的地中海和加勒比海地區發掘出或發現了所謂的亞特蘭提斯文明遺址，如希臘東南海域中的塞拉島（Thera）和巴哈馬群島中的比密尼島（Bimini）。隨著現代考古學所提供的證據日益增多，眼下的問題已經不是亞特蘭提斯傳說是否可信，而是如何來證實。世人根據「大西洋」一詞曾想當然地認為，亞特蘭提斯文明沉沒於今天的大西洋海底。但現代海洋學家們早已將大西洋甚至是鄰近的印度洋海底都完整地掃描了一遍。歷史學家們認為，能夠發展出傳說中那樣高度文明的亞特蘭提斯，其面積至少應該有一百萬平方公里，或是兩倍於印度洋上島國馬達加斯加的領土面積。這樣大小的地理單位是不可能被忽視或遺漏的，其文明也不可能無緣無故地就銷聲匿跡了。而要發展出像凱

西所記憶的那種高科技文明，亞特蘭提斯在地理上還得有連綿的高山、奔流的大河與豐富的礦藏，並具有亞熱帶的氣候條件，以便使文明能在（大約需要一萬年）連續的時間內發展成熟起來。用這些自然條件來衡量，上述的塞拉島和比密尼島，以及其他古文明遺址如希臘世界的特洛伊（Troy）都不可能是亞特蘭提斯文明遺址的候選地。若此，哲學家柏拉圖煞有其事所記下的亞特蘭提斯文明究竟會坐落在哪裏呢？

2. 亞特蘭提斯葬南極？

前述的美國作家漢考克在《諸神的指印》一書中提出了他的看法，認為亞特蘭提斯文明最有可能就埋藏在今天的南極洲冰層下面。漢氏具有充分的理由來證明他的論點。南極洲的陸地面積有一千二百萬平方公里（相當於一個美國再加三個埃及的領土面積），在全球七大洲中位據第五。在今人的印象中，南極洲是個杳無人煙的冰封之地（平均氣溫為零下四十五度）；在人類今次五至六千年的文明史上，南極洲一直就是「冷眼向洋看世界」的；那裏是人類最後一個開發的陸地，也是迄今我們所知最少的一個領域。但在歷史學家的眼中，南極洲可不是生來就是一付「討債鬼」的冷酷相。各方面的考古證據顯示，最遲在一億八千萬年前南極洲是和地球上其他大陸板塊（如今天的歐亞大陸）連在一起的，只是由於板塊運動才逐漸「獨立」出來；在一個很長的歷史時期內，南極洲是坐落在南緯三十度左右，即今天澳洲、南非或阿根廷所在的緯度，那裏氣候溫暖，植物茂盛，資源豐富，清水從奇峰異石的群山中流出，形成一瀉千里的江河，奔流不回到大海。這種類似於北半球地中海的氣候條件乃是培育文明的最佳土壤。如果不是一場飛來的橫禍，今天的南極洲大概就是南半球的「泛希臘聯盟」或「美利堅合眾國」，後者位於北緯三十度左右，剛好和遠古時代的南

極洲惺惺相惜。至此，人們要問：讓南極洲毀容變相，並將其發配至極地的究竟是什麼樣的「橫禍」呢？災難的起因又是什麼？要回答這些問題，就需要介紹一下美國學者哈普古德（Charles Hapgood, 1904～ 1982）；提出地球磁場最近一次快速逆轉而造成災難理論的學者，在世界範圍內是屈指可數的，哈氏就是他們中間的一個。

3. 古地圖的啟示

　　五十年前，畢業於哈佛大學中世紀和近代歷史專業的哈普古德，對中世紀的航海圖產生了興趣，並由此發現了一張註明是1531年法國出版的世界地圖，上面標示出南極洲沒有結冰的海岸。這使哈普古德十分震驚，因為遠洋航行業最早也要到西元前2000年才開始，而科學證據顯示，南極洲冰凍的時間大約已有六千年了。再說，近代人類最早是在1818年才發現南極大陸的，而該地區的完整地圖要等到1920年後才問世的。難道在更遙遠的年代，南極洲是另一種地貌？或產生過自己的文明時代？哈氏通過比較研究，收集到足夠的證據顯示，那張航海地圖是可信的。據哈普古德推測，在古埃及文明之前的數千年，我們這個星球上就存在過一個偉大的海洋型文明，後來它被整個的摧毀了，只有一些古老零碎的航海知識通過地圖的形式流傳到現在。前述的漢考克根據哈普古德和其他學者的研究推測，哈氏所謂的海洋型文明很可能就是傳說中的亞特蘭提斯文明，其地理位置就是遠古時代還處於南緯三十度地方的南極洲。在地球最近一次磁極逆轉時，南極洲遭到滅頂之災，不僅被推向極地，而且還遭冰埋至今。由於冰層厚達三千多米，目前考古學家們根本無從知曉那裏還藏有這樣一位沉魚落雁的「大家閨秀」。

4. 地殼錯位假說

我們知道，地質學家們習慣用漂移說（Continental Drift Theory）來說明大陸板塊運動。按照這個理論，億萬年的地質史上各大陸板塊會以每年一米左右的速度漂來移去，從而造成地球表面陸地和海洋分布狀況的變化。1958年哈普古德首次提出異見，認為是週期性的地殼錯位才造成了大陸板塊移動，理論物理學大師愛因斯坦（1879～1955）去世前不久，曾親自為哈氏的這一論文作序鼓吹。此後，哈普古德分別於1966年和1970年出書，系統說明地殼錯位理論，並論證了地球磁極在漫長的地質史上曾幾度逆轉的觀點。今天，當年被認為是激進和異端學說的地磁場逆轉（Pole Shift）論已走進大眾視線，成了世人關注馬雅族2012年終結日預言的一個主要原因。根據哈普古德用來說明地磁場逆轉現象的「地殼錯位」理論，我們居住的地球可能會定期經歷整個地殼的錯位。作為地球「表皮」的地殼，其厚度不足三十英里，其質地堅硬，地質學上稱為岩石圈。地球「表皮」下面是潤滑層，質地柔軟。堅硬的岩石圈（猶如桔子皮）時常會到柔軟的潤滑層（桔子瓤）家中去「拜訪」，其行程中的每一步都將撼天動地，引發連串的地震，造成洶湧的洪水。隨著各大陸板塊相撞時發出痛苦的呻吟和變位，天似乎要塌下來了；大洋深處，地震激發出排山倒海的沖天巨浪，猛烈地抽打著海岸，並將其吞噬。一些地方的氣候變暖，而有些地方則變成極地，被嚴寒籠罩。溶化的冰河使海面越升越高，所有生物只能適應變化的環境，或遠走他鄉，否則便「自取滅亡」。星象學家們喜歡用天象來解釋地事，認為地球運動是受天體（如太陽）的重力影響；當地球偏離正常運行軌道超過百分之一的時候，太陽的重力影響便會加強，對地球及其大面積冰河的拉力就會大增，從而導致地表岩石層的移動。愛因斯坦則從地球物理運動本身來說明

地殼錯位現象，認為兩極冰河重量的不對稱可能是地殼錯位的起因。地球的旋轉運動會作用於不對稱分布的冰河物質，並產生離心力傳導給堅硬的地殼或岩石圈。不斷增強的離心力達到一定程度時便會使地殼朝地體移動，於是極地區域就會被錯位在赤道上，或是對應的反向運動。

5. 搜尋熱情背後

如果說古埃及是今次整個人類文明史的先驅，那麼，近代西方則是以古希臘作為自己文化的源頭，而柏拉圖通過埃及祭司口述的亞特蘭提斯故事，很自然地將古希臘文明上連至古埃及和傳說中的亞特蘭提斯文明。無需諱言的是，在搜尋亞特蘭提斯文明背後世人有著複雜的動機。尋回失去的家園，揭開文明消失的謎底，這本屬人之常情，是人類智性樂趣的所在。但在西方主流文明日益受到外來文化衝擊和挑戰的今天，搜尋消失的史前文明便帶有強烈的政治涵義。誰能在此領先，誰就有了主導歷史的話語「霸權」或正宗文明的合法繼承地位。據說七十多年前，國勢如日中天的德國人就曾秘密派出搜尋艦隊，以便搶得頭功。上述馬雅文明來源的外來和本土這兩種觀點對峙所隱含的，其實就是當今歐美主流與非主流這兩種文化勢力在爭奪全球文明發展的主導話語權。難怪西方人對搜尋亞特蘭提斯文明充滿著日益高漲的熱情，有人甚至為此獻出了生命。一百多年來，有關書籍、論文和電影多達好幾百冊／篇／部，儼然成就了一門所謂的亞特蘭提斯學（Atlantology）。美國在1970年代末還專門拍攝了電視連續劇《沉沒海底的亞特蘭提斯來客》（*Man from Atlantis*），以滿足公眾的渴求。各種探索亞特蘭提斯遺址的專著層出不窮，不少作者都是理工科學的博士。1992年英國出版了《天上下來的洪水：亞特蘭提斯傳說解密》（*The Flood from Heaven：Deciphering the Atlantis Legend*）一書，作者

畢業於美國史丹佛大學，長期從事地球科學的研究；該書認為希臘神話中的特洛伊（Troy）才是亞特蘭提斯的真正遺址。上述《諸神的指印》（1995年）一書則提出了南極洲作為亞特蘭提斯遺址的論點。1998年美國出版了《亞特蘭提斯：安地斯山的搜尋方案》（*Atlantis : The Andes Solution*），作者認為南美洲才是傳說中亞特蘭提斯的遺址。最近十年來，光是在美國就出版了四部有關書籍；就在2009年12月互聯網上還有報導說，法國人在中美洲的加勒比海底發現了傳說中的亞特蘭提斯。此外，世人還提出了亞特蘭提斯的其他可能遺址，如非洲的撒哈拉和印度洋上的馬爾他島等。根據現有的資料和各方面證據，筆者傾向於同意上述漢考克的說法，即南極洲幾千米冰層下面很可能埋藏著傳說中的亞特蘭提斯。若此，馬雅族預言2012年罕見天象所暗示的異常或劇變的氣候，就並非是古人的幻覺或臆測，第四章將會對此有更多的論述。

二、馬雅預言和史前文明

（一）馬雅預言的歷史記憶

上面提到，亞特蘭提斯文明從發展到突然消失，大致上是在馬雅預言所依據的巨宏觀天象運動（二萬六千年）週期的時間範圍。對今人來說，亞特蘭提斯文明只是一種傳聞而已，然而，如果中美洲的馬雅人確實來自亞特蘭提斯，那麼，馬雅人記憶中的歷史就遠非只有一個亞特蘭提斯，而應該是整個人類的史前文明。正如下面第三章〈腳踏時間的馬雅人〉所談到的那樣，馬雅族預言歷史的方法是「以史為鑑」。馬雅先祖一定不會忘記，幾萬、幾十萬或幾百萬，甚至幾千萬遙遠而漫長的歲月中，人類曾發展出各種史前

文化，這些文明單元此起彼落，其消失過程讓人驚心動魄。源自這些大歷史記憶的馬雅預言，讓吃了忘憂果後短視的現代人十分的恐懼和震驚，猶如希臘神話中俄狄甫斯得知是自己殺父娶母一樣。現代人第一次不得不放棄駝鳥心態，直面所謂史前文明的各種直接或間接的證據。目前已經落入我們視野中的史前文明單位（由近及遠依次）包括：以光為能源的亞特蘭提斯文明、以植物為能源的穆里亞文明、愛好飲食的美索不達米亞文明，和以神功著稱的根達亞文明，其中要數上面已有詳述的亞特蘭提斯文明最為世人熟知。被美國靈媒凱西作過靈能透視的一千六百多人中，竟有七百多人前世有亞特蘭提斯或更早的姆大陸的生活經歷。大概就是這種潛意識記憶，驅使著人類不斷去搜尋沉沒的亞特蘭提斯文明。今天，我們通過馬雅預言，來「新算」亞特蘭提斯文明的「老帳」，將人類歷史源頭接上時間尺度至少數萬年以上的史前文明。對遠古文明的探索有助於我們，更深入地了解和理解馬雅預言的內容和深意，兩者的關係就好比一對熱戀中的情侶，彼此需要通過深情地觀照對方，來看清自己隱藏的人格特質。誠然，探討史前文明會觸及到，史學上敏感的直線和循環這兩種對立的史觀之爭。目前，大量的證據似乎有利於循環史觀，但後者不僅在政治上是不正確的，而且也得不到主流史界的認可。史界大佬們對眾多有關證據「聽而不聞」、「視而不見」，也並非全無道理。今次人類對史前文明的了解源於神話、傳說和教義（如《聖經》中諾亞方舟的故事），但這些內容迄今都得不到證實。即使按常理，人也不能聽到風就認作雨吧，更何況史前文明的真相事關人類的前途。再說，現代考古學普遍使用碳14同位素的放射性定年法，來測量文物的時間，目前用這種方法只能測出五萬年之內的遺物，而且具體的年份也就是個大概數而已，超出這個年限，碳測法根本就是無能為力的。此外，對

考古文物的年代，人們又無法用岩石年齡測定法來度量，這就是何以我們迄今無法確定大量已發掘的古建築物的建造年代。在這種情況下，我們只能以馬雅預言中的大歷史記憶，作為建構史前文明史的起點，大膽假設，小心求證，盡量收集並整理現有的各種有關證據。

（二）現存史前文明的證據

所謂史前文明是指今次人類（從古埃及人）有文字（開始）記載歷史（距今大約五至六千年）之前所存在過的人類（或被疑為是外星人留下的）文化遺跡或遺址。這些文明除了留存在世界各民族的神話（如馬雅人的四次創世論）、傳說（如亞特蘭提斯的傳聞）和聖經（如諾亞方舟和大洪水的故事）中，現代人類對其了解就僅限於所發現的那些令人費解的文化遺址和啟人疑竇的遠古遺跡。這些史前文明的證據，按材料、規模或年代的不同和技術的超前性質，可分成這四大類：

(1) 大型或巨型的（石頭）建築（群），如古埃及、馬雅、南美洲和百慕大地區的金字塔。這些出現在史前或古代的建築，其設計目的和建造技術，都是相信歷史進化的現代人所難以理解的。上述的美國議員唐納力極力主張，所有這些金字塔建築都源自萬餘年前沉沒的亞特蘭提斯文明人種的創造。此外，可以歸入這一分類的證據還有古巴比倫的通天塔、遍布英倫三島的巨石陣、南美洲的薩莫伊華曼（Samoyhuaman）城堡、太平洋復活節島上的石像，和澳洲東部古怪墳冢裏的水泥圓柱等。以上這些建築，其建造年代有的並非先於今次文明的歷史，如馬雅金字塔和澳洲水泥圓柱等，但因為其建造技術或所用材料的先進性而讓

今人十分費解，故這裏也將它們歸入史前文明的遺跡或證據中。

(2) 遺留在大陸或沉沒於海洋中的城市文明，如中國四川省三峽地區的巫山人遺址（距今約二百萬年）、消失的姆（Mu）大陸（距今至少有五萬年）、隱藏在冰河後面的南極洲熱帶古城（距今約三萬多年）、前述的亞特蘭提斯和秘魯與西班牙等地外海洋底的古城堡遺址（距今至少都有萬餘年）。在這些證據中，關於姆大陸的傳說來源有二：馬雅少數幾本倖存的古典文獻中，有一冊叫《特洛阿諾古抄本》（*Troano Codex*，現存於英國皇家博物館；又說是《馬德里古抄本》），裏面竟有幾頁的篇幅談到了姆大陸的情況：在這塊大陸上共有十個國家，在馬雅曆法中崁朝（Kan）六年的第十一個穆魯克（Muluc）期間，或《特洛阿諾古抄本》之前的第八千零六十年的時候（即距今一萬兩千年前），一場大地震和同時爆發的火山，將整個姆大陸在一夜間全部毀滅。又據美國學者的研究推測，姆大陸存在於史前的太平洋地區，其範圍包括當時還和大陸板塊整片相連的日本、沖繩和臺灣，南面包括了斐濟和存留史前文明遺跡的復活節島，東面甚至涵蓋夏威夷島北部，總面積有三千五百萬平方公里（比整個南美洲還要大），人口多達六千四百萬，距今五萬年前曾有過高度發達的文明。這是人類迄今所能記憶的最早的文明母國，時人崇拜太陽，大約在距今七萬年前姆大陸居民開始向世界各地移民，傳說中的亞特蘭提斯就是它的殖民地，而今次文明中的印度、巴比倫、波斯、埃及、馬雅和其他留存大型金字塔地區，甚至包括古希臘的居民都被認為是姆大陸殖民地

人的後裔，所有這些人類都自稱是「太陽之子」。大約距今二萬多年前後，因太陽輻射能量過於強烈，致使地表過熱，深埋於地層中的熱氣大量釋放，導致地層陷落，使姆大陸銷聲匿跡。

(3) 遠古時代所存留的遺跡，如 1968 年美國猶他州發現的古生代寒武紀沉岩中的三葉蟲化石上的人腳印記（距今至少有五億年），和美國德州發現的中生代白堊紀所存留的人類腳印化石（距今大約一億年）。白堊紀是恐龍稱霸的時代，如果人腳印被確證，那就等於說人類曾和恐龍共處於世過。但這類證據在時間上十分遙遠，且數量也很有限，因此僅憑這一二個案例似乎並不足以說明史前文明（或許還有外星文明）的存在。不過，下面第四類證據也許會改變我們的一些想法或成見。

(4) 超越時代的先進技術，如在南非克萊克山坡中發現的二十八億年前的數百個金屬球、1972 年在西非加彭共和國一個鈾礦中發現的二十億年前的大型鏈式核反應堆、從幾千萬甚至幾億年前就形成的礦山中，陸續不斷發現的人工打造的各種金屬製品、南美喀喀湖高原一座神像上雕刻的那幅描繪二萬七千年前天象的星圖，和十八世紀初發現的古代太空航攝的地球地貌圖等。距今二十至二十八億年前乃是地質年代上的太古代，其時地球上還剛剛開始演化出肉眼不及的細菌之類簡單而低等的生物，上述這些令人不可思議的史前遺跡，如果不是外星智慧生物到訪地球（來尋找資源或能源）的痕跡，那就只能這樣假設，即人類文明並非是我們這個星球的特產，也並非僅限於今次這一歷史階段。下面就來介紹兩個迄今有關史前文明最大膽的解釋理論。

（三）史前文明的兩種解說

1. 人類文明外來說：神就是從天而降的宇航員

隨著現代考古活動的日趨頻繁和探測技術的日益進步，史前文明的證據清單正變得越來越長。現在我們面臨的已經不是信不信或有沒有的問題，而是如何全面收集並整理各種（已有）證據，來描述並說明史前文明的發展過程和歷史性質，最終建立起「史前文明學」來系統地加以研究。由於缺乏直接可靠的文字記載，今人對史前文明不論是相信或懷疑，各種不同意見多出於推測或偏見，區別僅在於程度的差異。信者提出了兩大理論來解說史前文明的古蹟或遺址。針對現存古代或遠古時代大型或巨型的（石頭）建築（群），有人認為古代和史前文明都是外星智慧生物到訪的結果。第一章提到的那位瑞士作家丹尼肯，是該理論最熱情的吹鼓手，他在 1968 年出版的《眾神之車？——歷史上的未解之謎》（*Chariots of the Gods*？：*Unsolved Mysteries of the Past*）一書中，收集並羅列了各種證據來說明他的觀點，即地球上現存的各種古代著名的石頭建築都是人類對「神」，即來自外星宇航員的崇拜、紀念或盼望的標誌。根據這一邏輯，丹尼肯對《聖經》中記載的罪惡之城——索多瑪，和印度古城——馬亨佐‧達摩廢墟的起因作出推論，認為這兩座古城都是毀於外星生物的核武器攻擊。丹氏立論非常大膽，證據蒐集得不少，論證也不乏說服力，其觀點在很大程度上，為世人理解上述那些古代遺址或史前遺跡提供了一種合理的指南。筆者感覺不足的是他論述時還不夠謹慎，不少數據和史實的引用都有明顯的差錯，如他說太陽還有數百萬年的壽命（第109頁），但目前科學界公認的是，太陽大約還可活上五十億年。「幾百萬」和「五十億」這兩個數量之間要相差千倍，對此我們如

何能用約等於來處理呢？

　　上述人類文明外來說大致有兩層涵義：一是外星文明生物因自身生存環境被毀，而移居包括地球在內的其他星球。按目前的推測，這個外星或地外文明最有可能存在於火星的一號衛星（簡稱火衛一，長期以來被科學家們懷疑為人造衛星），那裏的引力比較弱，生物因此會長得體形高大，今次人類被認為就是來自火衛一星球的移民後裔。上述第三和第四類證據所涉及的年代更加遙遠，在丹尼肯等人看來，保存在化石中的人腳印和超越今次人類想像的（金屬）打造技術，肯定就是外星智慧生物到訪地球的證明。人類文明外來說的第二層涵義是，人類是被某個高度發達的文明生物選中來作為地球上的試驗品，因此，每當人類發展的歷史關口，該智慧生物就會從天而降，出現在地球上。1945 年 8 月 6 日美國人使用了剛發明不久的原子彈來迫使日本投降。有心人已注意到所謂不明飛行物（UFO），在此事件後便明顯增多。如果丹尼肯的假說言之有理，那些不明飛行物頻繁造訪地球的目的不就是昭然若揭了嗎？

2. 人類文明週期說：大洪水沖出來的文明斷層

　　根據遺留在大陸或沉沒於海洋中的城市文明，有人提出人類文明和個體發展一樣是具有生、老、病、死週期性的。前述那些史前文明遺跡或遺址存在時間，從距今至少一萬多年（的亞特蘭提斯）到二十八億年（的南非金屬球）不等。現代科學告訴我們，地球的歲數已有四十六億年了（即使根據新法測定也有一億多年），猿人開始向今次人類進化的時間大約是三百萬年前，而人類有文字記載的歷史僅開始於五、六千年前。如果文明週期性理論和上述文明外來說，是可以互補的兩種假說，那麼，我們完全可以據此認為：在漫長的演化過程中，地球上曾經存在過週期不等的各種類型

的史前文明發展單元，其中使我們最為關切和深感興趣的，乃是和今次人類發展有直接傳承關係的那個史前文明週期。從現存各種證據和研究成果來綜合判斷，最近一次的全球範圍史前文明發展單元以傳說中的亞特蘭提斯為代表，根據柏拉圖的記述和凱西的記憶，當時人類已經掌握了航太與核能利用技術，其文明程度至少不亞於今次的人類文明。那次史前文明的發展與繁榮時間大致上是在距今二萬年前後，其消亡時間大約是在距今一萬二千至一萬五千年之間，整體上最近那次史前文明從發展到消亡的生命週期，大約為二至二萬五千年，這基本上就是馬雅預言所依據的那個持續近二萬六千年的歲差運動週期。該次全球性史前文明一般認為乃是毀於空前絕後的大洪水。英國學者的研究發現，幾乎所有北半球民族的上古傳說中都有相似的大洪水內容。《波波爾‧巫》是今人所知馬雅預言的來源之一，上面明確記載說：第一和第四太陽時代毀於大洪水（見第三章第三節）。猶太—基督教《聖經》中諾亞方舟的故事，應該就是指這場毀滅文明的大洪災；中國《尚書‧堯典》也有記載說：「湯湯洪水方割，蕩蕩懷山襄陵，浩浩滔天」。大陸歷史學家李衛東博士認為，自古流傳的「精衛填海」的傳奇，實質上反映了遠古華人對大海造成毀滅性洪災的憤恨情感。這次大洪水前後持續了大約一百二十天，傾盆大雨足足下了有四十天左右。據李博士的研究，大洪水峰位高達一千多米。這意味著北半球各大陸的江河湖海沿岸和平原及其丘陵地帶，包括中國的華東（除了一些主峰在海拔千米以上的高山如泰山、黃山和廬山等）和華南地區（除了海南島上的五指山）以及廣袤的華北平原、歐洲大部分地區、北美大陸東西兩岸及中西部平原地帶等，都悉數被洪水吞噬。至於大洪水的成因則有不同的說法，有說是太陽能量異常引發地球磁極逆轉所致，也有說是火山爆發引起海洋地震造成海嘯的結果。李先生在

《人類曾經被毀滅》一書中，將現有各種解說歸納為三種理論，即外來撞擊說、地球火山說和星球異動說，但認為這些假說都無法自圓其說，因此他提出了自己的理論，即地球和月亮分離才是大洪水的真正原因。該論點的關鍵假設就是，月亮作為地球的衛星，乃是外星智慧生物建造並安放在地球運行軌道上的一艘宇宙飛船。按李博士的說法，「被擊毀了反引力裝置的月球宇宙飛船，從現在的西北方向（以前的正北方向），緩慢離去的時候，月球本身強大的引力，加上分離時產生的巨大拉力，使南半球的海水以排山倒海之勢湧向地球北半部」，從而造成了那場史無前例的大洪水。這個說法的原意大概是要解釋，何以大洪水的傳說多流行於北半球各民族中這一歷史懸案。遺憾的是，李先生並未令人信服地說明「月球宇宙飛船」何以要或會被擊毀其反引力裝置，他只是根據某位專家的理論計算模型來推論，結果引來了更多的問題。月球是外星人建造的宇宙飛船這個說法，脫胎於英國人威爾斯一百多年前就出版的科幻小說《月球上的第一批人》；1970年，前蘇聯的兩位科學家，根據人類探測月球所發現的種種難解之謎（最大疑點就是月球何以會是中空的球體），首次公開提出月球起源的「巨型宇宙飛船」說。李氏假說的致命弱點是難以實證，且引出的難題遠比它所要解答的問題棘手得多。一旦南半球也發現有大洪水遺跡，上述假說就可能全漏氣了，更不用說世人對「月球宇宙飛船」來歷、構造、製作、用途和目的之種種疑問了。筆者認為，由於今人對地球、太陽和太陽系諸行星乃至銀河系宇宙的內部構造和運動規律的了解都還十分有限，因此，我們現在很難弄清那場毀滅性洪災的確切成因，再說，詳細探討大洪水起因並非本書目的，而是又一本書的主題。目前我們所能肯定的就是，通過倖存者的記述，這場大洪水已經成為今次人類集體記憶內容的一部分，它從一個側面印證

了，馬雅神話所敘述的三至四個已被毀滅的太陽時代，乃是有史前文明的史實作依據的。

三、參考資料

以下中文資料按出版年份的先後排列：

《眾神之車？——歷史上的未解之謎》，【瑞士】埃里希·馮·丹尼肯著（*Chariots of the Gods*？：*Unsolved Mysteries of the Past* by Erich von Daniken），陳敦全、楊漢保譯，上海科學技術出版社，1985 年。

《人類曾經被毀滅》，李衛東（歷史學博士）著，天涯在線書庫，http://www.tianyabook.com/qita/huimie/huimie.htm。

〈史前文明特別專題〉，網易探索，http://tech.163.com/special/000915QE/shiqianwenming.html。

〈史前文明〉，百度百科，http://baike.baidu.com/view/68860.htm。

以下英文資料按作者姓氏起首字母順序排列：

Braden, Gregg & at el. *The Mystery of 2012: Predictions, Prophecies & Possibilities*. Boulder, CO.: Sounds True, 2007.

Carmack, Robert M. et al. *The Legacy of Mesoamerica: History and Culture of a Native American Civilization*. Upper Saddle River, NJ.: Simon & Schuster／A Viacom Company, 1996.

Firestone, Richard, Allen West, and Simon Warwick-Smith. *The Cycle of Cosmic Catastrophes: Flood, Fire and Famine in the History of Civilization*. Rochester, VT.: Bear & Company, 2006.

Hancock, Graham. Chapter 50 to 51 in *The Evidence of Earth's Lost Civilization: Fingerprints of the Gods*.（《地球遺失文明的證據：諸神的指印》），New York: Crown Publishers, 1995, p. 461-86.

Kenyon, J. Douglas, et al. *Forbidden History: Prehistoric Technologies, Extraterrestrial Intervention, ad the Suppressed Origins of Civilization*. Rochester, VT.: Bear & Company, 2005.

Krupp, DR.E.C. *Echoes of the Ancient Skies: the Astronomy of Lost Civilizations*. New York: Harper & Row, Publishers, 1983.

Malkowski, Edward F. *The Spiritual Technology of Ancient Egypt: Sacred Science and the Mystery of Consciousness*. Rochester, VT.: Inner Traditions, 2007.

Manguel, Alberto & Glanni Guadalupi. "Atlantis" in *The Dictionary of Imaginary Places* (Expanded Edition). New York／San Diego: Harcourt Brace Jovanovich, Publishers, 1987, p. 24-5.

Westwood, Jennifer (ed). *The Atlas of Mysterious Places: the world's unexplained sacred sites, symbolic landscapes, ancient cities and lost lands*. New York: Weidenfeld & Nicolson, 1987.

第三章
腳踏時間的馬雅人

一、馬雅預言的方法論——時間永恆的歷史哲學

如果把時間比作花容月貌的少女，預言就是苦追她的情人。理解馬雅預言就不得不先了解馬雅人對時間的感覺。要是說古埃及人是躺在金字塔上過日子，馬雅人就是腳踏時間車輪在數日子。不過，在了解馬雅人的時間感之前，我們得先問一下：現代人又是如何感覺時間的呢？在近代人心目中，時間猶如古代的勇士、中世紀的騎士或現代的將軍，總是抬頭挺胸、大步流星、永往直前（即所謂單向、直線和趨前）；時間是發展的座標，無止境的變化，是日新月異，只爭朝夕。對農夫來說，時間就是莊稼從生長到收穫的過程；對商人來說，時間就是金錢；對哲人來說，時間就是生命走向死亡。愛因斯坦以後，世人算學會了區分物理與心理時間，對前者，速度越快，時間就越慢；對後者，年齡越大，「心理」持續時間就會越短；其實，近三百年前康德就認識到，時間乃是人類大腦中天賦的知覺結構之活動產品。有了相對論，人們不再嚴守過去、現在和將來這些對時間的感覺區別，正如愛因斯坦所說，這些差別只是一種幻覺；也很少有人會徒勞去追趕「未來」這一遙不可及的時間美女，因為當代物理學已經證實，時間在粒子世界的流程並非單向，而是能同時朝兩個方向流動。在馬雅族看來，時間好比一個圓形，是一種生死或始終相續的循環，是周而復始的宇宙運動

的表現。人是宇宙的一部分，其生命運動同樣也體現出這種循環的性質。在刀耕火種的的馬雅人看來，直接影響他們日常生活的最長時間單位「年」，是太陽自轉一圈的歷程，次長的時間單位「月」是月亮的自轉週期，「日」則是地球的自轉週期。我們平時所能感受到的最短時間單位「秒」乃是人體每次心臟跳動的間隔。在這些週期中，太陽的自轉時間最受關注，因為它直接關係到馬雅人生存所依賴的農作物——玉米的生長週期，這是一個接著一個不斷的循環週期；在近代之前，這些週期之間完全缺少變化而被視作同義反覆。正是這種缺少變化的現實很大程度上決定了馬雅人周而復始的時間觀念。輪迴的時間觀引申出下面這些相關認識，即時間不是靜止的，時間是有方位的，時間是可測量的，時間可以被分成能夠用數學來處理的等級單位，用以計算已往的時間數量，並對未來做出預測（就像中國人所熟悉的老皇曆）。但是，循環意識並非是馬雅人時間觀念的特有內容，因為其他人類如華夏民族也都有相似的時間意識。馬雅人的獨特之處在於，他們將時間神化、恆化和量化，並將此信念體現在日常生活中。馬雅人對時間的認識，既不同於佛教，也有別於某些基督徒的觀念。前者根本否認時間具有本體上的絕對意義（即所謂的實相），而後者認為時間，是和我們這個被上帝創造出來的世界同時開始的。儘管當代人的時間概念顯得和馬雅人有些類似，但我們在時間認識的根本問題上，遠未達到馬雅先哲的水平，因為今人畏懼死亡，因而逃避將來，也輕視過去，從而就無法踏實於現在，這是人們所承受的各種心理痛苦和遭遇的各種社會病癥的根源所在。

（一）時間就是神主

前述的湯普遜認為，古代馬雅人乃是歷史上對時間最有興趣

的民族，時間也是馬雅宗教裏最重要的神祕現象；迄今還沒有哪一種文化像馬雅文明那樣能發展出一套時間哲學來。在外人看來馬雅族相當敬畏逝去的歲月，在遺址上發現的每一根石柱和每一個祭壇都被用來標記時間的流程和一個時期的結束；經常是每隔二十年（在大城市則是五到十年）就需要記下這段時間結束的年、月、日和所在星期，以及這幾年所在時代的月亮和行使治權的神祇。湯公生前就已發掘的約一千座紀念碑都刻有象形文字，內容全都是時間的流程、月亮和金星的觀測數據、年曆的計算和有關神祇的物品和相關的祭祀，還有就是歷史事件的記錄。馬雅古人對星辰的崇拜是直接體現在他們的計數和年曆上的。按湯氏的理解，馬雅人不僅認為每一天都受到神明的影響，還相信這一天本身就是一個活生生的神靈之化身。對馬雅族來說，標示時間（如2012年12月21日）的每一個數目都是背負歷史重任的神祇，祂們通過接力跋涉而將我們帶向永恆。馬雅人二十天曆法中的每一天也都有一個神奇的象徵符日和基本的吉凶涵義，這樣就很容易通過預測來規範日常行為或生活：

1 日是鹿的象徵（Kej／Deer），表示歡快、興奮和得利。

2 日是黃色的象徵（Q'anil／Yellow），表示播種、受精和領會。

3 日是雷的象徵（Toj／Thunder），表示火焰、贖罪與更新。

4 日是狗的象徵（Tz'i'／Dog），表示法律、權威和忠實。

5 日是猴的象徵（B'atz'／Monkey），表示命運、機敏和善變。

6 日是牙的象徵（E／Tooth），表示通道、決斷和新生。

7 日是甘蔗的象徵（Al／Cane），表示愉悅、迷惑與生命。

8 日是美洲豹的象徵（Ix／Jaguar），表示勇猛、殘忍和意志。

9 日是鳥的象徵（Tz'ikin／Bird），表示人界、自由和靈巧。

10 日是調皮鬼的象徵（Ajmak／Sinner），表示創意、猶豫

和不定。

11 日是思想的象徵（No'j／Thought），表示知識、思想和智慧。

12 日是葉子的象徵（Tijax／Blade），表示雙刃刀、黑曜石和掩蔽。

13 日是雨水的象徵（Kawuq／Rain），表示生命、死亡和兩棲動物。

14 日是射手的象徵（Junajpu／Marksman），表示準確、千里眼和耐心。

15 日是左撇子的象徵（Imox／Lefthanded），表示語言、邏輯和聰明。

16 日是風的象徵（Iq'／Wind），表示透明、力量和速度。

17 日是黎明前的象徵（Aq'ab'al／Foredawn），表示信心、希望和耐心。

18 日是網絡的象徵（K'at／Net），表示連繫、溝通和交往。

19 日是蛇的象徵（Kan／Snake），表示再生、智慧和治療。

20 日是死的象徵（Kame／Death），表示深沉、循環與新生。

（二）時間就是永恆

在馬雅先哲的思辯中，時間永恆是一個崇高的觀念，過去、現在和將來不過是人的不同感覺而已，過去是流逝的現在，現在是還未流逝的過去，將來則是還未來臨的現在。總之，所有不同方向時間流程的終點都是永恆。因此，開始乃是奔向永恆的結束，終點就是還未達到永恆的開始，就像生命是走向死亡的旅程，而死亡則是開始生命的征途。在人類歷史上，馬雅族對時間永恆的領悟有著深遠的回應。長期在北非擔任主教的奧古斯丁，生活在馬雅古典文

明初期的四至五世紀，他在神學著作《懺悔錄》中是這樣論證時間永恆這個觀念的，即基督教的上帝乃是超越時空的存在，既沒有過去，也沒有將來，而是永恆的現在；把時間分為過去、現在和將來是錯誤的；作為時間，只有過去的現在，現在的現在，將來的現在。對基督徒來說，真正的時間就是記憶、感覺和期望，因為過去事物的現在是記憶，現在事物的現在是直接感覺，將來事物的現在則是期望；時間，從本質上來說，只是心靈的產物、靈魂的回聲和精神的影子。早於大主教八百多年的古希臘哲賢巴門尼德（Par-menides of Elea）也認為，作為世界本體的存在是永恆的現在。從哲學上來說，馬雅人的時間永恆論是屬於主觀唯心主義性質的，但其積極意義在於，用人的心靈無限性，去克服宇宙在時空上的無限性給人有限生命所造成的傷感、壓抑和絕望。

　　為了達到永恆，馬雅古人勇敢地追溯流逝的時間，以尋求它的起點；在每一個歷史階段的終點都會產生新的想法，來進一步導向過去；當馬雅族以不倦的努力越來越深入地探索過去的永恆時，那些被確定的世紀就被放入千年內，然後世紀與千年再被放入千萬年之內。現代西方文明源頭之一的古希臘，其《荷馬史詩》所敘述的最早年代距今不過只有三四千年而已，即使是猶太一基督教《新舊約聖經》所述及的久遠年代也只有七千多年，相比馬雅族所推算的過去，這些時間只能算是彈指一揮了。湯普遜告訴我們，馬雅族已追溯到過去九千萬年（這是現代地質學上中生代晚期哺乳動物剛開始出現的時代），甚至四億年的歷史階段（那已是古生代中期的志留紀魚類的進化還處在原始階段的時候）。湯公之後的學者竟發現，馬雅人已將過去的時間推到了十萬億年的地平線上，這簡直讓人無法想像！我們肉眼所能觀測到的宇宙邊界即銀河系，其誕生後距今也不過只有一百億年的光景。馬雅古人朝過去探索的結論就

是：時間並無起點，這也是西方主觀唯心論者和主流神學家們的一致看法。

　　當然，時間也流向將來，但現存的計算只推測到未來四千年，這簡直無法和馬雅人追溯過去時間已達四億年的深度相比。顯然，馬雅族對未來的興趣遠遠比不上對過去的熱情，因為他們覺得只要神的影響處於（過去和將來的）平衡狀態，歷史便是重複，猶如晝夜交替，寒暑往復，光明與黑暗的輪迴。馬雅人相信，當一個時間進程的最後階段，各種惡勢力結合一道使其影響變得過於強大時，世界就會突然終結。因此，如果馬雅祭司在探尋過去時，能確認即將到來時期的最後階段也會出現，各種惡勢力結合一道使其影響變得過於強大的相同情形，那麼他就能確信，正如這些惡勢力以往沒有毀滅世界一樣，它們現在也不會導致世界「末日」。由此可見，古代馬雅智者早已明白歷史發展只有終結日，而沒有「末日」。一個時代的結束就意味著另一個時代的開始。顯然，馬雅先哲們是通過鑑往知今測未來的。這種建立在循環史觀基礎上的「以史為鑑」，乃是馬雅人預測歷史的基本方法。

（三）時間的階段性

1. 年代和世紀之分

　　在預言歷史方面，古代馬雅族最關注的時間點有兩個：即「卡通」（Katun）和「巴卡通」（Baktun）。前者約等於公曆的二十年，其重要性對馬雅人猶如（為期十年的）「年代」和（為期一百年的）「世紀」對現代人一樣。通常「卡通」的週期對應於君主的統治年限，故馬雅民俗是在「卡通」結束時，打碎石柱和雕像以示慶祝。「卡通」結束的這一天有著特定的名稱即「阿豪」（Ahau），每隔大約二百六十年，同一特定名稱日期結束的「卡

通」便會重來一次。這很像中國傳統文化裏六十年輪迴的干支紀年法。不同的是，古代馬雅祭司只要確定前一個「卡通」所發生的史實，便能肯定下一個相同名稱的「卡通」時期將會發生什麼，雖然細節有所不同，但總體上的歷史進程會和以往相同。像《舊約・聖經》中的「耶利米書」一樣，馬雅預言也帶有悲觀的傾向。在一共只有十三個「阿豪」的「卡通」時期，僅有三個「卡通」被預言成吉祥的。另外，在實際生活中，上述的每一個時間數目神祇都分別有吉或凶的屬性，人們由此便可推測行動的時機和結果的好壞。這有些類似於中國傳統命學使用年、月、日、時（「四柱」）的天干地支（即所謂八字），分別配上水、木、火、土、金五行，來推算人生運勢吉凶的預測方法。

　　大於「卡通」二十年週期的時間點是「巴卡通」，約等於公曆的四百年。這個大歷史週期對馬雅族特別重要，因為它的結束年代即西元830年（又說843年）剛好對應於古代馬雅文明史上盛世的終結和衰期的開始。關於馬雅文明衰亡原因，有人歸咎於錯誤的耕種方法，另有人認為是氣候變化週期中的乾旱期所致。但也有學者認為，馬雅文明衰敗的原因之一就是馬雅族被自己的歷史預言所誘導，即所謂預言的自我實現（Self-Fulfilling Apocalypse）。這使筆者想到了十六世紀義大利那位才華橫溢的星象學家卡爾達諾（又譯卡爾丹，Cirolamo Cardano, 1501～1576）。在他七十五歲那年，卡爾達諾撰寫了《我的自傳》，並測算出自己將在那年的9月21日正午十二點壽終正寢。可到了那天，精神矍鑠的卡爾達諾毫無病痛的感覺，根本沒有死亡的任何跡象。然而，卡爾達諾太自信也太聰明了，他不僅準確預測過英國大主教聖安德魯斯受絞刑的命運，而且還有不凡的數學造詣，用來求出不含平方項的一元三次方程的三個根的「卡爾達諾公式」便是以他名字命名的。正因為如

此，卡氏就一點也不想懷疑自己的測算會出什麼差錯。於是在太陽高照的正午時分，他悄悄地爬上了教堂的鐘樓，在沉悶的鐘聲哀鳴中毅然跳下樓頂，「以身殉職」——實現了他一生所作的最後一次預言。

2. 金星曆和太陽年

除了上述兩個重要的時間階段外，馬雅人還有一個時間劃分法就直接和本文論述的馬雅人2012年終結日的預言有關了。這裏有人會問：馬雅先哲們是根據什麼來確定2012年為一個大時代的終結日呢？其實，這個終結日是今人根據馬雅的曆法所推算出來的。第一章第三節提到，馬雅人很重視對金星的觀測，他們不僅詳細瞭解了金星的各種活動規律，還將其運行週期編入他們實用的曆法和年書中。這個曆法以二百六十天為週期，大約就是人的胎兒生長週期，也是被視作人類生命來源的地上植物——玉米從播種到收穫的時間，更是馬雅人用來預測天體運動和日、月食的主要依據（例如，標誌一百零四年金星週期的金星聖日就總是落在該曆法日期中的第一阿豪天），故被馬雅人視作聖曆（*Tzolkin*，漢語音譯作「卓爾金」）。此外，在古典時期的文獻中學者們發現馬雅人還使用一種長曆法（Long Count Calendar），用來標識更長的時間階段。長曆法將時間按十三個「巴卡通」的流程分成五千一百二十五年的週期。這五千一百二十五年剛好是歲差運動週期二萬五千六百二十七年的五分之一時間，也是我們這個（有記載的）文明發展迄今所經歷過的時間（從西元前約三千年古埃及首次使用象形文字為起始標誌），我們中國人所自豪的上下五千年的悠久歷史也和這個週期不謀而合。在馬雅神話中這每一個五千一百二十五年的週期就是一個大歷史循環時代（World Age），每一個這樣的時代都分別有不同屬性的太陽來掌管的。我們現在正處於第五個大歷史循

環時代（見下面第三節第一小節），它開始於西元前3113（或3114）年，結束於2012年12月21日。馬雅人長曆法中的這個終結日剛好與現代天文學上，冬至日的太陽將走進銀河宇宙中心的時間相一致。這究竟是一個偶然的巧合呢？還是出自馬雅先知的洞見？由於缺乏明確的考古學與歷史文獻的證據，今人對此只能作猜測；不過學者們傾向於肯定後一種設問。我們知道，黃道是太陽、月亮和其他行星在天空中行經的區域，著名的十二星座就分布在黃道沿線，太陽每年經過這十二星座；黃道在人馬星座附近以六十度的傾斜面穿越銀河系；馬雅先賢們將這條黃道穿越銀河的交叉點稱為聖樹，該區域也就是2012年冬至日太陽將要行經的地方。

3. 巨宏觀歷史週期

　　冬至日太陽和銀河系相合的天象每二萬五千八百（或二萬六千）年僅出現一次（春、秋分和夏、冬至日分別和銀河系相合的天象，則每六千四百五十年就會出現一次）。為何馬雅人會覺得2012年12月21日是個十分特別的日期呢？因為它既是馬雅長曆法中十三個（歷時為四百年的）「巴卡通」週期的結束日，又是歷時二萬五千八百年完整的歲差運動週期中罕見的宇宙相合，即冬至日太陽穿越銀河之時。這個持續近二萬六千年的宇宙運動週期，是馬雅人所碰到的最大的宏觀歷史週期，它大致上也相當於今次人類的整個進化階段。西元前24000年正好是上一個冰河期的高峰，我們所謂的「現代人類」就是在那個時候出現的。因此，這個大宇宙運動週期是馬雅人心目中最神秘的現象了，他們全部天象觀測的最終目的，無非就是要弄清這個歲差運動對人類發展究竟有何意義。前面提到，馬雅人視銀河為宇宙創造之母，換言之，他們乃是以銀河宇宙為中心來觀察歲差現象的，而歲差運動會改變我們與世界之母的距離和方向，馬雅人相信這種天象會改變、也的確會強化地球上

各種生命演變潛能。歲差運動的發現改變了馬雅人的歷史觀，由此產生了人類文明發展的大時代理論，即前述《波波爾‧巫》的創世神話，後者認為在宏觀歷史上地球與人類都將經歷週期性的毀滅與新生。開始於西元前24000年的這個大週期實際上包含了（馬雅神話中所描述的）五個大時代（Great Cycles 或 World Ages），我們現正處於歷時近二萬六千年這宏觀時代中第五也是最後一個時期，它將於2012年結束。馬雅先知們認識到，歲差運動所標誌的宏觀歷史，乃是地球及其具有意識的各種生命形式不斷展現其潛能（即精神的孕育和誕生）的週期。正是在這個意義上我們說，2012年將對我們今天的人類具有非常關鍵的歷史涵義，因為這是我們人類或這個星球進化歷程的主要轉折點。按照西方馬雅學者的看法，馬雅先哲們在長曆法中所確定的時代終結日，即2012年並非只是一種象徵，它也是對現實世界的真實預言，即人類的發展過程在不斷加速，到2012年時人類的意識發展將會產生革命性的變化。

需要留意的是，上述馬雅長曆法的開始年份乃是倒推出來的時間，因為長曆法並非於西元前3113（或3114）年就發明的；目前考古學上所能發現的長曆法石刻碑文的最早時間是在西元前37年。馬雅人相信（我們現在這個文明）世界將在2012年終結，對此馬雅學界似乎並無太大的異議，但對具體日期和這個終結日的確切涵義就有不同的推算和解釋了（見第四章第一節）。

二、馬雅預言中的巨宏觀歷史——
　　銀河－太陽－地球

前面述及，越來越多的考古證據顯示，今次人類文明並非是一個孤立的「發展」現象，而是和呈斷層狀態的那次史前文明直接

相承繼的「遺產」，前述的大型或巨型的（石頭）建築（群），遺留在大陸或沉沒於海洋中的城市文明，和超越時代的先進技術等，就是史前文明人類的遺產證明。最近一次的史前文明很可能直接毀於地球的生態劫難，後者不僅和地球自身的演化運動相關，而且也受太陽系乃至銀河系宇宙運動的影響。馬雅預言使我們首次意識到，包括銀河、太陽和地球的巨宏觀天象活動週期，並不等於我們所習慣的自然史的一部分，而應該成為人類歷史的一個重要部分來加以觀察和研究，因為這些天象變化週期在馬雅先知的心目中，乃是影響人類命運發展的決定因素。因此，要能從根本上認識與把握人類歷史規律（即準確預測歷史發展），就需要將馬雅預言所依據的銀河、太陽和地球等宇宙天象活動週期，納入常規的歷史認識範圍，建立巨宏觀歷史的時間座標，內容包括銀河宇宙的運動規律（即所謂銀河年）、太陽的活動週期（太陽年）和地球的進化階段（地球年）這三大層面。

（一）銀河宇宙運動規律

銀河系宇宙是人類肉眼所及的最大宇宙空間，它包含著近二千億個有太陽系大小的恆星系。目前科學家們對銀河宇宙年齡的估算在一百三十至一百五十億年之間（其上限不超過二百億年）。採用目前最先進的電子觀測設備，我們可看到的宇宙內有近二千億個總星系，每個總星系又包含著近二千億個像銀河系那樣的超恆星系。銀河系側看猶如一個中心略鼓的大圓盤，整個圓盤的直徑約有十萬光年；太陽位於距銀河中心二萬三千光年的地方。銀河中心是恆星密集區，故呈白茫茫的一片。銀河系俯視像一個巨大的漩渦，它有四個旋臂組成，這四條螺旋狀的旋臂分別從銀河中心勻稱而對稱地延伸出來，太陽系就位於其中的一個旋臂（即獵戶星座內）。

有研究認為，我們所居住的星球每次進入冰河期的時候就是太陽系進入銀河旋臂之際。銀河系和其他數十個星系組成一個叫本星系群的系統，銀河系就圍繞這個系統的中心公轉，其週期約為一千億年。而我們地球所在的太陽系則是圍繞著銀河系的中心公轉，其時間約為二億二千五百至二億五千萬年。

對銀河宇宙的活動規律，我們目前所知的也只有它的年齡（小於二百億年）、其公轉時間（一千億年）和太陽圍繞銀河中心的公轉週期（約二億五千萬年），但記住這些宇宙運動的時間，對我們認識人類的宏觀歷史發展是很有必要的。馬雅先知們就早已將歷史認識視野延伸到了銀河宇宙，他們十分關注地球、太陽和銀河這三者間互動對人類發展會造成的影響。馬雅預言中的2012年時代終結日，正好就是天文學上太陽走進銀河宇宙中心的時刻，也是導讀中提到的長達二億五千萬年的銀河系宇宙變化週期（即所謂「銀河年」）的尾聲。按馬雅先哲的洞察，這個時間點往往就是人類宏觀歷史發展的一個所謂轉捩點。

（二）太陽系的活動週期

太陽位於銀河宇宙四個勻稱分布的旋臂中獵戶星座上，距離銀河中心約二萬三千光年。太陽系在銀河宇宙中的位置，是地球上能發展出生命的一個非常重要的因素。它圍繞銀河公轉的軌道非常接近圓形，並且和旋臂保持大致相同的速度，這就是說，太陽系相對旋臂是幾乎不動的。因為旋臂遠離了有潛在危險的超新星（Supernova）密集區域，使得地球長期處在穩定的環境之中能發展出生命來。同時，太陽系也遠離了銀河中心恆星擁擠群聚的區域，那裏鄰近恆星強大的引力對歐特雲產生的擾動，會將大量的彗星送入內太陽系（即水星、金星、地球和火星所在的地方），導

圖 III-1為馬雅眾神之主胡納酷（Hunab Ku），代表銀河宇宙中心或
宇宙意識。銀河系俯視象一個巨大的旋渦，它有四個旋臂組
成，這四條螺旋狀的旋臂分別從銀河中心勻稱而對稱地延伸出
來，太陽系就位於其中的一個旋臂（即獵戶星座內）。銀河宇
宙的天象週期，如持續約二萬六千年的歲差運動，是馬雅預言
的依據所在。古代馬雅族深信，銀河系的中心區域乃是孕育世
界的母腹，而人類的命運決定于銀河宇宙的活動規律。

圖片來源：Google

http://www.susanrennison.com/Index_2012_Galactic_Cosmology.htm

致與地球的踫撞而危害到孕育中的生命。此外，銀河中心區域發出的強烈的輻射線，也會干擾到複雜的生命發展。有研究顯示，距今三萬五千年前，超新星爆炸所拋射出來的碎屑，朝向太陽而來並具有強烈的輻射線，這些射線加上小如塵埃大至類似於彗星的各種天體，就曾經危及到地球上的生命。從誕生迄今，太陽已經圍繞母親——銀河宇宙中心轉了二十三圈（每次需要二億五千萬年）。

太陽是太陽恆星天體系統的中心，它以引力牢牢地控制住該星系內的八顆行星、至少一百六十五顆已知的衛星、五顆已經辨認的矮行星（即冥王星及其衛星）和數以億計的太陽系小天體（其中包括彗星）。太陽是在（銀河）宇宙演化後期（即距今五十億年的時候）才誕生的第一星族恆星，故身體結構中含有較多的金屬成分。目前它正處於恆星演化的中年階段，估計還有五十至七十億年的壽命。我們人類世代居住的家園——地球的安危，完全有賴於太陽恩賜它所直接輻射的能量，因此，太陽的活動週期和我們人類歷史的發展就有著各種不同形式的密切關聯。

對太陽系的活動週期，我們了解得最多的就是強磁風暴，即俗稱的太陽黑子（Sunspot，見第四章第二節）。二千多年前是中國人最早記錄到了太陽黑子現象，但直到1840年代人類才發現太陽黑子有為期十至十一年的變化規律。科學家們從1755年開始對太陽黑子活動標號統計，2008年1月4日已被大多數太陽物理學家，定為第二十四個太陽黑子活動週期（Solar Cycle 24）的開始，而2010年至2012年將會是本次活動的峰值時段。通過長期的觀測研究，人們發現太陽黑子在日面上的活動，除了有時間上的變化週期外，還有緯度分布上的不同。活動伊始，幾乎所有的黑子都分布在赤道上下三十度內的區域；太陽活動劇烈時，黑子往往會出現在南、北緯十五度的地方，並逐步向低緯度移動，最後在赤道兩

邊八度處消失。說來也巧，馬雅世界剛好就在北緯十五度上下的區域內（而北緯十九度四十分的地方，被馬雅學者詹金斯認為是地球的能量集結地帶），目前所發現的史前文明特別是最近一次的史前文明遺址或遺跡，多集中於北緯三十度附近的地方，而亞特蘭提斯沉沒前據說就位於南緯三十度。我們已經知道，歷史上和地理上，馬雅世界都是一個各種毀滅性自然災害（火山、地震、海嘯和颱風等）集中頻發的地區。馬雅先知們是否已經體認到，活躍期的太陽黑子乃是誘發這些自然災害的主因呢？答案顯然是肯定的，因為馬雅人非常敬畏主宰太陽命運的銀河宇宙，也十分關切太陽的一舉一動；為了避災，許多馬雅城鎮都建在了半山腰上。

（三）地球演化中的階段

地球是太陽系中直徑、質量和密度最大的類地行星。它是我們世代人類和其他百萬生物的家園，也是目前所知宇宙中存在生命的唯一天體。地球誕生於距今四十五億四千萬年前，其生命週期是和太陽（大約還有五十億年）的健康壽命休戚相關，至少在未來的十至二十億年內，地球將繼續是（銀河）宇宙生命的樂園。

在馬雅預言中的巨宏觀歷史方面，人類目前對地球的演化歷史算是比較瞭解得最詳細了，我們不僅能劃分長達數十億年的地質變化階段，具體描述億萬年來的生物進化過程，而且還能勾勒出千萬年來地球氣候的變遷。冰河時代為標誌的地質變化，生物滅絕為階段的生命進化和氣候變遷規律，這些都程度不同地直接影響到人類世代的生存和發展，並最終決定著人類文明的繼絕存亡。探索、建立和明確這些變化的時間以及它們彼此間的關聯和影響，是我們今天理解馬雅預言的前提。

1. 冰河活動的週期性

在地質歷史上，曾經出現過氣候非常寒冷的大規模冰河活動時期，俗稱冰河時代或冰期（Glacial Age 或俗稱的 Ice Age），這種影響全球氣候的冰河時代迄今至少發生過六次，而在這些冰期之外，我們這個星球即使在高緯度地區似乎也未見有冰河覆蓋。這些大冰期的開始時間分別在：

(1) 距今大約二十億四千萬至二十億一千萬年前太古代和原古代之間（亦稱第一大冰期），當時，冰河曾抵達赤道附近的印度南部、澳大利亞西部和南非。

(2) 距今大約八億五千萬至六億三千萬年前新元古代中的成冰紀（即第二大冰期）。

(3) 距今大約四億六千萬至四億三千萬年前古生代奧陶紀晚期和志留紀（即第三大冰期），該冰河時代的規模相對較小；值得注意的是，科學史上所標識的第二次生物大滅絕的時間和這次大冰期吻合。

(4) 距今大約三億六千萬至二億六千萬年前古生代晚期的泥盆—石炭—二疊紀（即第四大冰期）；該期冰河正好也是第三、第四次生物大滅絕時期。

(5) 距今大約六千五百萬年前中生代百堊紀（即第五大冰期），歷史上以恐龍退出生命舞臺為標誌的第五次生物大滅絕，就發生在這期冰河時代。

(6) 距今大約二百五十八萬年的新生代第四紀（即第六大冰期）。

最近這次（即第六期）冰河時代又被細分成四個冰期和三個間冰期（即氣候轉暖、海面上升、植物萌芽的時候）。該冰河時代來臨時，全球平均氣溫曾比現在要低攝氏十度至十五度（全球平均

氣溫每下降一度，動、植物的死亡率便會上升百分之十二左右），全球有三分之一的大陸面積為冰雪覆蓋，海平面下降了一百三十米。此後，該次大冰河時代中的各冰期和間冰期便在四萬至十萬年的時間範圍內交替出現。我們現在一般所說的冰川或冰河時代，主要就是指第四紀冰期（即地質史上第六大冰期），因為該冰河時代在時間上離我們最近，在地貌和沉積物等方面遺留下最多和最完整的痕跡，使我們對它能有比較詳盡的瞭解。地質史上新生代第四紀包括更新世和全新世兩個階段，兩者的分界以地球上最近一次（即第六）冰河時代中最近一次冰期結束，氣候轉暖為標誌，時間大約是在距今一萬年前。我們大概還記得前面提到過，毀滅最近那次史前文明的大洪水，其爆發時間在距今一萬二千至一萬五千年之間，這很接近於第六冰河時代中最近一次冰期結束的時間。由於迄今地球兩極地區和格林蘭島等地仍為冰河和積雪所覆蓋，因此，科學家們認為我們人類現在只是處在兩次冰期中的間歇期，還並未最後走出地質史上新生代第四紀開始的這次冰河時代。

從時間上來看，每次大冰期約持續五千萬年，每個冰河時代之間大約相隔一億五千萬年；在上述的六次大冰期中竟有三次是和生物大滅絕同步發生的。人們也許會問：地球為什麼要有此類週期性的冰河時代呢？這是困擾地質學家們的難題之一。目前對大冰期成因的主流解釋是，冰期出現可能與太陽系圍繞銀河宇宙的運行週期有關，但人們對兩者如何相關卻意見不同。一種認為，當太陽離開所在的銀河系螺旋型長臂，運行到靠近銀河中心區域時，其光度最小，從而使系內行星變冷，於是就造成地球上的大冰期。另一種說法是，銀河宇宙的物質分布不均，太陽通過星際物質密度較大地段時，會降低它的輻射能量，從而造成地球上出現大冰期。最近有研究顯示，太陽和太陽系內行星受到的宇宙射線輻射越多，太陽的

光度就越低，從而造成包括地球在內的行星溫度大幅下降。而太陽系受到宇宙射線輻射，其強度的出現頻率是有規律可尋的，大致是一個長達一億四千三百萬年的週期，這和上述冰河時代的間隔時間基本吻合。

2. 生物大滅絕的時間

世人關注馬雅預言的一個重要原因就是，2012 年太陽走進銀河中心的罕見天象，會引發地磁場逆轉，造成氣候劇變，並最終導致生物滅絕（見第四章）。1980 年代末，有人提出每隔二千六百萬年的生物（絕大多數物種）滅絕週期，據此，從寒武紀出現多細胞生物以來，地球上應該有過二十三次生物大滅絕。然而，要確定歷史上生物大滅絕事件卻並不容易，主要是所依據的化石證據難以找全，而證據不足，就會導致各種猜測。現在得到公認的生物大滅絕事件有下述五次。

- 第一次發生在距今大約五億七千萬年前，即古生代的寒武紀後期。寒武紀是最早的地質時代，是生物多樣性大爆發的時期，大約五十個門類（幾乎包括了今天所有生物祖先）的多細胞生物快速出現。第二章提到作為史前或外星文明證據之一（化石上）的三葉蟲就生活在寒武紀，但當時並無真正的陸地生命，海洋中的各類軟體動物才是地球的主人。在寒武紀後期出現的生物滅絕現象，其成因並不清楚，人們現在只知道當時的海平面發生了變化，從而改變了已有生物的生存環境而最終導致物種的消亡。前面提到，大冰期來臨時會導致海平面大幅下降；有些地質學家確認，寒武紀後期出現過大規模的冰河活動，但這次冰期似乎沒有得到公認。
- 第二次發生在距今大約四億四千萬年前，即古生代奧陶紀

後期，大約有百分之八十五的物種消失。這次生物消亡的原因明顯是與第三次冰河期成形有關，當時，海洋生物佔據主流，隨著冰河範圍的擴展，水面迅速減少，從而急劇改變了生物生存環境。

- 第三次發生在距今大約三億六千萬年前，即古生代泥盆紀，有百分之七十的物種從地球上消失。研究認為，該次海洋生物遭受的滅頂之災與第四次冰河時代來臨造成地球氣候冷化、海洋面銳減有關。

- 第四次發生在距今大約二億四千五百萬年前，即中生代二疊紀末期，這是地球進化過程中迄今最大規模的生物滅絕事件，大約有高達百分之九十六的海洋生物和百分之七十五的陸生物種，從此一去不復返。人們找出種種理由來說明這次滅絕事件；由於二疊紀末期乃是第四大冰期「君臨天下」之時，因此，氣候冷化應是生物滅絕的最主要推手。

- 第五次發生在距今大約六千五百萬年前，即中生代白堊紀與新生代第三紀相交期間，約有百分之七十五至八十五的物種銷聲匿跡，而最讓這次滅絕事件出名的乃是恐龍的消失。三十年前美籍華裔地質學家許靖華教授提出，是小行星撞擊地球引發的生態劫難和氣候劇變，才最終導致了恐龍的物種滅絕。2010 年 3 月 4 日，法新社從美國首都華盛頓發出的報導說，一個由四十一位科學家組成的國際權威組織，在檢視了過去二十年來所搜集的相關證據後確認，白堊紀─第三紀時期包括恐龍在內的生物大滅絕，乃是由隕石撞擊地球引起。顯然，外來行星說已成了解釋生物滅絕的主流觀點。但問題是，白堊紀時發生過隕石撞擊地球，不等於說物種滅絕就完全是由此引起的，因為在其他

地質時期也曾發生過隕石撞擊現象，但卻並未由此導致物種滅絕；反過來說，在其他物種滅絕時期，卻根本找不到任何隕石撞擊的痕跡來。從地球演化歷史來看，該次滅絕的爆發正好是在第五冰河時代，因此，我們也有理由推測：是全球氣候的急劇冷化才最終導致了恐龍和其他生物生存環境的劇變。

3. 氣候的暖化與冷化

以上我們連繫歷次大冰期來認識五次生物大滅絕的成因，而地球冰河活動則取決於太陽和太陽系行星，在圍繞銀河宇宙運行時所受到的射線輻射強度。這讓人比較清楚地看到地球、太陽和銀河宇宙的天體互動對生物進化的決定性影響。自地球上出現生命以來的幾十億年間，多達數十億個物種先後出現在這個星球上。今天，這些物種百分之九十九以上都已滅絕。換言之，沒有一個物種是能夠永世長存的，現存的物種當然也逃不脫生命週期的限制。那人類呢？她自認是地球上最新最高級動物，是代表神明在管理地球。但如果她也是物種之一，最終的大滅絕就也該是她的命運了；和其他物種相比，區別僅在於滅絕或存在時間的長短。倘若人類能夠借助每一次的生存危機，來轉換自身的結構和意識，她也許還有機會能避免宿命。今天，困擾人類歷史發展的最大問題就是如何與自然相處，當務之急是如何應對地球氣候（目前）的暖化和（將來的）冷化。對此問題的探討將超出本書的範圍，故此處只能連繫地質變化階段知識，並結合生物進化方面的巨宏觀時間，長話短說。當前，地球暖化的氣候變遷已成為人類生態危機的主要標誌，並被某些社會勢力綁架為「人肉炸彈」來威脅已往五百年來，人類近、現代文明的歷史合法性，這就使本來比較單純的一個科學認識問題，變成了意識形態不同的各種社會勢力彼此角力的一個競技項目。持平而

言，近、現代文明發展和當前的生態危機是有關聯的，但彼此究竟有多大和如何關聯？這是一個可以並且仍在探討的問題。有研究顯示，地球氣候暖化是一種每隔一千五百年就會出現的週期現象；還有人指出，從十四世紀到十九世紀是所謂小冰河期，二十世紀開始，則又是一個暖和期。上面提到，在地質史上今天人類是處在顯生宙—新生代—第四紀的全新世，它和之前的更新世的分界在於，從第四紀開始的第六次冰河時代中的一個冰期結束，氣候開始轉暖，其時間在距今一萬年前。但從理論上來說，從距今二百五十萬年前新生代第四紀開始的第六次冰河時代，是要延續五千萬年的，換言之，人類今天是處在歷史上最近一次冰河時代中的最近一次間冰期（或溫暖期），可以預見的是，至少在本世紀範圍內，全球氣候暖化趨勢將會持續下去，並在此後迎來該次冰河時代中的另一個冰期。如上所述，造成地球氣候暖化或冷化的最主要原因還在於太陽和太陽系內行星和與銀河宇宙之間的週期性互動，這就是說，馬雅先知早已洞察到的地球在宇宙中演化的階段變化，才是今天人類面臨的氣候暖化和將來需要面對的氣候冷化的最主要原因。若此，應對氣候變遷問題，我們既不需要矯枉過正，也無需盲目悲觀。理性、樂觀與豁達，這才是今天人類在和自然相處時，所應有的健康心態。

三、馬雅預言中的宏觀時間——
　　探索史前文明週期

　　第二章論述了馬雅預言和史前文明的關聯，並提到了最近那次（亞特蘭提斯）史前文明單位的生命週期大約為二萬五千年，這個時間範圍大致上也是，馬雅預言所依據的那個持續近二萬六千年

的歲差運動週期。馬雅族的創世神話《波波爾‧巫》對史前文明的幾個不同發展階段有明確的說明，此外，東方的中國和印度都有史前文明週期的探索記錄，後來的古希臘人對史前文明也有類似的認識。

（一）馬雅神話中的太陽時

　　前面二章都述及馬雅先哲對世界歷史發展階段的認識。需要說明的是，馬雅人與後來的阿茲提克人對歷史階段的劃分次數並不一致，馬雅族聖經《波波爾‧巫》中的四次創世說法，比較符合古代人類以「四」來表達完美的心理，但阿茲提克人劃分的五次大時代的內容，記載得比較明確和詳細，故本書採用五階段劃分說。第一章第三節已詳細介紹了馬雅創世神話，其中包括了馬雅人劃分的歷史階段內容，這也是我們今天所了解的所謂馬雅預言的內容之一，其劃分根據在於前面已經述及的歲差運動引起的地球、太陽和銀河宇宙相對位置的變動，而每個時代都是以太陽來標示的。

　　1.第一太陽時代持續時間為四千零八年，生活在那時候的人類都是一些巨人，他們食用水玉米。該時代最後毀於洪水（類似於《聖經》記述的諾亞時代的那場洪災），除了個別幾對夫妻倖存下來外，其餘人類都變成了魚類。這些倖存者為地球繁殖了大量人口，而成了人們的崇拜對象。另一種說法是，這時候的太陽是以美洲豹為象徵，而該時代最後是被美洲豹所吞噬的。

　　2.第二太陽時代持續了四千零十年，太陽以蛇頭即風神來象徵，時人食用的是野果子。該時代為風蛇（Wind Serpent）或颶風所滅，人類都變成了猿猴，只有一對男女倖存了下來。

　　3.第三太陽時代持續了四千零八十一年，該時代的太陽標誌乃是雨神的頭部和天火，其時，萬物包括所有的房屋，都被下雨般

的天火和形成中的熔岩所滅（相當於前述史前文明的核子大戰或隕石撞擊地球？）；人類變成鳥類後才躲過了這場滅頂之災。

4.第四太陽時代延續了五千零二十六年，它以水神頭部作為標示，最後是被暴雨和洪水所滅，群山消失，人類都變成了魚類。另一種說法是，在一場血與火的災難後，人類都死於饑荒。

5.第五太陽時代就是我們今天人類所在的這個歷史階段，開始於西元前第四個千年的3113或3114年，它以太陽神本身作為象徵，其舌頭被刻畫成一把用黑礦石打造的大刀，貪婪地伸出嘴巴，表示祂要喝人血、食人心來強身壯體。臉帶皺紋的太陽給人的感覺就是：太陽已經年老，祂要有所動作。阿茲提克長者們解釋說，這表示地球將有位移，由此我們就會消亡。當地人相信這場災難並不遙遠，因為第五個太陽年紀很大了，該時代快要結束了。一般認為，馬雅神話中的第五太陽時代將終結於毀滅性地震。

上述馬雅人的歷史階段劃分給我們的啟示在於，馬雅神話中毀於洪水的第四太陽時代很可能暗示著前述的那場史前文明發展的末期，若此，其五千零二十六年的生命週期可作為參考座標，用來確定最近那場史前文明的存在時間。

（二）東方人的歷史階段論

1. 邵雍的元會運世歷史階段論

西方人以為中國人只有御用歷史，而無興趣於宏觀歷史。但據筆者了解，近一千年前宋朝有位大哲叫邵雍（1011～1077），年少時博覽群書，中年後在洛陽隱居，潛心探索宇宙起源、自然演化和社會變遷的宏、微觀時間流向，並將結果寫在《皇極經世》中傳給了後人。邵氏按照《易經》的天地運化、陰陽消長和盛極必衰等變化原理，將宇宙的起源和發展，用數的規律統一在一個由元、

會、運、世，這四個時間單位構成而循環往復的歷史預測體系中。這套完整的歷史階段論，最引人注目的便是宏觀時間的概念，其中，一「元」含十二萬九千六百年，這是筆者所知中國先哲認識宏觀歷史時間的最大年數了；一「元」有十二個「會」，一「會」也有一萬零八百年，這大約等於最近一次人類史前文明毀滅至今的時間；一「運」有三百六十年，這接近於今次人類文明週期中的一個大時代（四至五百年）的時間範圍，也是中國歷史上幾個著名的大一統王朝的平均壽命（約三百至五百年）；一「世」有六十年（一甲子），這大約是目前人類個體生命的平均壽數。邵子這套宏、微觀歷史發展階段預測理論另一個特點是，每個時間單元（包括流年）都配有《易經》中的一個卦象，用以標示該時間能量運行的具體內容。譬如，按邵氏的算法，我們目前正處在（用《易經》第二十八卦）「大過」（來標示的）會這一時間單元（即西元前 57 年至 17943 年）中的「姤」運（1744～2103）和「鼎」世（1984～2043）的時期。如果要知道 2012 年馬雅預言中的歷史終結日將會發生什麼事情，我們可以查到該流年的當值卦象，是《易經》第二十四卦「復」，並將它置於當值世卦「鼎」下，然後從《焦氏易林》（西漢的焦贛根據《易經》六十四卦推演出四千零九十六條卦象，每條卦都有四到八句的注解，這樣可將宇宙中千變萬化的內容更加具體地描述出來）中查得下述卦詞，即「周師伐紂，克於牧野；甲子平旦，天下悅喜。」從卦名和卦詞的涵義來說，馬雅預言中的 2012 年都將是一個具有重要歷史轉折意義的時刻（見第四章有關預測）。顯然，邵雍和焦贛兩人的認識代表了中國人的歷史視野，即通過一套簡單而普世的方法來描述世間萬物的活動內容、概括出宇宙變化的規律，從而能預測和把握歷史的發展。當然，《皇極經世》的目的主要還在於「經世」致用，但作者用

「元」、「會」、「運」和「世」這四個時間單位，來系統描述天地之初和歷代興衰的宏、微觀歷史發展，將宏觀歷史的範圍擴展到了史前文明階段即距今大約十三萬年，這是值得我們今人重視的。

2. 印度神話中的瑜珈四時代

　　如果說中國人對歷史認識的深度受制於他們「經世」的實用性，印度人則通過遠離塵世的修行方法，使他們的歷史認識達到了一個空前的深度。這方面大概也只有古代馬雅人才能與之相提並論。根據流傳至今的印度神話，我們這個世界（指地球）處在創造與毀滅的輪迴之中，這種循環往復的過程便是所謂的劫，一劫等於大梵天的一個白天，或一千個瑜珈時（Yuga），即人間的四十三億二千萬年，這大致已是我們地球迄今（四十六億年）的歲數了，劫末會有劫火（地震引發的火山爆發？）出現，燒毀一切，然後世界又被重新創造，即開始新一輪劫（Wheel of Rebirth）的過程。每一個瑜珈時（或稱大時代）又分為下面這四個階段：

(1) 圓滿瑜珈時（Krita Yuga），相當於人間的一百七十二萬八千年。印度人是將數目「四」和圓滿、完整等觀念連在一起的，因此，該時代被認為是宇宙大法固立在四條腿上的圓滿時期；其時，男女都天生具有德性，全力履行職責；貴族們都心地純潔、言行高尚和舉止文雅；農夫和藝匠都兢兢業業，普通人都能遵紀守法，即使是最卑微者都具有道德良知。

(2) 三分瑜珈時（Treta Yuga），相當於人間的一百二十九萬六千年，隨著生命過程的加速，宇宙秩序的基礎開始動搖；其時，大部分（即四分之三）的宇宙大法還能支配人世的行為和宇宙的運行，但衰象已露，圓滿瑜珈時代那種

高尚的道德生活模式開始逐漸變質變形；責任不再是人們自發的行為動機，而成了一種需要通過訓練才能習得之行為了。

(3) 二分瑜珈時（Dvapara Yuga），相當於人間的八十六萬四千年，這是一個光明與黑暗、圓滿與缺陷這兩種能量處於危險平衡的時代，只有一半的宇宙大法能在塵世間通行，故曰二分瑜珈時。其時，人們不分階層都被追求和占有財富的激情所蒙蔽，從而失落了靈性，也不再從事各種形式的靈修，如虔誠的宗教儀式、各種誓約、禁食和禁慾等。

(4) 爭鬥瑜珈時（Kali Yuga），相當於人間的四十三萬二千年，這是一個道德水準依次下降的歷史循環週期中的最後一個發展單元，其時，只有四分之一的宇宙大法還在通行；該黑暗時代的特徵是：「財產決定地位，德行的標準只有財富，欺騙才能獲得人生的成功，情慾是夫妻間唯一的紐帶，而性則成了僅有的快樂方式」。

這四個瑜珈時合起來為四百三十二萬年。我們今次人類乃是處在爭鬥瑜珈時代初期的五千年內，它開始於西元前3102年2月17日至18日（星期五）的夜半時分。這裏我們大概還記得本章第一節曾提到，馬雅曆法中最近一個為期五千多年的大時代開始於西元前3113或3114年，兩者僅相差十一年，是否「英雄所見略同」？印度先哲認為，在每個瑜珈時代，這四個時期的時間會流轉得越來越快，而人的體質和道德也變得越來越壞，到爭鬥期結束時，世界將經歷一次（火的）毀滅過程，然後再開始一個新的瑜珈時代。

上述印度人對世界歷史發展階段的認識有一個特點，即在一個大循環的發展週期中，歷史各階段的時間和道德依次縮短和下

降，且每個時代都毀於火。前面論述到的那場毀滅最近一次史前文明的大洪水，似乎並未影響到印度人的歷史認識。這是否因為那裏高原的地勢和炎熱的氣候，使得印度古賢並不在乎那場洶湧澎湃的大洪水呢？根據印度人的歷史階段認識，今次人類文明所在的爭鬥瑜珈時之前的二分瑜珈時，才是前述的最近一次史前文明，其時間長達八十六萬四千年。同時，印度先知們還具體描述了二分瑜珈時之前的兩個歷史階段，即三分瑜珈時和圓滿瑜珈時的歷史內容，為我們了解和確定人類史前文明這一漫長的歷史過程提供了參考訊息。比較來看，印度人的圓滿瑜珈時和近代史學分類中的早期原始社會在內容和時間上相當一致。譬如，中國的原始社會起源於距今一百七十萬年前的（雲南）元謀人。

3. 佛教中的成住壞空四階段

佛教中有關宇宙變化的最大時間單位是「劫」，其中又有大、中、小劫之分。每一大劫包含完美程度依次退化的成、住、壞、空這四個發展階段，分別包括二十個中劫。人類剛來到地球時的「成」階段，壽命均在八萬四千歲以上，後因遠離眾善，作惡多端，每隔百年便減一歲，直減到平均年齡約十歲。此時，積德行善而避居深山的隱士們，倖免於難，災禍之後，尚生存者，也皆知懺悔，自己勤行善業，並宣導人類共同行善，從而感動神明，於是壽命再增，直增到八萬四千歲，而後又因行惡再減。如此一增或一減，為一小劫，一增一減合起來為一中劫。「成」的階段過去了，現在是「住」的階段，此時，人壽增減，也和上述「成」階段一樣要經歷二十個中劫後，才進入「壞」的階段，也就是一切發展都達到了最極點的時候：能源開發殆盡，地表多被毀傷。這時，地球開始壞了。壞劫也要經歷二十個中劫，期間，大海會乾涸，最後是大風大火大水，三災八難，都會出現，這就是「世界末日」，當地

球壞透時，它就開始進入「空」的階段。這個空劫，也要經過二十個中劫那樣長久的時間，最後，光音天上，起大黃色雲，降大洪水，再造出另一個新的世界來。可見，佛教認為世界歷史和宇宙發展都必經上述的成、住、壞、空這四劫的循環往復過程。從時間上來說，一個大劫相當於人間的一千三百四十四萬年。佛經上所說的「三大劫」，是指過去、現在和未來這三世的大劫。今天這地球歷史之前那個地球也經歷過成、住、壞、空的大劫循環，在這被稱作「莊嚴劫」中的住劫階段，有千佛出世，莊嚴其劫，故名。我們今天所在階段叫「賢劫」，在此住劫中，亦有千佛出世，釋迦牟尼佛陀即為第四尊佛，彌勒佛則是第五尊佛，今人稱之「當來下生彌勒尊佛」，所謂當來，就是將來，意思說現在祂還未成佛。未來世界所要經歷的劫名為「星宿劫」，其住劫階段，亦有千佛出世。

（三）古希臘的歷史退化論

西方人自豪於古希臘文明作為自己歷史和文化的源頭，但諷刺的是，和近代西方直線進步的史觀不同，古希臘哲賢是將歷史看作一個逐步衰敗的退化過程，是一個從秩序井然到混亂無序的不斷循環。羅馬人賀拉斯就認為是「時間磨滅了世界的價值」，而希臘神話則將世界歷史分成五個依次退化而粗俗的時代，即黃金時代、白銀時代、青銅時代、英雄時代和鐵器時代。和印度人的圓滿瑜珈時代一樣，希臘人的黃金時代是人類歷史的發展頂峰，是富饒、自足和德行的幸福時代，那時候人們的慾望有限，滿足於日出而作、日落而息的規律生活；人們能夠從大自然中獲得生存所需的一切東西，每週只需工作十多個小時，有充裕的閒暇來自娛自樂，滿足各方面的興趣愛好，壽命能達六、七十歲。

在亞當和夏娃受誘惑而被逐出伊甸園之後，希臘人眼中的黃金時代就一去不復返了，從此，歷史的發展就逐漸退化，其白銀時代相當於印度人的三分瑜珈時代，青銅和英雄時代約等於二分瑜珈時代，直到今次人類所在的鐵器時代，這應該是印度人的爭鬥瑜珈時：人們不僅需要日間辛苦勞作，而且夜裏還不得安寧，擔心偷盜、憂慮明天、焦慮未來；父母與子女離心離德，主人與客人反目為仇，朋友間爾虞我詐，同事間彼此競爭，鄰里間互相提防；人們加速衰老，受盡恥辱；君子難得重用，小人反而得寵；正義為暴力所淹，真理不復存在。鐵器時代走到盡頭時，世界歷史將重新開始恢復秩序，屆時，黃金時代又將來臨。

（四）探索史前文明的週期

比較以上不同民族的宏觀歷史認識，馬雅族、東方人和佛教徒在具體劃分史前文明階段時都給出了明確的持續時間，但這些時間的長短範圍卻各自不同，這是否因為他們所處的地理位置不同，從而使他們有不同的天體觀測結果呢？這是一個值得探討的問題。這裏，我們介紹中國古賢對史前文明發展階段更加明確而詳細的劃分，以便為有志於史前文明探索的讀者提供一些思路。根據中國元代僧侶所寫的《透天玄機》：

- 開天闢地之後的太古時代人類，其壽有千歲，此乃古人所謂「住在蓬萊山的仙人」。該階段持續了一萬五千年，其時氣運靜定，日長夜短，人生毛角，不爭不分，人物渾渾。按馬雅神話，該時期是第一代人類，狀如巨人，亡於饑餓，居住於南極洲。《聖經》提到瑪士撒拉（Methuse-lah），他是諾亞的祖父，壽約九百七十歲。
- 遠古時代人類，其壽從六七百歲至千歲不等。這是居住在

員嶠、岱岳（古代秘史中的山名）的仙人。該階段持續了一萬五千年，其時氣運主靜，天道行授，人長丈餘，營巢而居，無衣無食。馬雅神話指其為第二代人類，毀於大火，曾居北極，現沉入海底。

- 上古時期人類，其壽從三四百歲至六百歲不等。這是居住在東方海上所謂東王公的神秘人。該階段持續了一萬五千年，其時氣運正動，水用事，人身丈餘，有母無父，物產始分，或曰母系社會。按馬雅神話，這是第三代人類，毀於自相殘殺，曾居住於太平洋的「姆大陸」，幾萬年前就已沉入海底。

- 中古時代人類，其壽一百三十歲。該階段持續了一萬五千年，其時氣運正動，生識生智，人長八九尺；地平天成，五倫始判，此為受息之人，這是居住在西方的所謂西王母的神秘人。按馬雅神話，這是第四代人類，毀於北半球各民族神話傳說中的那場大洪水，居住在亞特蘭提斯，一萬多年前沉入海底。

- 近古時期人類，其壽從七八十歲至百歲不等。該階段持續了一萬五千年，其時氣運極動，百物俱備，人高五六尺，此乃奔波之人也。這是所謂現代人類，中國人是以伏羲和女媧為始祖，西方人則以亞當和夏娃為鼻祖。在馬雅神話中，這是第五代人類，其歷史將終結於2012年。

上述這些不同的階段劃分，使我們對馬雅預言中所包含的宏觀歷史有了一個比較清楚的認識，即最近這次（以光為能源）的亞特蘭提斯文明的末期，大致為馬雅人的第四太陽時代、印度人的二分瑜珈時或希臘人的青銅和英雄時代，它是人類道德水準普遍下降而物質生活水平比較高的歷史發展階段，其存在時間至少為距今一

至四萬年前（據凱西的說法，距今一萬二千五百年前亞特蘭提斯人移民去埃及，他們帶去了長達四萬年悠久歷史的文明），期間應有四至六次的時代轉折，每次歷史轉折大約間隔四至六千年。再往前看，人類史前文明由近及遠依次是：前述以植物為能源的穆里亞文明，愛好飲食的美索不達米亞文明，和以神功著稱的根達亞文明。

我們知道，馬雅先知們對長達近二萬六千年的歲差運動十分關注，他們的宏觀歷史認識來自這一天象觀測。現在我們已能理解馬雅先哲們的智慧所在，因為這個歲差週期也是一個人類精神生成週期，在西方命學上，這個週期是按十二個星座的次序再劃分為十二個「世紀」的，每「世紀」分別持續二千一百六十年。在歲差運動所經過的十二星座中，金牛、獅子、天蠍和寶瓶這四個星座構成四個變化點，當地球每隔六千四百八十年通過這四個星座時，人類歷史就會有劇烈或明顯的變化。距今約六千五百年前，我們的星球在歲差運動中通過了金牛星座，人類就在那時開始了農業和城市文明的歷史新階段，人們馴養家畜、建造城牆、發展農業、進行戰爭、建立城邦國家並由此發展出政府和王朝。再往前推大約六千五百年，即距今一萬三千年，那是地球通過獅子星座的時候，其時，我們這個星球正由於第六冰河時代中一個冰期的結束，而遭受劇烈的氣候變化，許多物種包括長毛象和劍齒虎等，大約都在那時絕種。按西方命學的歷史觀，我們目前正處在由雙魚座世紀走向寶瓶座世紀的轉變期，而我們星球上一次通過寶瓶星座是在距今大約二萬六千年前。按照人類學家的說法，當時地球上出現了克羅馬農人（Cro-Magnon）這一智慧人種。今天，當地球將再次通過寶瓶星座時，我們完全可以預期一個新的歷史發展階段，屆時將出現一個嶄新的人種，那將是被南美州通靈者稱之謂「發光人」（Homo Luminous）的新人類。

（五）歷史的時間正在加速

時間的加速根本上來說是源於人類意識變化的速度在加快，馬雅人對此有很深刻的認識。他們的長曆法便是和下述宇宙的九個創生週期相連繫，每個週期都對應於意識進化的不同層次，越是接近於高級層次，創生週期變化的速度就越快。譬如說，馬雅人的：

- 第一個宇宙創生週期對應於細胞的意識進化層次，它從一百六十億年前宇宙大爆炸物質產生於光這一刻算起，到細胞生命的誕生，其間大約經過了一百二十億年。
- 第二個宇宙創生週期對應於複雜生命個體的意識進化層次，它始於約八億二千萬年前第一批原生動物的誕生，持續了大約七億六千萬年。
- 第三個宇宙創生週期對應於家庭的意識進化層次，它始於大約四千萬年前出現的第一批類人猿，延續了三千八百萬年左右。
- 第四個宇宙創生週期對應於部落的意識進化層次，它始於大約二百萬年前出現的最早人類，持續了近一百九十萬年。
- 第五個宇宙創生週期對應於文化的意識進化層次，它始於約十萬年前人類使用口語，大約持續了九萬七千年。
- 第六個宇宙創生週期對應於民族的意識進化層次，它始於西元前 3115 年左右人類使用書面語言，持續了近五千年。
- 第七個宇宙創生週期對應於行星的意識進化層次，它始於 1755 年的工業革命，持續了二百四十多年。
- 第八個宇宙創生週期對應於銀河系宇宙的意識層次，它始於 1999 年的訊息革命或全球網路經濟，大約會持續二十二

年。

- 第九個宇宙創生週期對應於整個宇宙的意識進化層次，它將始於 2011 年的意識革命，大約會持續五十五天。

對即將進入第九個宇宙創生週期的人類來說，我們將如何面對意識進化的突變？換言之，歷史時間加速的極限在哪裏？西方馬雅學者對此有兩種意見，悲觀者預言，人類最終會被其意識產品（如電腦）所淘汰而從地球上消失。但樂觀者卻預期最終會出現的新的意識類型，即馬雅先知所預見的新人種，而在此之前，變化週期會繼續縮短，從年代到年、到月、到天、到小時，直至到零，這時，變化速度將變得無窮大，即我們的意識完全融入宇宙生命長河中。按此建立的人類發展的時間波模型，時間曲線會在某個點上重複出現。例如，西元前 500 年出現的創新曲線，分別在 1960 年代後期、2010 年和 2012 年再次出現，只是速度依次較前快了六十四倍。前者是老子、柏拉圖、瑣羅亞斯德（Zoroaster）和佛陀等聖賢的活動時期，他們的言行深刻影響了隨後到來的人類第一個千年的歷史。1960 年代是本書最後一章介紹的新世紀運動爆發的時候，也是人類史上又一個創新高峰的年代。

四、參考資料

以下中文資料按出版年份的先後排列：

〈劫〉，《宗教辭典》，上海辭書出版社，1981 年，第 484 頁。

〈成、住、壞、空——佛教的宇宙輪回生滅的四個階段〉，百度百科，http://www.hhfg.org/fjywh/f440.html。

〈邵雍的人生觀和歷史哲學〉，作者：冒懷辛，《中國哲學》第十二輯，北京：人民出版社，1984 年，第 161-75 頁。

〈古希臘與歷史的五個時代：循環與衰亡〉，《熵：一種新的世界觀》，【美】杰利米‧里夫金／特得‧霍華德 著，呂明／袁舟譯，上海譯文出版社，1987 年 2 月，第 6-9 頁。

〈結論：從地到天——自然界的再迷惑：2. 時間與時代〉，《從混沌到有序：人與自然的新對話》，【比】伊‧普里戈金、【法】伊‧斯唐熱合著，曾慶宏、沈小峰合譯，上海譯文出版社，1987 年 8 月第一版，第 350-2 頁。

《懺悔錄》，作者：傅樂安，《中國大百科全書‧哲學》，北京／上海：中國大百科全書出版社，1987 年 10 月第一版，第 88 頁。

〈空間與時間〉，作者：陶德麟，《中國大百科全書‧哲學》，北京／上海：中國大百科全書出版社，1987 年 10 月第一版，第 422-25 頁。

〈皇極經世、焦氏易林合解〉，《2001‧大終結》，侯德健、王泰權著，臺北：韜略出版有限公司，1994 年 11 月第一版，第 41-7 頁。

〈時間問題〉，《僧侶與哲學家：宇宙與人生的對談》，【法】馬修‧利卡德和【美】鄭春淳著，杜默譯，臺北：先覺出版股份有限公司，2003 年 2 月初版。

〈生物多樣性與第六次大滅絕〉（上、下），作者： 颺如思，

2004 年 7 月 15 日和 22 日，（臺灣）環境資訊中心，http://e-info.org.tw/node/4066。

《天機——佔星預測命運的科學解碼》，張明昌編著，香港：萬里書店，2006 年。

〈生物大滅絕為什麼反覆發生？〉，作者：方舟子，2009 年 9 月 16 日，（中國）科學網，http://news.sciencenet.cn/htmlnews/2009/9/223396.shtm。

〈全球變暖並非人類的責任，而是地球氣候變化自有的歷史規律？〉作者：張田勘（中國《百科知識》雜誌社副主編），2009 年 11 月 27 日，搜狐博客・亞太觀察，http://asia-news.blog.sohu.com/137982752.html。

〈氣候「冷化」與「暖化」的三個週期〉，作者：嚴家祺，2010 年 1 月 20 日，共識網，http://new.21ccom.net/plus/view.php?aid=5408。

〈冰河世紀〉，百度百科，http://baike.baidu.com/view/ 32232.html? tp=2_11。

〈冰川時期〉，百度百科，http://baike.baidu.com/view/ 34147.htm。

〈冰河時代〉，互動百科，http://www.hudong.com/wiki/%E5%86%B0%E5%B7%9D%E6%97%B6%E4%BB%A3。

〈史前文明特別專題〉，（中國）網易探索，http://tech.163.com/

special/000915QE/shiqianwenming.html。

〈研究認定隕石撞擊造成恐龍滅絕〉，法新社 2010 年 3 月 4 日華
盛頓電，雅虎香港新聞，http://hk.news.yahoo.com/article/
100305/8/gv0o.html。

以下英文資料按作者姓氏起首字母順序排列：

Arguelles, Jose. *Time & the Technosphere: the law of time in human affairs*. Rochester, Vermont: Bear & Company, 2002.

Barrios, Carlos. *The Book of Destiny*: unlocking the secrets of the ancient Mayans and the prophecy of 2012. New York: HarperOne, 2009.

Braden, Gregg & at el. *The Mystery of 2012: Predictions, Prophecies & Possibilities* (《預言、預測與可能》). Boulder, CO.: Sounds True, 2007.

Benedict, Gerald. *The Mayan Prophecies for 2012*. London: Watkins Publishing, 2008.

Calleman, Carl Johan. *The Mayan Calendar and the Transformation of Consciousness*. Rochester, Vermont: Bear & Company, 2004.
——*Mayan Calendar: The Pyramid of Consciousness* from "Global Oneness", http://www.experiencefestival.com/a/Mayan_Calendar/id/1722.

Clow, Barbara Hand. *The Maya Code: Time Acceleration and*

Awakening the World Mind. Rochester, VT.: Bear & Company, 2007.

Grube, Nikolai (ed.). *Maya: Divine Kings of the Rain Forest.* Translation from German, Editing and Typesetting: Translate-A-Book, Oxford, UK. Cologne, Germany: KÖNEMANN, 2000; English ed., 2001.

Hancock, Graham. *The Evidence of Earth's Lost Civilization: Fingerprints of the Gods.* New York: Crown Publishers, 1995.

Jenkins （詹金斯）, John Major. *Maya Cosmogenesis 2012: The True Meaning of the Maya Calendar End-Date.* Rochester, Vermont: Bear & Company, 1998.

Jones, Marie D. *2013: Envisioning the world after the events of 2012: the end of days or a new beginning?* Franklin Lakes, NJ.: The Career Press, Inc., 2008.

Milerath, Susan. *Star Gods of the Maya: Astronomy in Art, Folklore, and Calendars.* Austin, TX.: University of Texas Press, 1999.

Nicholson, Robert. *Journey into Civilization: The Maya.* New York: Chelsea Juniors, 1994.

Peterson, Scott. *Native American Prophecies: Examining the History, Wisdom, and Startling Predictions of Visionary Native Americans.* New York: Paragon House, 1990, 1991.

Priestley, J.B. *Man and Time*. New York: Dell Publishing Co., 1968.

Puleston, Dennis E. "An Epistemologicla Pathology and the Collapse, or Why the Maya Kept the Short Count" in *Maya Archaeology and Ethnohistory*, edited by Norman Hammon and Gordon R. Willey, pp. 63-71. Austin: University of Texas Press, 1979.

Russell, Peter. "A Singularity in Time" in *The Mystery of 2012: Predictions, Prophecies & Possibilities* by Braden, Gregg & at el. Boulder, CO.: Sounds True, 2007, p. 17-25.

Stierlin, Henri. *The Pre-Colombian Civilizations: The World of the Maya, Aztecs, and Incas*. New York: Sunflower Books, 1979.

Thompson（湯普遜）, J. Eric S. "IV Intellectual and Artistic Achievement: the Philosophy of Time" in *The Rise and Fall of Maya Civilization*. 2nd Edition, enlarged. Norman: University of Oklahoma Press, 1966, p. 162-8.

Zimmer, Heinrich. *Myths and Symbols in Indian Art and Civilization* （《印度藝術和文化中的神話與象徵》）, ed. Joseph Campbell. New York: Harper & Row, Publishers, 1962, p. 13-6.

第四章
馬雅人預言了什麼？

　　我們已經了解，所謂馬雅預言是說，馬雅長曆法中所記載的一個大時代將於2012年終結。至於馬雅先知何以要選定2012（壬辰）流年，作為那個始於西元前3113或3114年的時代「末日」，各家就有不同的理解了。西方學者是在1980年代，才將馬雅曆法中最近這個大時代的終結日，和2012年太陽走進銀河宇宙中心的罕見天象掛鉤的，此後，便有人根據前述馬雅聖經《波波爾‧巫》中的創世神話，認為2012年就是馬雅歷史中第四個大時代的末日，屆時人類將毀於洪水或地震。但問題是，地球生態劫難和2012年罕見天象，這兩者究竟是間接還是直接的因果關聯？對此，有人想到了磁極倒轉，前述那個所謂馬雅專家摩利斯，更是發明出一套特別的解讀方法，將馬雅古蹟中的一百三十六萬六千五百六十（1,366,560）這個「聖數」，換算成三千七百四十年，去對應他自己算計出來的太陽磁極對換週期，再用來解釋馬雅文明的生存週期，後者被摩氏認為乃是地球生物的滅絕週期。我們知道，認識馬雅預言有兩個基本視野，一是由上述摩利斯所運用的物理學方法，另一種就是心理學方法，即通過分析神話作者的歷史心理和於此對應的天文內容，將馬雅人的歷史終結日理解成人類意識結構「升級」、「換代」的契機。筆者認為，要全面理解馬雅預言，這兩條思路都不能偏廢。物理學的解釋方法比較容易為一般人所理解和接受，但這種方法帶來的問題是，我們要如何理解磁極轉換現象？怎樣確定磁極轉換的發生頻率？2012年的罕見天象、磁極轉

換、生物滅絕，這三者之間究竟是一種什麼關係？相對來說，心理學的方法會顯得比較抽象難懂，但這種方法卻有助於理解馬雅（還有其他民族或文化的）預言的象徵涵義（見第六章），這是因為馬雅預言所依據的巨宏觀天象週期，對地球上人類發展所產生的影響，會是一個相當緩慢的作用過程，其時間尺度一般會在千年左右。除非有奇蹟使人的壽命延長到前述史前文明人類那樣，今天的大多數人在有生之年，很少機會能實際感受到2012年罕見天象帶來的變化效應。但無論按天性會偏愛哪種方法，我們都需要同時借助這兩種方法，通過了解西方馬雅學迄今的發展，來認識古代馬雅人所預見的時代終結日究竟意味著什麼。

一、西方馬雅學的景點導遊

（一）一個全新的視野：天文考古學的發現

有了前面幾章所提供的背景知識，現在我們可以回過頭來考察導讀中提到的那條思路，即馬雅古蹟中的密碼一百三十六萬六千五百六十（1, 366, 560）＝三千七百四十年＝太陽磁極對換週期＝馬雅文明生存週期＝地球生物滅絕週期（末日）。匆匆瀏覽的讀者也許會被所謂馬雅專家摩利斯的這條思路，引進末日恐怖世界而難以自拔。要判斷這條物理學解讀路徑是否符合馬雅歷史發展的內在邏輯，就需要回顧一下一個半世紀來西方馬雅學的進展。

1. 人類重新發現自己

西方人發現馬雅文明是在十九世紀中葉，當時歐美國家興起了一股社會文化人類學（Socio-cultural Anthropology）的熱潮，在不同民族、文明和文化的交流、接觸和比較中，嚴肅的西方學者

們開始認真思索所謂原始、古代或史前人類和文化的真實內容與涵義（而不是其相對於近代西方文明的所謂落後性質），並在進入二十世紀的前後，逐漸拋棄了人類社會演化直線連續性的觀念，即認為所有人類群體都經過了從蠻荒（Savagery）到野蠻（Barbarism）最後達到文明（Civilization）這幾個特定的文化演進階段。代之而起的是一種開明的多元文化觀念，即從每一種文明自身，而不是將其和歐洲近代文明對照的視野來認識其價值。此前，馬雅文化遺址並未完全被叢林和泥土所掩蔽，尤卡坦半島上最重要的現代城市梅里達（Merida）是西班牙殖民者早在 1542 年就建立起來的行政中心，在它附近就有馬雅潘（Mayapan）、奇琴伊察和烏斯馬爾（Uxmal）等著名的馬雅後古典文明時期的城鎮，然而，目患文化自大症的西方人對此卻視而不見，任其沉睡了好幾百年。以柏拉圖所記錄的亞特蘭提斯傳說為代表的人類史前文明，也一直有意無意地被排除在歷史學家們的視野之外，長達兩千多年。可以這樣說，發現和重新認識古代文化和史前文明，是西方人乃至今天處在全球（西）化浪潮中的整個人類，重新發現和認識自己的一個標誌或象徵。

2. 馬雅學的初步成就

前面提到馬雅學考古研究始於十九世紀三〇年代末，經過了一百多年的努力，至 1940 年代末已發掘的馬雅文化遺址達一百零六處，1950 年代後更是形成了有聲有色的馬雅學，成為世界考古學的重要領域。但半個多世紀前，學者們對能否最終破解馬雅文字還是比較悲觀的，許多人相信，和人類其他幾種被遺失和遺忘的古代文獻如義大利古國伊秋利亞（Etruria），或印度河谷上的哈拉帕（Harapa）文明一樣，馬雅族眾多的歷史文獻可能永遠也無法得到解讀。然而，就在過去短短的幾十年時間，馬雅文字的破解進

展神速。我們現在已能了解馬雅古典時期歷代王朝的史實，一覽馬雅社會的政治實況，徹底改變了以往人們對馬雅文明的各種臆測。有人將此和航太事業及生命密碼（DNA）的發現，並列為我們時代最激動人心的智性發展成就，其重要性足以和埃及象形文字的破解成功相媲美。

　　儘管學者們對馬雅文獻內容的理解總體上已能達到百分之八十以上，但至少還有一半以上已知的馬雅文字至今仍不得其全解，因此，世人對馬雅歷史特別是歷史預言便有諸多猜測和歧見。此外，早期西班牙殖民者為了報復土著居民所謂的野蠻行為，燒毀了幾乎所有的馬雅古籍，成千冊手抄書本僅有三卷逃過此劫，其中有《波波爾‧巫》（見第一章第二節），上面記載著馬雅神話和歷史傳說，是馬雅族的聖經，也是今人研究的主要資料來源之一。這三冊手抄本被人帶去歐洲後，分藏在西班牙的馬德里、法國的巴黎和德國的德勒斯登，其中又以德勒斯登收藏的手抄本最為珍貴，它不僅做工相當考究，而且內容都是有關馬雅人最看重的金星天文週期的計算和有關曆法，以及各種祭祀娛神與占卜方法。前面述及摩利斯提供的思路中有一百三十六萬六千五百六十（1,366,560）這個數目，該數字最初就是一位德國學者從德勒斯登手抄書卷中發現的。該數目被視為聖數或馬雅文化密碼，因為它既含有水星與火星運行的週期時間數，也能作為好幾種天數不同的曆法「年」的被除數。但摩利斯只是將該數目和回歸年天數三百六十五點二五（365.25）相除，換算成三千七百四十年，並將其等同於太陽磁極對換週期＝馬雅文明生存週期＝地球生物滅絕週期（末日）。

3. 隱形風景：2012 年

　　西方學者最早是在 1970 年代注意到，2012 年乃是具有特殊歷史涵義的流年。當時有位像文藝復興時期達‧芬奇之類的天才型人

物，叫麥肯納（Terence McKenna, 1946～2000），生前被認為是我們這個星球上最重要的五、六個人物之一，他在觀察和思索宇宙演化週期和文明興衰規律中，結合中國《易經》的象數方法總結出「時間波歸零」（Time-wave Zero）的理論，認為人類歷史發展正在進入一個無限量快速變化時期（見第三章末節）。麥氏的理論看似複雜，但其依據實質上就是我們已經熟知的太陽和銀河排成一線的週期性宇宙天象。下述《王子的拷問》一書作者認為，該天象會出現在 2000 年，但麥肯納按照他自己的計算方法，在 1975 年出版的那本《隱形的風景：心靈、幻藥和易經》（*The Invisible Landscape：Mind, Hallucinogens, and the I Ching*）書中，將該天象出現的時間，即他所謂的時間波歸零點——歷史變化加速到無限大的奇點，預期在 2012 年 12 月 22 日，而此前他並不知道馬雅長曆法中有 2012 年時代終結日的預言。

4. 金字塔和天象涵義

直到 1980 年代中期，馬雅學都被傳統考古學所主導，馬雅文化及其歷史預言只是個被藏嬌於金屋的「閨秀」，局外人難以窺看。成形於 1970 年代的天文考古學（Astro-archeology）打破了這種沉悶的局面，開啟了馬雅學新的研究方向。天文考古學直接挑戰了近代文明中直線發展的「進步」觀念，公開肯定古代文明的先進性，它所暗示的乃是一種循環論的歷史觀。早在 1924 年正在馬雅文化遺址烏阿克薩通（Uaxactun）考察的美國人奧利弗‧里克森（Olive Rickson）就大膽猜測到，馬雅古蹟中的金字塔和神廟等建築組合具有某種天象涵義。經測量後證實，這些建築構成了一個巨大的日晷儀，它使人很容易確認太陽在一年中四個不同的位置（即春分、夏至、秋分和冬至）。到了 1960 年代，法國學者首先提出古埃及人是完全了解歲差（即地球自轉軸空間方向緩慢變化

的）運動這個觀點；1969年出版的《王子的拷問》（*Hamlet's Mill*）一書則探索了世界各地有關歲差運動的神話，認為古人相信歲差是影響人類命運變化的主要因素。此後過了二十三年，便有學者破譯了古埃及文獻中有關歲差運動的證據（見《古埃及神祇的死亡》，*The Death of Gods in Ancient Egypt*）；又過了兩年，就有學者證明，古埃及吉薩地區三個金字塔乃是天頂上獵戶星座（Orion）三明星按大小和空間成比例縮小的模型（見《神秘的獵戶星座》，*Orion Mystery*）。此後，又有人發現，還是在古埃及吉薩地區的著名獅身人面塑像，其正面乃是朝著春分時太陽在獅子星座升起的位置，這是西元前10500年的「零點」時間（Zero Time）。換言之，獅身人面像本身很可能就是天上獅子星座在地面上的象徵物，也許該雕像就是對歲差運動中星象命學上所謂獅子座時代（Age of Leo）的紀念。

5. 馬雅學突破性進展

正是在上述這個大學術背景下，馬雅學自1986年以來開始了一個發展飛躍，至九〇年代末期專家們已經能大致釋讀出差不多所有的馬雅文字，通過這些文字，學者們可以了解到每一個馬雅王國歷史的詳細情況。此外，專家們也已經能解讀馬雅的聖經即前述的《波波爾·巫》，這些文獻描述了馬雅人心目中的創世紀和此後再創世的歷史事件。許多這些文獻都直接具有2012年終結日的涵義。1987年美籍墨西哥裔作家荷塞·阿古利斯（Jose Arguelles, 1939～　　）第一次公開提出，馬雅長曆法中的2012年終結日，和太陽——銀河相合運動在時間上是一致的。此後，馬雅學的最新進展就是學者們已經認識到，馬雅神話乃是對天象的描述，這意味著馬雅神話學中含有宇宙學的密碼。《波波爾·巫》就是馬雅族的創世神話，它記述了馬雅人最重要的神祇和文化英雄的事跡。由於馬

雅神祇代表著天體如恆星與行星，因此這些神祇的活動實際上也就具有了天體運動的涵義。1993 年出版的《馬雅人的宇宙》（*Maya Cosmos*）一書首次揭示了馬雅創世紀《波波爾‧巫》中神話與天文的對應關係。這一突破性的學術觀點成了此後破解馬雅預言的指南針。

6. 不同版本的終結日

1995 年美國出版了兩本有關馬雅預言的書籍，一本是格雷厄姆‧漢考克（Graham Hancock, 1950～　）的《諸神的指印》（*Fingerprints of the Gods*），另一本就是本文已數次提到的摩利斯與人合著的《馬雅預言》（*The Mayan Prophecies*）。這標誌著西方馬雅學研究的一個新進展，即金字塔學的天文考古學方法被用來考察，並確認馬雅文化特別是它曆法中的預言內涵。《諸神的指印》收集了全球各地古代神話和天文方面的資料，其中有很長的篇幅論述了馬雅族和阿茲提克（Aztec）人的曆法學、天文學和宇宙學。這本書明確提到了馬雅歷史預言中最近一個終結日是在 2012 年 12 月 23 日。前面已經說過，2012 年終結日是今人根據馬雅族的長曆法所推算出來的，但對終結日的具體日期，各家則有不同的算法，目前至少有六種說辭，即 2011 年 10 月 28 日和 12 月 24 日、2012 年 12 月 21、22、23 和 31 日。造成這個分歧現象的一個原因牽涉到馬雅曆和公曆之間的換算，這是一個相當複雜的考據、天文和曆法等學科和領域之間的比較、計算和測算問題。雖說專家們已能對應這兩種曆法，但這並未能消除人們的歧見。由於古代馬雅人混合著使用根據太陽、月亮和金星（有時甚至還有水星和火星的）運行週期來推算的曆法，致使後人得以按自己的理解和需要來解說馬雅人所預期的終結日。這種「六經注我」的解釋方法能釋放學者們的創意，但卻很容易造成誤解。

（二）《馬雅預言》的誤導：削足適履的解釋

　　摩利斯與人合著《馬雅預言》一書的內容梗概已在導讀部分作了介紹；雖然行家認為該書是屬於典型的商業炒作，但其內容卻在全球網路上流傳甚廣，今人對 2012 年馬雅「末日」預言的了解（包括那部好萊塢災難片的構思）大多出自該書。摩氏稱《馬雅預言》旨在揭示出這個古代智慧民族所作預言的真意，但該書卻對此有許多誤解和論證錯誤；作者對 2012 年終結日預言性質的理解基本上就是一種物理學的思路，即馬雅古蹟中有密碼一百三十六萬六千五百六十（1, 366, 560）＝三千七百四十年＝太陽磁極對換週期＝馬雅文明生存週期＝地球生物滅絕週期（末日）。摩氏根據電腦繪製的模型發現，歷史上太陽發生過五次週期性的磁極對換，這五個變化週期的時間加起來為一萬八千一百三十九年；由於複雜的太陽運動節奏，這五個變化週期的長短並不一致，其中三個週期的間隔時間為三千五百五十三年，另外二個週期則是三千七百四十年（請留意這兩個時間差為一百八十七年）。摩利斯假定這五個太陽磁極對換週期對應於馬雅——阿茲提克神話中四至五個歷史時代，顯然，他是想通過這兩種週期的對應來表明馬雅歷史預言的「末日」性質和內容。

　　但問題關鍵是，摩氏如何來對應這兩種週期呢？他在上述兩個太陽磁極變化週期年數中選擇了「三千七百四十」，然後以一年為三百六十五點二五天來乘以三千七百四十，得到一百三十六萬六千零三十五（1, 366, 035）這個數目，摩利斯覺得它接近於一百三十六萬六千五百六十（1, 366, 560）這個馬雅魔數，後者在馬雅古廟裏和碑銘上被一再發現，也記載於前述的德勒斯登古抄本中，並在馬雅族使用的長曆法上記作「9. 9. 16. 0. 0.」前面說過，馬雅

族認為其歷史發軔於西元前3113（或3114）年，如果按摩利斯選定的「三千七百四十」這個年數來套，那麼馬雅人應該在627年終結一個時代。根據摩氏的計算模型，太陽磁極對換週期的影響並不是一夜間發生的，而是一個影響會持續三百七十四年的變化週期；627年被定為這個變化週期的中點，據此推算，馬雅族應該從440年開始，便應感受到太陽磁極變化所帶來災難性後果，直到814年。但歷史學家對此卻有不同看法，因為440年到814年這段時間正是馬雅古代文明的盛世（即三至九世紀）。雖說摩氏週期論中的814年對應於盛世結束的九世紀，但其他兩個時間點即440年和627年，都無法用來驗證馬雅歷史的實際情形。按馬雅古賢的看法，摩利斯既無法用這個思辯的週期模型來解釋馬雅過去的歷史，那又如何能據此預測未來呢？退一步說，即使我們應當肯定摩氏理論中多少還具有某些合理的猜測因素，按照他應熟練的工程計算，627年後的下一個太陽磁極對換週期，按上述「三千五百五十三」這個年數計算，應發生在4180年；若按「三千七百四十」的年數算，則應發生在4367年，無論如何，這兩個年份也是與即將到來的2012年扯不上任何關係的。

摩利斯探賾索隱的方法讓人聯想到，該書出版前一年（即1994年）刊登在美國《統計科學》雜誌上的一篇文章〈《聖經·創世紀》中等距離字母的關聯〉，作者之一的以色列數學家聲稱，有足夠的統計數據證明《聖經》中含有著名（猶太）教士生平訊息的密碼，而《聖經》是在這些教士生前好幾個世紀就已面世的。此後，用來破譯密碼的等距離字母關聯法（Equidistance Letter Sequences 或 ELS）便流行開來，三年後，一位美國記者寫了《聖經密碼》一書，將此一密碼破譯方法的應用推向了極致。評論家認為該書作者誤譯了希伯來文的《聖經》，且該方法也無法適

用於其他語種的《聖經》解碼。不過，書作者稱他在1994年就使用等距離字母關聯法破譯《聖經》中的密碼，預測到次年以色列總理拉賓的遇刺；但評論家們對此卻不以為然，認為他的預測缺乏具體細節，作為熟悉國際形勢的記者，本來就不難作出這種時事性的推斷。不過，該記者使用同樣方法在新著《聖經密碼之二》中，卻誤測2006年會發生核屠殺事件，並有地震會把世界主要城市都給摧毀。作者最終認識到聖經密碼並非用來預測，而是揭示事物發展的可能性。這一認知區分了可測性和可能性的不同（Prediction vs. Possibility），有助於我們深入思考歷史預測的方法問題。假如摩利斯能減少一些工程師的機械性思維，將他對馬雅聖數的解讀定位於諸多可能性的一種，那他的《馬雅預言》就自有其價值了。

（三）馬雅族宇宙的創生：一個心理學的解讀

如果說摩利斯的《馬雅預言》是從物理學的實證方法入手，來破解馬雅族的預言涵義，那麼，1998年出版的《2012年：馬雅宇宙創生論》（*Maya Cosmogenesis 2012*，中譯本已在2010年初面世），就是用神話和天文相結合的方法來解說馬雅先知的歷史心理和預言內容。作者是自學成材的美國人詹金斯（John Major Jenkins, 1964年～　），頗有才氣而生性孤傲，治學嚴謹但有些苛刻，是新生代的西方馬雅學者。這本書系統地解答了馬雅先哲的預言背景、內容與涵義；作者既有創見，也善於吸收他人成果，其著作代表了1990年代西方馬雅學的最新研究成果。詹金斯在書中首先介紹了古代馬雅人，是如何通過觀測銀河系和天體運動來確定曆法和時代，論述了天文觀測是如何通過建築（如金字塔）、石碑和祭祀被融入神話作為馬雅族的百科全書，解釋了馬雅人隱含在神話故事中的宇宙創生學內容，並以古代馬雅帝國最著名城市伊扎潘

（Izapan）為例來加以論證。作者的結論是，古代馬雅先哲們根據他們在改變後的意識狀態下的洞識，以銀河系的天象為中心，建構出以曆法為歸宿的宇宙學，它具體表現在前述所謂的長曆法中。按照該曆法，2012年夏至（即6月21日）和冬至（即12月21日）的太陽將同銀河宇宙的「腹部」（即膨脹區域）相合，屆時地球、（行經不同緯度的）太陽同銀河中心，將罕見地彼此靠攏並相連成一線，尤其是，那一年的（夏、冬）至日循環線（Solstice Meridian）將穿過銀河系的中線。根據詹金斯的解說，馬雅先知預期：至日循環線穿過銀河系中線時，會發生場效應逆轉（Field-Effect Reversal）（第328頁）。簡單而言，場效應逆轉是指包括銀河宇宙的所有旋轉物，由於兩端磁場能量彼此不同，在外力作用於該旋轉物體中線時，原來兩端的場能方向產生變化甚至顛倒。在當代通俗作家、通靈人士和未來學家看來，場效應逆轉便預示著正在逼近人類的地球磁極倒轉（Pole Shift）現象（第330頁）。上述的摩利斯就是用機械唯物論的觀點，來渲染馬雅預言所預示的地磁翻轉。照此思路，我們只能感覺到2012年宇宙場效應逆轉會帶來的災難和對人體的傷害。

可是，若轉換視野，我們也可以將所謂的地磁翻轉，看成是人類意識大轉變的一種象徵。以詹金斯為代表的當代西方馬雅學者，正是從這個視野來考察並發掘馬雅預言的歷史與現實價值的。這是一種對馬雅預言的心理學解讀方法。十六年前的一份科研報告就已確認，我們人類大腦中有千百萬個磁粒子，它們和地磁場彼此有一種強大、直接和緊密的關聯。正是這種連繫使得地磁場的改變會直接影響到人類的神經和免疫系統，以及對時、空間的知覺和潛意識的活動（如夢境），甚至是對現實的感覺。而人類意識的本質也是電磁性質的，因為能量乃是意識的構成物質，而能量則包含

了電和磁這兩種物質。科研證據顯示，人類的意識狀態能夠改變量子的行為方式。歸根究柢，我們的現實世界取決於我們感知世界的方式，換言之，我們的意識狀態決定了我們將如何感知周圍的世界，若要改變現實，首先就得改變我們自身，特別是我們對自己和世界的認識方法。2012 年行星、太陽與銀河中心排成一線的天象，每隔二萬六千年才出現一次。這一天象形成及其前後時間，我們星球的磁場正開始衰弱，而衰弱的磁場環境則有利於人類接受變化和改變意識。正是在這個意義上，我們說，馬雅預言提供今人一個難得的歷史機會，來深刻總結人類五千多年來的文明歷程，興利除弊，排污去穢，脫胎換骨，重新出發。

二、馬雅預言和地磁場逆轉

上面提到，對「磁極倒轉」可以有兩種理解方法，一是用它的比喻涵義，將磁場翻轉理解成人的意識或思想觀念的轉變，這是上述對馬雅預言的心理學解釋方法；二是按詞的本意。迄今為止，科學家們對地磁場存在的原因和磁極翻轉現象知之甚少（照愛因斯坦的看法，地磁場是現代物理學最重要的「未知數」），但世人對馬雅預言的理解和關注卻多聚焦於該現象，擔心 2012 年來臨時，地球受到太陽與銀河相合所激發的異常能量的影響，而發生地質劇變，最終導致包括人類在內的生物滅絕，這是對馬雅預言的物理學解釋方法，它比較容易為一般人所理解和接受。但在使用該方法來解讀馬雅預言之前，我們需要問一下自己是否已經確實了解並理解了「地磁場轉換」的涵義為何。

（一）什麼是地磁場逆轉？

　　所謂地磁場逆轉是指，我們所居住的地球磁場的方向發生變化，通俗來講，就是地球的北極和南極分別對調磁場位置。地球磁場轉換的發生往往意味著地磁強度的減弱；不過，一旦確定了新的方向後，地球磁場又會隨之迅速增強。地球磁場逆轉是一種罕見的自然現象，它會給包括人類在內的地球生物帶來災難，最壞的情形就是我們所熟知的生物大滅絕。對人類來說，地球磁場猶如絕緣服裝，它能保護人類免受太陽高能粒子的強烈輻射，但在兩極翻轉的過程中，地磁場會完全消失，從而使整個地球全部暴露在各種致命的宇宙射線下。這些致命的宇宙射線會加熱大氣層上層，引起全球氣候改變或劇變，從而導致大規模的生態災難。但這屬於理論上的推測，迄今並沒人知道磁場翻轉究竟會對地球生命產生怎樣的影響。第二章第一節談到了磁極轉換所造成的天崩地裂、滄海桑田的地貌巨變；美國學者哈普古德曾用地殼錯位理論，來說明磁極轉換現象，並據此推測亞特蘭提斯就是因磁極翻轉而「流離失所」，最終被埋葬在今天南極洲的冰層下面。正因為地磁翻轉被視為「世界末日」，人們一直想搞清楚磁極翻轉的週期，但所知有限。目前所能了解的是，地磁場乃屬地球內部液態鐵質流，是圍繞著地核中心旋轉而產生的；當地球內部的液態鐵流發生某種變化時，就可能導致流動方向的一百八十度旋轉，從而表現為地磁場顛倒。在地磁場發生旋轉，直至新的磁極產生之前，地球磁場的強度會持續減弱。近來，人們還發現磁極轉換的速度會隨著緯度分布的高低，而有快慢之分，而古代馬雅世界正好就位於地磁翻轉速度較快的低緯度區域。馬雅古賢如何具體認識地磁對換現象，今人已不得而知。我們這裏所能做的就是從歷史和哲學的角度來探討磁場逆轉現象。

（二）歷史上的地磁場對換

1. 眾說紛紜的磁場對換頻率

一百多年前，科學家們在測定深鎖於世界各地岩石中的剩餘磁場時，發現了磁場顛倒現象；1928年日本學者松山基范（Motonori Matuyama），提出了地球磁場曾經翻轉的假說來解釋這一現象；雖然並未得到公認，但今天地質學家們多已承認，在漫長的地質歷史上確曾發生過週期性地球磁場對換現象。但可能因為所用方法的差異，人們對地磁逆轉的發生頻率說法不一，迄今至少有以下這六種意見：

(1) 有人說地球磁場平均每過二十二至二十五萬年就會翻轉一次。

(2) 有人認為僅在過去的四百五十萬年裏就發生了十四次，平均每三十二萬年就有一次。

(3) 又有人覺得在過去的七千六百到八千萬年的時間裏，發生過一百七十多次，平均每四十四到四十七萬年就會發生一次。

(4) 還有人耐心研究了過去七百萬年來磁軸的運動軌跡後發現，每隔五十萬年地磁場就會對換一次。

(5) 更有人推斷：在過去的三億三千萬年的時間裏，發生過四百多次地磁場逆轉，平均大約是八十二萬多年才有一次。

(6) 此外，還有一種說法，認為在過去的四百五十萬年裏地磁場對換現象僅發生過二次，平均要等上二百二十五萬年才會有一次。

最近的一次地磁場翻轉，據說是發生在七十至一百萬年前，整個過程是持續到了西元前一萬二千四百年才結束的。顯然，地球

磁場對換的週期長短不一，很像是隨機發生的。根據美國科學家的研究，磁場對換頻率最短為二至三萬年，最長則可能為五千萬年。就上述各家的估算而言，其發生頻率從二十五萬年到二百二十五萬年不等，其差值也有二百萬年之久，這樣的時間跨度足夠進化出人類來了，而讓人難以預測，未來地磁場對換究竟會在何時發生，也難怪人們會覺得這方面的預測是無利可圖的「蝕本生意」，因為傳說中的神仙彭祖也只有八百年的壽命，幾十或幾百萬年的宏觀時間，離我們真切的人生實在是太過虛無飄渺了。但是，馬雅先知的預言和洞見又讓人不敢掉以輕心；而且， 近年來已有證據顯示地磁極逆轉並非一種隨機現象，更有學者預測2030年左右將發生另一次地磁場逆轉。於是，我們這裏要問：地磁場逆轉會如世人所恐懼的那樣，乃是一種突發事件呢？還是像歷史上已經發生過的那樣，僅是一種會持續萬千年以上的緩慢變化過程？在人類思想史上，這個問題其實牽涉到了哲學中的一個長期論爭，即自然界的變化過程，究竟是一個災變事件呢？還是一個漸進的過程？下面很快就會論述到這個問題。

2. 確認發生磁場翻轉的難點

當代科學研究顯示，目前已經出現了地球磁場對換現象發生之前的癥狀，如氣候的突變和地球磁場的弱化。現在離上次地球磁場對換週期已有七十或一百萬年了，因此這些癥狀讓越來越多的主流科學家們相信，人類正處在下一次地磁場逆轉的早期階段。根據向來嚴肅的美國《紐約時報》2004年7月份刊發的一篇專文，這個階段其實於一百五十年前就已開始。早在1967年美國環境科學署的一份科研報告就已確認，大約一千八百至二千年前，我們這個星球的磁場強度便已從高峰開始衰弱，自那時以來磁值下降了約百分之三十八，十九世紀中期以來所做的測定表明，僅在過去的一百

年中磁值便下降了百分之七（或一百五十年裏減少了百分之十）。雖然專家們相信地球磁場對換的（早期）癥狀已經出現，但要確認地球磁場對換的發生還是不那麼容易的，其中一個原因就是科學家們認為，地球磁場對換可能是一個速度恆定的漫長而漸進的過程；據說，地磁由強轉弱的過程從幾千年至二十八萬年不等。身處其中的人類大多數都因「生也有涯」，而不會對此有什麼特別的感覺，除非「有幸」踫到了翻天覆地般的氣候劇變或毀滅性的天災。但近年有證據顯示，地磁逆轉也可能是一個僅需幾週（甚至幾天）便可完成的意外事件，它所造成的氣候突變會讓生物滅絕。本書導讀曾述及西伯利亞和阿拉斯加，這二個地方原本是屬於熱帶氣候的，世代生長在那裏的長毛象，因無法適應磁極對調所造成的冰天雪地而集體死亡，至今牠們嘴裏還留存著「最後的晚餐」。

3. 磁場逆轉導致生物滅絕？

目前科學家們坦承，他們無法確證磁場究竟要弱化到何種程度，才會導致地球磁場的對換，從而造成全球性的生態劫難。地質和古生物學家們所知道的是，磁極對換和生物滅絕或新生有密切關聯；磁極顛倒時一定會有的那種無磁場環境，可能導致生物基因突變（滅絕已有生物或催生出新的物種）。即使地磁場翻轉現象現在已能夠得到確認，我們是否就能肯定，磁極逆轉便是生物大滅絕的主因呢？對此，迄今並無明確的答案。科學史僅告訴我們，約有四十六億年的地球史上已經發生過五次生物大滅絕（見第三章第二節），最近一次發生在距今六千五百萬年前，稱霸地球長達一億四千至六千萬，甚至二億年的恐龍就是在那時被迫「隱退」的。有人提出，恐龍的消亡可能和地磁轉換有關。根據採集到的古地磁樣品分析，恐龍滅絕的年代剛好就是地磁場翻轉時期。但此觀點並無法自圓其說，因為中生代其他時期也曾發生過地磁場逆轉，何以恐

龍在那時卻安然無恙？此外，有人研究過地磁場屏蔽（保護）作用減弱和宇宙射線頻率增強這兩者間的關係，結果表明：地磁場逆轉並不足以導致恐龍的大規模滅絕。

2006年的一則研究報導認為，地球運行軌道的不穩定（即通常所說的歲差運動）可能和生物滅絕週期有關，但人們並不清楚它們之間究竟是如何關聯的。地質學家們現在所能證實的僅是生物從出現到滅絕的持續時間（或稱滅絕週期），它從幾百萬年到一千萬年甚至數億年（如恐龍）的時間不等，人類出現在這個星球上的歷史已有二三百萬年了，這個時間似乎已進入了生物滅絕週期的下限範圍。所幸的是，作為地球能量和人類生命來源的太陽目前還正當中年，馬雅人所擔心的太陽失輝、生物消亡的那一天，在幾十億年遙遠的將來還不至於變成現實。雖然世人很擔憂，馬雅先知所預言的天象會帶來地磁逆轉之災難性後果，但對常年從事古地磁研究的科學家來說，地磁場對換根本不值得大驚小怪，因為在他們看來這也許是磁極正常的流轉罷了。

（三）兩種不同的變化哲學：地磁場逆轉的漸進和突變

1. 互補性的漸變論和災變說

上面提到，科學家們對場效應（地磁場）逆轉，這一自然現象的認識並不一致。這種觀點分歧實質上牽涉到哲學上的一個爭論主題，即自然界的變化過程究竟是一個突發的災變事件，還是漫長的漸進過程。幾千年來，在天體、地質和生物變化與發展的歷史研究中，就一直存在著漸變論和災變說的對立。這兩種基本理論在自然哲學中則表述為漸變論與突變說。但從古希臘的亞里士多德到十七世紀的萊布尼茨都認為，漸變才是自然發展的主軸；他們的觀點直接影響了達爾文對生物進化的哲學思考。直到十九初期，法國古

生物學家居維葉（Georges Cuvier, 1769~1832）首次用考古證據說明，突變才是地層演化的根本規律；後來的恩格斯更是認為，突變（或他所謂的飛躍）才是自然發展的主軸；現代科學甚至已能用數學公式來具體描述各種不同類型的突變形式。恩格斯當年還提出了量變（漸變）和質變（突變）之間是一種辯證關係的論點。十八世紀在解釋太陽系的起源時，康德－拉普拉斯的星雲說就是一種漸變論，由於它無法說明熾熱星雲如何能收縮形成環帶再聚成行星，因此，星雲說就被災變說取代，後者認為太陽系的形成是因為，有一個恆星或大彗星突然走進或碰觸到太陽，使太陽拋出一條物質而形成行星和其衛星系統。但災變說也有它說不通的地方，因此，一個時期內這兩個學說便此消彼長的互相取代，被分別用來說明天體形成研究中所出現的各種問題。

2. 地磁場逆轉和氣候的劇變

　　二十世紀五〇年代地質學上同樣也有漸變和災變這兩種理論的對立。在解釋大陸板塊運動方面，漂移論和地殼錯位說之間，也有類似前述的星雲說和災變論那種既對立又互補的關係。地殼運動既有漂移的特徵，有時整體板塊也會迅速錯位。這種錯位對板塊個體之間的關係並無任何影響，而是將整個或部分大陸板塊推向或拉出地球的兩極地區。傳說中具有高科技文明的亞特蘭提斯，就是在一晝夜的時間內便沉入海底；有學者考證認為，由地殼錯位運動引發的地磁極逆轉，將亞特蘭提斯推至現在南極洲所在區域，使它被埋藏在厚達二千英里的冰層下面，換言之，今天的南極洲就是歷史上突然消失的亞特蘭提斯（見第二章）。前面已經二次提到，天寒地凍的西伯利亞和阿拉斯加歷史上原本地處熱帶，長毛象的嘴裏至今還留存著熱帶食物。這些事實表明，地磁場逆轉引發的氣候劇變可以帶來突發性的災難。但是，另一方面，科學家們又發現存在著

兩種有關地磁場逆轉的自然變化週期。第一個是每次大約持續二百五十萬年高峰的週期，這期間地球的運行軌道趨於最完美狀態；第二個週期每一百萬年出現一次，屆時地球會改變自轉軸的傾斜度。但這兩種週期會造成相同的結果，即全球範圍的冷化與冰層的擴張。有人預測，下一次二百五十萬年週期的地磁場逆轉峰期，大約會出現在今後的六十至八十萬年間。目前科學家們還無法確定，地磁場究竟要弱化到何種程度才會導致地球磁場的對換，並引發氣候劇變而造成全球性的生態劫難。一種意見認為，地磁場大約在今後一千二百年（又說是一千五百至二千年）的時候才會弱化至零點，從而導致地磁場逆轉；另一種意見則認為，地磁場並不會弱化至零點，最多是弱化至原來強度的百分之二十而已，言外之意，發生地磁場逆轉現象的概率極小。有位日本學者的研究認為，馬雅人預言的 2012 年太陽走進銀河中心，這一宇宙相合天象所引發的地磁場對換事件，要在 8500 年的時候才會對地球和其生物產生實質性影響。

3. 太陽黑子週期與人類生活

在地磁場逆轉問題上災變和漸變這兩種不同看法的對立，正反映了今天人類的智力侷限，因為我們畢竟是自然的一部分，自身和宇宙的其他部分一樣都處在演化的過程中，無法擺脫這「一部分」所天賦的「有限性」和「侷限性」。根據對現有資料的比較研究，筆者認為，地球的磁場逆轉本質上應是一個漫長的漸進過程，氣候劇變只是地磁場換位所帶來的後果之一，是這個漸變過程中的一個量變點。由於氣候劇變所固有的突發性和災難性，世人因此容易誤認為地磁場逆轉也是一個突發事件。目前人類對地球磁場對換的發生規律認識還相當有限，這裏我們不妨換一個角度，從觀測太陽——這個主宰地球生物命運的恆星入手，來理解 2012 年馬雅預言中的天象涵義。十七世紀初伽利略首次天文觀測以來，科學家們

已經認識到太陽上所發生的週期性的強磁風暴即太陽黑子（Sunspot），現已記錄到二十三次週期，每次平均大約延續十一年半，週期之間會有一段可預測的「風平浪靜」時間。最近一次太陽黑子週期開始於1996年5月，但在2006年3月10日就戛然而止。專家推測，下一個強磁風暴週期的能量將高過前次百分之三十到五十，是有記錄以來強度僅次於1958年的太陽黑子週期之一，而它的高峰期剛好是在2012年，即馬雅人所預言的太陽與銀河相合的時間。太陽黑子的形成與太陽磁場活動的關係相當密切。高峰時的黑子活動不僅會干擾地球磁場，妨礙電子通訊作業，而且還會造成氣候變化影響農業生產、病毒變異引發流行病、誘發地震帶來災難，嚴重威脅到人類的生命安全。由此來看，馬雅預言中2012年的罕見天象，不僅具有一種象徵意義，而且還實際地預示著，我們這個星球又一次磁場變化過程的開始或加速。總之，我們需要全面把握磁場變化、磁極對換、氣候劇變和生態劫難（或生物滅絕）這些說法的涵義，仔細辨認它們之間的差別和連繫，才不至於誤會馬雅先知的預言深意。

三、馬雅預言的神話與現實

前面提到，神秘主義者、未來學家和通俗作家們，喜歡引申並熱炒馬雅預言中的末日悲情，即2012年罕見天象會引發地磁場翻轉，造成全球生態劫難。筆者已經說明，2012年的罕見天象、地磁對換、生態劫難這三者之間究竟如何關聯，它們在時間上是否「同心同德」而步調一致，今天的科學回答不了這些問題，馬雅先知也沒有明確預言：2012年就是人類的「末日」。古曰：「是福不是禍，是禍躲不過。」倘若2012年確實會發生世人所擔憂或恐

懼的那種毀滅性災難，那就是天意，這是一種完全超出目前人類的認識和掌控範圍的自然力量。如果我們無法改變這種「天命」，那就只能自我調整心態，以佛陀入定的心境坦然接受這個現實，畢竟我們人類只是浩瀚無垠宇宙的一分子；這種生物滅絕性的劫難，不過是大自然新陳代謝運動的一部分內容，正如《易經》所曰，生生不息，才是天地之大德也。馬雅先知耗盡畢生心血來觀測巨宏觀天體運動，目的就是要弄清楚人類發展的規律所在，這就是禍福相依和生死輪迴，對此，馬雅人是用首尾相連的蟒蛇來加以形象的。有了這樣的心理準備，我們便能貼近馬雅人特有的歷史心理，洞察到即將來臨的2012年對我們今天的人類生活將意味著什麼。

（一）2012 年的中美洲：大水沖倒龍王廟？

1. 地震引發海嘯的可能

雖然至今也沒有人知道具體的起迄時間，但學者們都同意古代馬雅族（和阿茲提克人）是將歷史劃分成四至五個時代的，每個時代都終結於洪水泛濫或地震破壞，今世亦復如此。在馬雅人的長曆法中，2012年標誌著始於五千多前的一個大時代的終結。馬雅神話告訴我們，時代終結日總是伴隨著毀滅性災難。對中國人來說，這叫破舊立新，死而後生。其實，在歷史認識方面，馬雅人並不孤獨。2012年在中國傳統命學中也是一個特別的年份，其流年的干支為「壬辰」，天干「壬」是指「大海水」，地支「辰」又代表著「水庫」，可見其水勢的洶湧與浩瀚。此外，「壬辰」的五行納音為「長流水」，「壬辰」年的生肖涵義又是「水龍」；民間傳說龍能呼風喚雨，既是天王也是水神。在天文學上，2012年太陽會貼近銀河宇宙的心臟，是又一個持續十一年半的太陽黑子活躍週期的中點或高峰。到時候，是否會因太陽活動能量異常而引

發頻繁的地球物理活動（如地震），從而造成「大水沖倒龍王廟」的情形呢？前述的詹金斯認為，2012年毗鄰古代馬雅世界的墨西哥城很可能發生大地震，從而引發海嘯造成水患。上次該地區高達芮氏八級以上的大地震發生在1985年9月，此前的1982年墨西哥南部地區曾同時發生地震和火山；1985年那次大地震後四年，美國西海岸的舊金山便發生過七級以上大地震（海灣大橋被震垮），1994年美國加州南部發生破壞性大地震，1995年9、10兩月，在墨西哥城南面四百公里的奧梅特佩克，和西面約六百公里的曼薩尼略先後發生芮氏七至八級的大地震；發生在曼薩尼略海岸外的地震還引發了海嘯並造成了水患。根據中國地震科學家的研究，一個大地區，在一、二十年時間內，地震往往連接發生，並表現出某些「跳遷」、「轉移」的規律，如1975年遼寧省海城地區七級以上的強震後，1976年河北省唐山市便發生毀滅性大地震，此外還有周圍近十個地區接連發生的六級以上強震。僅在2009年內，墨西哥城附近和加利福尼亞海灣地區便先後發生了六次芮氏六級左右的地震。這是否屬於下面一次（很可能會在2012年發生的）更大地震的「前奏」呢？若此，那場即將來臨的特大地震很可能會在中美洲一帶現身。

2. 馬雅歷史預言的現實

進入2010年還不到兩個月，中美洲的海地和南美洲的智利便先後發生了七至九級的特大地震。3月下旬，緊靠著北極圈的冰島火山噴發，灰塵和濃煙癱瘓了歐洲許多國家的航空作業，造成的酸雨威脅到世界不少地方居民的健康。火山的灰塵還未飄散，4月20日，美國墨西哥海灣一個石油鑽井平臺發生爆炸，隨後底部油井大量漏油，迄今污染海面超過一萬六千平方公里，釀成「史無前例的生態災難」（歐巴馬總統語）。墨西哥海灣位於古代馬雅世界所在

的中美洲北部，而墨西哥城相距古代馬雅文化中心只有六百公里左右。前面已有論述，歷史上馬雅世界所在的中美洲，是火山、地震、海嘯、洪水和颶風等各種自然災害頻發的地區。這些自然災害在2012年罕見天象所引發的場效應逆轉形勢下，是否會集中爆發，從而造成該地區又一次的生態毀滅呢？這次墨西哥海灣突發性油井爆炸事件是否和海床地殼活動異常有關？該油井在深達一點六公里的海底，而以往並無在此深度發生油井爆炸的任何記錄。天文學家認為，太陽走進銀河宇宙中心這個過程早在1998年便已開始，若此，2005年9月肆虐美國南部名城紐奧良的卡翠娜颶風，可看作是馬雅預言中2012年罕見天象效應的序幕了。紐奧良瀕臨墨西哥灣，和中美洲隔海相望，當年卡翠娜颶風造成的海侵淹沒了百分之八十的城區，就生命和財產損失來說，這次颶風帶來的洪水乃是美國有史以來最大的一次天災。如果馬雅先知能活在今天，他們一定會毫不猶豫地確認，這場大洪水就是他們神話裏終結一個大時代的那類毀滅性災難。今天，對當年痛失家園的紐奧良居民來說，他們已經體驗過馬雅預言中2012年的「末日」情景。

3. 對天災過敏的馬雅人

地理上馬雅世界位於北緯十五度上下，這恰好是太陽黑子活動異常活躍的地方。幾年前美國地質學家發現，地磁極轉換的速度會隨緯度的高低而有快慢之分，在低緯度區域，地磁場翻轉所需時間只有高緯度地區的一半。這不禁讓人推測，位於低緯度地區的馬雅人一定對地磁場翻轉現象，和由此帶來的天災特別敏感而深受其害。2004年12月26日發生的那場空前規模的印度洋海嘯，奪走了三十多萬條人命，創下了歷史記錄。從地圖上看，引發那次海嘯的芮氏九級特大地震的中心位於赤道附近，印度洋沿岸十多個受災國家，大致也都在赤道和北緯十五度的區域內。這是一個和馬雅世

界所在緯度大致相似的地理位置。那場災難中，被地震激怒的海浪，雷鳴般吼叫著，以萬丈高樓的巨人姿態沖向大地、撲向人類，又以猛獸般無情的威力撕裂著原野、粉碎著房屋、吞噬著生命。那種天崩地裂、翻江倒海的恐怖情景，不就是好萊塢《2012》所渲染的「末日」嗎？即使太陽穿過銀河，引發地磁場翻轉，最終造成了地球生態毀滅，其場面大概也不過如此吧。

在歷史學家看來，古代馬雅人的時代終結日預言是有科學依據的。正是這些頻發的自然災害加重了馬雅先哲們的憂慮，使他們特別關注天象活動，希望能從天體運動的週期中找出人類歷史的發展規律。馬雅神話說（包括今天在內的）每個時代都（將）以水患或地震告終，這其實是歷代馬雅人天象觀測和生活經驗的總結。前面已經提到，馬雅古典文明重鎮所在的尤卡坦半島北面一個叫Chicxulub的地方，乃是我們這個星球巨大的重力異常中心，大約六千五百萬年前一顆彗星撞上地球，在那裏留下巨坑（直徑達一百八十多公里），並造成了氣候劇變。馬雅人對毀滅性的自然災害是深懷恐懼的，為了防範由火山或地震引發海嘯和颶風造成的水災，馬雅人的許多城市都建有良好的排水系統，有些城市乾脆就建築在半山腰上。那種生死無常的現實生活自然會影響到馬雅人的宗教意識，在馬雅萬神殿中死神阿·普切（Ah Puch）的地位就相當引人注目。

（二）2012年的中國：旱情嚴重能源吃緊

1. 黑子週期和天災頻率

前面提到，最近一次太陽黑子活動的峰期，將與馬雅預言中的2012年宇宙相合天象「巧合」。值得留意的是，太陽黑子差不多都集中分布於南、北半球三十度的地方；在世界地圖上很容易看

到，中國最富庶的長江中下游地區就位於北緯三十度。幾年前中國科學家的統計研究發現，太陽黑子活動週期的長短，和華夏地區的天災頻率有著密切的正相關連繫。黑子活動時間長的年份稱為「日弱段」，短的為「日強段」，這兩個時段之間天災頻率的差異很大：

- 在「日弱段」的年份（1900～1910、1925～1930、1938～1945 和 1956～1979），全國範圍就容易有大旱災，且臺灣和西部邊境的中阿巴熱點區多有強震。
- 而在「日強段」年份（1911～1924、1931～1937、1946～1955和1980～1999），南方易有水患，青藏高原和西南的中印緬熱點區強震較多。

2. 吉凶互見的九大預測

據推算，2000～2015年為「日弱段」，且2012年是預計中太陽黑子活動的高峰期，據此可初步推測該流年的情勢如下：

(1) 全國各地會有普遍的旱災，糧食生產不易，能源供應吃緊（美國軍方 2004 年的一份研究報告也預測到，中國南方地區在 2010 年前後將發生持續整整十年的特大乾旱。筆者推測，這次特大乾旱的高峰將會出現在 2012 年）。

(2) 臺灣和新疆地區會有頻繁的震災，西部地區要提防可能的核災難。

(3) 2012 年底和 2013 年初，需防範 2008 年初那種規模的雪災來襲。

(4) 氣候暖化現象加重，夏季（丙午、丁未兩月）將出現破記錄的高溫期。

(5) 冬春和秋冬的季節轉換時期，需防大規模的流行病蔓延。

(6) 財運不錯，房地產收入在國民生產總值上的比例會大幅上升；海外投資與獲利機會增多，但需嚴控財政紀律；可適

當增加公務員薪水以利於政局穩定。

(7) 中央政府的權威將受到民意和宗教這兩股日益強勢的社會力量的嚴重挑戰。

(8) 臺灣大選中的糾紛容易演變成流血的社會動亂；兩岸關係將面臨考驗。

(9) 國際威望增強，但外交壓力加重；很可能會因朝鮮問題惹禍上身或耗財。

（三）2012 年的世界：生態危機的引爆點

1. 命運交叉道上的人類

1997 年 12 月簽署的《聯合國氣候變化綱要公約—京都議定書》將於 2012 年到期。2009 年底舉行的哥本哈根國際氣候會議，原定是要規畫出新的廢氣減排方案，來繼續應對業已開始的全球氣候暖化所帶來的一系列惡果。今天，地球極地冰層開始快速融化，洋面上升已使三島國遭受了滅頂之災，大批物種迅速滅絕，全球暖化的趨勢已達到了一個「引爆點」，如果再不緊急行動起來，正在加速的生態惡化，猶如一匹脫韁的烈馬從此就失去控制，只能眼看著它奔向萬劫不復的深淵，故這次全球會議被認為是「拯救人類的最後一次機會」了。兩三年前，英國地球物理學家麥克古爾（Bill McGuire）教授就曾大聲疾呼：如果人類還不立即採取行動，減少大氣中溫室氣體的排放，2015 年 7 月之後，地球將進入不可逆轉的惡性循環中。然而不幸的是，哥本哈根會議結果表明，在一個貧富差距不斷加深的國際社會中，人類幾乎無法達成一致的目標，來共同應對以氣候變化為標誌的全球生態危機。這次會議不僅沒能彌合不同國家間的分歧，相反卻更加深和加劇了彼此（特別是中美兩大國）的成見和對立。俗話說，天災不可怕，人禍卻可畏。

這是一個不祥的兆頭，它象徵著人類通過協商，解決共同危機的道路似乎已被堵死，並預示2012年人類很可能將面臨各種致命的生態災難。

2. 生態災難和社會動亂

目前世人解讀2012年馬雅預言的一個重點，乃是國際戰略格局中，西方權勢向東方轉移的趨勢。筆者認為，自1990年代以來，世界已普遍西化，法國大革命所宣言的西方主流價值，已在全球範圍取得了主導性優勢，因此，不管今後由誰來當家，都首先得開出良藥來根治生態危機和貧富對立，這兩大現代文明的癌症。如果我們還不深刻反思近代以來所形成的那套價值觀，並猶豫是否要採取行動，來改變我們所習慣了的社會發展目標，可以預見的是，2012年人類經常看到的新聞，就會是規模不等而此起彼落的各類戰爭和／或戰爭謠言。屆時，全球石油產量將達到峰值，人們將不再顧及環保安全要求，競相開發煤炭與核能，這些都將加劇日趨嚴重的全球暖化現象，進一步引發天災，導致農業歉收和疫病流行，同時也會醞釀出各種無法預測的核災難，最終造成長期性的經濟衰退和全球範圍的社會動盪。但另一方面，所有這些危機又使2012年有可能成為我們「從頭越」，邁向人類新紀元的契機。正如靈媒凱西所預言的那樣，2012年的時候，1960年代出生的「天蠍座」人類將成為社會各方面的領袖人物，他們洞察人心黑暗世界的天賦和敢做敢當的魄力，使他們有機會成為處理各種危機的高手，並能帶領人類置死地而後生，走出困局或險境，譜寫新時代的《出埃及紀》。

3. 馬雅預言的有效範圍

筆者解讀馬雅2012年終結日預言的結論是，問題不在馬雅先知的預見可信與否，而在於這些預言的的有效範圍到底有多大。顯

然，今人不應苛求馬雅古賢心目中的「大時代」和「終結日」一定要有當代的「全球性」涵義。地球磁場變化是今人理解和關注馬雅預言的核心內容，雖然它是按一個總量來加以測定的，但具體的地磁強度乃是因地而異的，其變化速度也是隨緯度的高低而有快慢之分。前面提到，馬雅世界位於低緯度地區，這是全球太陽黑子活躍地帶，如果那裏的人們對天象和地磁變化特別敏感，這應是一件很正常的事。至於2012年，究竟是否會發生流行於公共輿論的那種全球範圍生態大劫難的問題，我們普通人其實憑常識或感覺也能給出個答案。在這個業已人滿為患、資源匱乏、貧富對立、生態惡化的星球上，人類如果還是姿意妄為，不能立刻或加速採取行動，從源頭上去制止或減緩污染自然環境、加劇貧富對立的做法或過程，那麼歷史上的「災難四騎士」，即地震、洪水、瘟疫和戰爭，就將形影不離地伴隨我們度過2012年和未來的歲月，直至生物大滅絕這一天真的來臨。

四、參考資料

以下中文資料按出版年份的先後排列：

〈地震預報〉，作者：馬宗晉，《現代科學技術簡介》，北京：
　　科學出版社，1978年。

《命運週期律》，【日】五島勉著，林振輝譯，臺北：南國書
　　局，1980年。

〈漸變與突變〉，《中國大百科全書·哲學》，北京／上海：中
　　國大百科全書出版社，1987年10月，第350-1頁。

《大滅絕：尋找一個消失的年代》，【美國】許靖華（地質學教授）著，任克譯，臺北：天下文化出版股份有限公司，1992年4月第一版。

〈恐龍為什麼會突然滅絕？〉《恐龍探奇》，夏樹芳（南京大學地球科學系教授）著，南京：江蘇少年兒童出版社，1999年8月第一版，第79-86頁。

〈地球磁場倒轉需七千年〉，王季民編譯，大紀元電子報，2004年4月15日，http://www.epochtw.com/159/4799.htm。

〈天災成因與預測〉，作者：湯懋蒼、李棟梁，《二十一世紀100個交叉科學難題》，北京：科學出版社，2005年1月第一版。

〈地球進入了第六次生物大滅絕〉，作者：許漢奎（中國科學院南京地質古生物研究所研究員），（中國北京）《自然雜誌》（雙月刊），2008年第四期，http://www.cqvip.com/qk/92562X/200804/index.shtml。

〈學者稱2015年是轉折點拯救地球只剩7年時間〉，作者：Wall-satan，2008年8月5日，《環球科學》，http://sciam.cpcwi.com/html/huanqiukexue/nenyuanhuanjing/huanjing/ 200810/24-94951.html。

〈地磁場倒轉的原因〉，作者：王金甲等，2008年11月19日，（中國國土資源部訊息中心主辦的）資源網‧科普園地，http://big5.lrn.cn/science/earthexplore/200811/t20081119_298730.htm。

〈生物大滅絕為什麼反覆發生？〉，作者：方舟子，2009 年 9 月 16
　　日，（中國）科學網，http://news.sciencenet.cn/htmlnews/ 2009/
　　9/223396.shtm。

〈全球變暖並非人類的責任，而是地球氣候變化自有的歷史規
　　律？〉作者：張田勘（中國《百科知識》雜誌社副主編），
　　2009 年 11 月 27 日， http://asia-news.blog.sohu.com/ 1379827
　　52.html。

〈地球磁場逆轉〉，作者不詳，2009 年 12 月 30 日，（香港）
　　Andy BLOG，http://hk.myblog.yahoo.com/andyyiu/article? mid=
　　168&fid=-1&action=prev。

〈冰河世紀〉，百 度 百 科，http://baike.baidu.com/view/32232.
　　html? tp=2_11。

〈冰河時期〉，百度百科，http://baike.baidu.com/view/34147.htm。

〈冰河時代〉，互動百科，http://www.hudong.com/wiki/%E5%
　　86%B0%E5%B7%9D%E6%97%B6%E4%BB%A3。

以下英文資料按作者姓氏起首字母順序排列：

Arguelles, Jose. *Time & the Technosphere: the law of time in human
　　affairs*. Rochester, Vermont: Bear & Company, 2002.

Braden, Gregg & at el. *The Mystery of 2012: Predictions, Prophecies
　　& Possibilities*. Boulder, CO.: Sounds True, 2007.

Benedict, Gerald. *The Mayan Prophecies for 2012*. London: Watkins

Publishing, 2008.

Broder，John M & Tom Zeller Jr. "Gulf oil spill It's bad, but how really bad?", *The New York Times*, May 9, 2010, http://www.deccanherald.com/content/67561/gulf-oil-spill-its-bad.html.

Calleman, Carl Johan. *The Mayan Calendar and the Transformation of Consciousness*. Rochester, Vermont: Bear & Company, 2004.

Clow, Barbara Hand. *The Maya Code: Time Acceleration and Awakening the World Mind*. Rochester, VT.: Bear & Company, 2007.

Coe, Michael D. *Ancient Peoples and Places: The Maya*. New York: Frederick A. Praeger. 1966.

—*Breaking the Maya Code*. New York: Thames and Hudson, 1992.

Fagan, Brian. *The Long Summer: how climate changed civilization*. New York: Basic Books, 2004.

Firestone, Richard, el at. *The Cycle of Cosmic Catastrophes: Flood, Fire and Famine in the History of Civilization*. Rochester, VT.: Bear & Company, 2006.

Gilbert, Adrian & Maurice Cotterell. *The Mayan Prophecies: Unlocking the Secrets of a Lost Civilization*. Rockport, MA.: Element, 1995.

Grube, Nikolai (ed.). *Maya: Divine Kings of the Rain Forest*. Translation from German, Editing and Typesetting: Translate-A-Book, Oxford, UK. Cologne, Germany: KÖNEMANN, 2000; English ed., 2001.

Hancock, Graham. *The Evidence of Earth's Lost Civilization: Fingerprints of the Gods*. New York: Crown Publishers, 1995, p. 484-5.

Jenkins （詹金斯）, John Major. "Chapter 1: Timeline of Mesoamerican Culture","Chapter 3: Cosmology: Finding the Center", and "Chapter 25: Back to the Center: the Message of the Maya End-Date" in *Maya Cosmogenesis 2012: The True Meaning of the Maya Calendar End-Date*（《2012年馬雅宇宙創生論：馬雅曆法中的終結日之確切涵義》）. Rochester, Vermont: Bear & Company, 1998, p. 3-16, p. 27-40, and p.327-34.

Jones, Marie D. "The Power of Intention" and "North Pole／South Pole" in *2013: Envisioning the world after the events of 2012: the end of days or a new beginning?* Franklin Lakes, NJ.: The Career Press, Inc., 2008, p. 78-9 and p.106-8.

Joseph, Lawrence E. *Apocalypse 2012: A Scientific Investigation into Civilizations' End*. New York: Morgan Road Books, 2007.

Kenyon, J. Douglas, et al. *Forbidden History: Prehistoric Technologies, Extraterrestrial Intervention, ad the Suppressed Origins of Civilization*. Rochester, VT.: Bear & Company, 2005.

Krupp, DR.E.C. *Echoes of the Ancient Skies: the Astronomy of Lost Civilizations*. New York: Harper & Row, Publishers, 1983.

Martin, Simon & Nikolai Grube. *Chronicle of the Maya Kings and Queens: Deciphering the Dynasties of the Ancient Maya.* London: Thames & Hudson, 2000.

Milerath, Susan. *Star Gods of the Maya: Astronomy in Art, Folklore, and Calendars.* Austin, TX.: University of Texas Press, 1999.

Nicholson, Robert. *Journey into Civilization: The Maya.* New York: Chelsea Juniors, 1994.

Peterson, Scott. *Native American Prophecies: Examining the History, Wisdom, and Startling Predictions of Visionary Native Americans.* New York: Paragon House, 1990, 1991.

Rotberg, Robert I. & Theodore K. Rabb (ed.). *Climate and History: studies in interdisciplinary history.* Princeton, NJ: Princeton University Press, 1981.

Santillana, Giorgio de, and Hertha von Dechend. *Hamlet's Mill: An Essay on Myth and the Frame of Time.* Boston: Cambit. Reprint by R. Godine Publishers, Lincoln, MA., 1969.

Timms, Moria. *Beyond Prophecies and Predictions: everyone's guide to the coming changes* (Ancient prophecy and modern science reveal the new millennium). New York: Ballantine Books, 1980, 1994.

White, John. *Pole Shift: Predictions and Prophecies of the Ultimate Disaster.* Doubleday, 1980.

第五章
馬雅族何以能預言？

一、平衡與對稱的宇宙觀

（一）馬雅預言和世界觀

　　二百多年前，當拿破崙風塵僕僕，轉戰來到北非沙漠時，他被那些高聳入雲的大金字塔的宏偉壯觀所折服。於是，這位法蘭西有史以來第一位皇帝，召來全國最有才學的人，立志要破解這一千古之謎，讓世人知道四千年前的埃及人，是如何創造出令後世驚嘆不已的奇蹟。今天，我們面對馬雅文化和歷史預言，又何嘗沒有當年拿破崙的驚懼、疑惑和意願呢？前面四章敘述了馬雅人的文化及其和史前文明的連繫、馬雅族的時間哲學、馬雅預言的內容和理解方法；至此，我們對馬雅預言的背景與涵義有了一個比較系統而清晰的了解。考古學家們至今未發現古代馬雅人擁有現代天文觀測的先進設備（如天體望遠鏡），在此情況下，人們不禁要問：馬雅先知是如何能夠預見到，2012年乃是一個大時代的終結日呢？第一章第二節述及，馬雅祭司服用特產的神奇蘑菇，來進入非常規的意識狀態。馬雅學者詹金斯認為，正是這種類似現代人服用致幻藥所產生的異常心靈，使馬雅古人能洞察出今人需要高科技設備才能看清楚的宇宙天象，而所謂的馬雅預言依據的，主要就是這種巨宏觀天體的運動週期。對實證科學主導的現代社會來說，問題就出在

這裏。

　　十八世紀的啟蒙運動鑄成了今天人類一個根深柢固的觀念，這就是歷史在進步，人類在進化，一切在時間上屬於過去的東西都是落後的，是應該被淘汰的。按照這個邏輯，始於幾十個世紀前的馬雅文明，會有什麼讓今人值得大驚小怪的東西呢？更不用說馬雅族所確信的史前文明了。不錯，馬雅古賢是預見了2012年的天象，但現代天文學家們也已觀測到太陽（早在1998年便開始），走進銀河系中心區域的天體運動，但他們並不認為這一事件對人類歷史發展會有什麼影響，更不用說有重大意義了。在主流學界看來，缺乏實證觀念的古人如何能預言今人的歷史活動？古代馬雅族將天象與人事相聯的預言，充其量也就是出自所謂的星象學方法，後者至今都被認為是一種「偽科學」而備受歧視。然而，科學的靈魂是「實事求是」，因此它的邏輯便是向真理俯首稱臣。當代科學所面臨的一個直接挑戰就是，如何來解釋出現頻率日益增多的靈異現象。具體來說就是科學要如何解釋，馬雅族在異常靈覺中觀測到的天象，竟然和高科技的觀測結果相一致。展開來說就是，現代人要如何來理解馬雅預言和其他傳統文化裏各種預言（見第七章）的方法原理。馬雅先知是有意借助致幻物來預言的，而回教主穆罕默德則是在大汗淋漓、渾身顫抖的非自主狀態下接受神意，成為先知的；美國人凱西主要是在睡眠狀態中預言歷史。導讀中述及，理解馬雅預言不僅要有百科全書式的知識廣度，和交叉學科的綜合性思考能力，而且還需要有一個合理的世界觀（即對宇宙本原的最一般的看法，亦稱本體論或第一哲學）與合適的歷史觀（或歷史哲學），作為分析與評價的依據。如果沿用物質至上的世界觀、進化論的歷史哲學和機械的實證方法來看馬雅文明，我們就無法理解馬雅先知如何能夠預見歷史，從而也就無法從馬雅預言中獲得歷史

智慧。享年一百零一歲的法國人類學家斯特勞斯（又譯李維史陀，C. Levi Strauss, 1908～2009），曾這樣評價世界觀對人生的重要性：「在確立了對產生世界秩序和歷史秩序的信念之後，人類才能掌握自己的命運。」這裏所謂合理的世界觀，類似於馬雅預言所隱含的萬物平等和時間永恆的哲學思想，概括來說就是（在心態上）是開放的、（思維方式上）是平衡的、（審美意識上）是對稱的，這裏「開放」是一種心態，是對人生的理性態度、對他人的同情與理解、對外部環境變化的敏感與調適、對未知世界的好奇與敬畏，以及對未來發展的樂觀期待；「開放」的實質是自由，即宇宙生命都應該能夠按天性來自然發展；「平衡」是指宇宙運動在時間量度上的表現形式，它既可以是同時性的，也可以是歷時性的；它還可以表示宇宙運動在宏觀上的平衡與微觀上不平衡之間的平衡；「平衡」的實質是公正，即宇宙萬物都應該被賦予同等的發展機會；「對稱」是指宇宙運動在空間尺度上的表現形式，和上述的「平衡」概念一樣，它既可以是同時性的，也可以是歷時性的；此概念還可以表示宇宙運動在宏觀上的對稱與微觀上不對稱之間的對稱；「對稱」的實質是平等，即宇宙萬物都應該有同等的空間來展現自己的生命潛力。

　　基於上述宇宙觀的歷史觀也是一種開放、平衡與對稱的歷史認識。這裏的「開放」就是接受人類歷史發展的多重可能性，「平衡」就是理解人類各種不同的歷史價值彼此影響的動態關係，「對稱」就是認識人類相互衝突的歷史理念各自所具有的獨特作用、彼此間的互補性與存在合理性。下面筆者根據自己二十多年來的閱讀、思考和實踐，為讀者理解這樣一種合理的宇宙觀和歷史觀提供一些思路。

（二）認識世界的大前提

1. 馬雅預言的隱含哲學

　　對宇宙發展前景和人類在宇宙中地位的認識（即所謂的宇宙觀），乃是一切哲學（包括作為歷史認識方式之一的馬雅預言）的基本前提。第三章述及馬雅人的時間哲學，這是馬雅族預言歷史的方法論，同時也反映了他們的世界觀。通過對以往無窮歲月的追溯，馬雅先知認識到，時間並無起點，故時間乃是永恆的。這就是說，我們的宇宙在根本上來說是一個平衡發展的系統，過去包含著未來的種子，未來則可從過去的經驗來推測。馬雅族聖經《波波爾‧巫》中的創世神話也認為，世界是萬物平等的發展園地，在那裏人並不具有高於其他生物的地位。馬雅人知道食用「神蘑菇」能改變常規意識。顯然，馬雅預言所隱含的宇宙觀，和我們通常對世界的看法完全不同。現代人相信世界由物質實體構成，事物間具有因果關聯，宇宙發展是進化的過程，未來是難以預測的。早已成為現代人一種文化基因的進化觀念，將世界上所有的文化，按我們感覺中的時間先後來區別它們價值的高低，從而造就了我們意識中根深柢固的文化等級制，即離今天越近的文化，價值就越高。但是，按照筆者的新歷史哲學，人類歷史發展具有多種多樣的可能性，「進化」只是其中的一種或一個層面上的發展方向；它可能是一個不確定的開放系統，也可能是一個自足的封閉系統，還可能是一個半開放半封閉的系統，更可能是一個大開放小封閉的系統，或是一個小開放大封閉的系統。限於人類已有的認識能力，我們還無法肯定地斷言，在眾多的發展可能性中，究竟哪一種才是歷史最終的發展方向？若此，我們就更需要有馬雅先知看世界的那種平等心態和寬闊的視野。正是這種萬物平等的宇宙觀，使馬雅族能自由進出靈

界（精神）與物界（物質），既能洞徹歷史，也能遙視未來。反觀我們現代人，因囿於絕對唯物論的世界觀，而與靈界越來越疏遠，從而變得越來越短視，也越來越功利。

面對馬雅預言，世人最為關切和擔憂的便是今天人類的發展前景：當2012年終結第四或第五個太陽時代之際，人類是走向毀滅還是新生？其實，要認識人類的發展前景，我們也得先問一下，人類究竟是整個宇宙演化包括地球進化歷史的頂峰呢？還是宇宙無盡發展長鏈中的一環？其實，這個問題又和我們對整個宇宙發展前景的認識密切相關。倘若我們的宇宙是一個不確定的開放系統，人類就處在宇宙演化過程中承前啟後的階段；假如宇宙只是一個自足的封閉系統，人類也許便是宇宙進化史上的最高成就。從馬雅智者和現代科學的雙重角度來看，人類不太可能是宇宙演化（包括地球進化）過程中的頂峰，因為他目前還難以隨時保持一種健康生活所需的身心平衡能力；至今，他連自身的內臟器官和某些肌肉組織都無法隨意控制。若此，我們就更需要有馬雅族視萬物平等和平衡的哲學，來合理確定人類在茫茫宇宙中的恰當位置。

2. 康德對獨斷論的批評

馬雅預言所隱含的萬物平等之理念，使我們聯想到德國古典哲學的「教父」康德（I. Kant, 1724～1804）對獨斷論的批評。近三百年前，休謨（David Hume, 1711～1776）的懷疑論曾驚醒了沉睡在獨斷論哲學美夢中的康德，但康氏並不滿意於休謨從懷疑論而走向虛無主義的態度。同樣，洛克（John Lock, 1632～1704）的經驗論過分強調了環境對人的刺激作用，而忽視了意識在人的（歷史）認識活動中的主動性。康德一生的哲學活動（即他所稱的批判哲學）就是想克服上述這兩種片面的認識，試圖建立一種能平衡宗教與科學的綜合性哲學。雖然他對獨斷論的批評被認為也有些

片面甚或武斷，但在認識馬雅預言方面，康公的批評卻有助於我們今天破除那種輕視、歧視、排斥或否定靈異現象的絕對唯物論觀念。

　　康德批評獨斷論的依據是什麼呢？按康氏的理解，人的理性從本質上要求認識宇宙的真實或本來的面貌，但這個要求永遠也達不到目的，因為我們的認識能力永遠是有條件或受到限制的，再加上認識的對象是無止境的，因此，世界本身是不能被認識的。如果理性（即人的認識能力）把相對的現象（即認識活動中的對象）絕對化，自以為已經把握了全部的真理，就必然陷於假象，就必定會武斷地採用一種觀點而拒絕另一種觀點。這裏，康德雖然是在指責他那個時代人們認識方法上的主觀絕對性傾向，但這種批評同樣適合於現代人。由於文化等級制觀念和絕對唯物論作祟，今人對馬雅預言多懷有疑慮和排斥態度；因為我們將理性觀念和實證方法絕對化，從而也就否定了馬雅預言的合理性。當然，康德是從人的認識能力有限，而認識對象無限這樣一個前提出發，來斷言人類認識能力的有限性。但是這個判斷本身又是基於何種認識呢？康德並未說明。筆者以為，康公乃視宇宙為一不確定的開放系統，人類僅僅是宇宙無限的發展長鏈上的一環而已，因此，人的認識慾望和其認識能力之間相距太大。這裏，康德將人的認識形式看成是先驗存在的，就是說，人類在宇宙發展過程中是一個承前啟後的環節：一方面，他承載著先於他而存在的宇宙發展環節的全部訊息，這些訊息表現為人類認識結構的先驗範疇形式；另一方面，人類又難以超越自身的個性結構侷限去認識世界的全部內容。可見，康公是從宇宙乃是一個開放系統這個（隱含的）前提出發，推導出這樣的結論，即人類囿於自身認識結構無法認識世界真相，因而必須拋棄任何自以為是的獨斷論哲學。

3. 黑格爾和馬雅世界觀

如果說康氏哲學是建立在，宇宙乃是一個不確定的開放系統這個隱含前提上，那麼，小康德四十六歲的黑格爾的哲學，就是建立在於此相反的命題上，即宇宙是個自足的封閉系統。黑格爾肯定世界的本原乃是精神性的理念，整個宇宙的發展不外就是絕對理念的自我認識、自我實現的過程。作為世界本原的精神性、絕對理念在歷史過程中通過人類的存在和發展，依次由低級向高級演化，不斷地體現出自己的自由意志而趨於完善。這是一種精神進化論。馬雅古賢若知道黑格爾這種哲學化的神學世界觀，是一定會引以為知己的，因為他們都將世界看成是某種神秘（靈異）力量在作用的結果，區別在於，馬雅族是公開的泛神論者。我們不妨這樣來理解黑格爾和馬雅人對整體性世界歷史發展的看法：世界的絕對理念（或馬雅人心目中的各種神祇），猶如貯存和盈育著全部生命訊息的一粒種子或一顆受精卵，她（或他們）由小到大，由輕變重，由簡單到複雜，從粗糙至完善，不斷地在向前、往上發展，直至她（或他們）將自身所微縮和貯存的無形的生命訊息，全部轉換成有形態的物質世界。這樣的理解和現代科學對宏觀宇宙發展過程的認識是相吻合的。宇宙大爆炸所起源的那個溫度和密度都極高的「原始火球」，相當於我們經驗中的生命種子；大爆炸後，宇宙不斷膨脹，這時彌漫著空間的物質主要是光子、電子、中微子、π介子、質子和中子等。這個過程和生命不斷向上的成長過程是一致的。然後，由於溫度不斷下降，宇宙中的物質相互結合，依次由原子核→原子→氣狀物質→星系→生命這樣的順序演化至今。之後，在某個時空段，宇宙將再次沿著與下降運動方向相反的路徑發展變化。可以推測的是，我們的宇宙正在朝向一個密度和溫度不斷增高的火球發展。在下一次宇宙大爆炸之前，宇宙中的全部物質都將重新坍縮

成一個原始火球體。這個過程同生命母體不斷趨於衰竭，同時又盈育出新生命的歷程一致。用馬雅人的話來說就是，宇宙在不斷經歷著生與死和創造與毀滅的輪迴。

（三）馬雅預言和自然觀

1. 平衡對稱的宇宙運動

前面述及，馬雅預言隱含的萬物平等和時間永恆哲學，乃是一種平衡發展的宇宙觀。這種認識僅為馬雅族的「一家之言」，還是具有普世性？觀察與經驗告訴我們，宇宙中普遍存在著平衡對稱的運動形式，如陽與陰、正與負、善與惡、向心與離心、光明與黑暗、精神與物質、理想與現實等。這裏試用宇宙大爆炸的假說來分析上述平衡對稱運動的基本涵義。根據大爆炸理論，我們的（銀河系）宇宙起源於溫度和密度都極高的「原始火球」的一次大爆炸。在原始火球爆炸後，整個體系即達至熱平衡。這時的物質主要是光子、電子、中微子、π介子、質子和中子等。隨著整個體系不斷膨脹，溫度不斷下降，物質形態依次發生如下變化：首先是由中子和質子結合成重氫、氦等原子核，然後，電子和原子核結合成原子，形成氣狀物質；最後氣狀物質逐步凝聚成各種各樣的恆星系統，一直演變成我們今天所看到的世界。我們的宇宙有一段從熱到冷、由密至疏、由厚至稀的演化歷史，並且沿著原始物質→基本粒子→原子核→原子→氣狀物質→各種天體→生命的演化途徑，發展到現在的這個模樣。雖然大爆炸理論只假設了我們宇宙最近的一次大爆炸與演化過程，但如果連繫古代印度宗教的智慧來看，我們完全可以大膽地假設，我們的宇宙不止經歷過最近這一次的大爆炸，婆羅門教認為，世界要經歷許多「劫」，一個「劫」等於梵天的一個白日或一千個瑜珈（Yuga），即人間的四十三億二千萬年。

請注意比較現代天體物理學的觀察，即所有天體的年齡都小於二百億年，我們生活在它上面的行星地球則有四十六億年的歲數，這大致上接近於印度先知的認識。每一次「劫」末都會有劫火出現來燒毀一切，然後世界又重新開始一個創造過程。馬雅創世神話中也有四至五個太陽時代的說法，每個時代都會終結於毀滅性的天災。這些傳統的「創世說」和上述的宇宙大爆炸理論的內容比較相符或接近。現代天文觀察也發現，我們銀河星系中的恆星——太陽正在度過「血氣方剛」的中年期，即將開始邁進老年，並逐步走向衰亡。當然，現代科學還無法回答宇宙大爆炸的起點「原始火球」本身源於何時何地何物，但這裏假定大爆炸理論符合我們銀河系宇宙的實際演化歷程。

2. 離心運動和向心運動

大爆炸現象本身可視為宇宙離心運動達到高潮的表現形式：大爆炸之後，宇宙在繼續進行離心運動的同時，平行地作向心運動，等到後者趨於最大慣性值時，原先的平衡便被打破，於是一場新的大爆炸遂又開始。此處離心運動可被視作陽性，向心運動為陰性。前者是有形物質拋散、解體直至消形（即從密至疏）的過程，後者是物質（從熱至冷）凝聚成型的變化過程。筆者認為，離心運動可視為精神能量（或靈能）的擴散過程，而向心運動則是物質能量（物能）的積聚過程。此外，物質和精神被看作是宇宙能量的兩種基本的存在和表現形式。就我們現在所能把握的特徵來說，精神的能量無形而柔韌、輕清而向上，它彌散於空間，貫穿於整個宇宙。相對而言，物質能量則有形而剛脆、濁重而向下，借用方便的說法，精神是看不見的、分散而失重的物質能量，物質則是可見的、集聚而凝重的精神能量。

3. 靈質與物質平衡對稱

我們一般都以為宇宙中兩個實體之間是虛空無物的。其實這種看法並不符合實際。馬雅人和其他古代民族都深信，我們生活的空間中住滿了神靈。從平衡對稱的哲學來看，我們的宇宙中，除了由實體所構成的那個看得見的物質世界之外，還有一個由所謂虛無空間所構成的、看不見的精神世界與之平衡對稱。這個不可見世界的內容，至少和那個可見世界的內容一樣的豐富多彩。現代靈學研究證實，宇宙中存在著一個跟我們這個有形和具體的物質世界相對應的、無形而抽象的精神世界。同樣，和我們有形身體相對應，存在著一個無形的靈體。我們知道，物質可分為七個層次，於此對應，靈質也有七個層次，即固體、液體、氣體、醚體（以太）、超醚體、亞原子和原子。但靈質要比物質精細得多，所以它能貫穿物質，而且有理由相信，（物質世界的）電子便是靈質原子。物理學家們聲稱，一個氫原子大概含有七百至一千個電子，而靈學研究顯示，一個化學氫原子含有八百八十二個靈質原子。這應該不是一個巧合。我們說電子乃是靈質原子，這是否意味著精神在本質上乃是一種物質呢？答案應該是否定的。物質是可以通過我們的感官來把握的，而精神則僅能通過我們的思維或意識才能被認識。電子乃是靈質原子的意思是說，物質世界的電子層次相當於靈質世界的原子層次。這兩個世界當然有一種平衡與對稱的關聯，但這絕不意味著兩者的等同。應該指出的是，物質的基本原子有陰陽兩性的區別，陽性原子的動力是從靈界注入，爾後通過原子流出後，進入物質世界；陰性原子的動力是自物質世界通過自身流出後，進入靈界，於是它便從物質世界中消失。總之，靈質和物質這兩者間有一種奇妙和精確的對應關係；靈質貫通物質，並且每一種物質吸引著相應密度的靈質；固態的物質便被所謂固態的靈質所貫穿，液態的

物質也被液態的靈質所滲透。

宇宙中靈質與物質並存的現象使我們聯想到，現代物理學所發現的反物質現象。半個世紀以來，人類對強子結構夸克模型的研究取得了重要進展。按照夸克模型，強子由夸克和反夸克組成。現在科學家們運用反物質和正物質的觀點來研究宇宙的起源和結構，認為反物質和由正粒子組成的物質體系相碰，會發生湮沒，這種湮沒及其反過程在宇宙的演化中起著重要作用。儘管反物質仍然是關於物質形態和結構的概念，但反物質和物質這兩種現象畢竟說明了同一個命題，即我們的宇宙很可能是一種平衡與對稱的結構，它由兩部分組成，一個是可見世界，另一個是不可見世界。前者是陰性的，主宰這個世界的是物質、力量和戰爭；後者是陽性的，精神、接納與和平主導著這個世界。這兩個世界分別有自己的目標：前者是滿足慾望，後者是認識宇宙。從這個觀點來看，馬雅人是主動食用致幻物來增加自身的靈質能量，後者會貫通物質，這就使馬雅人得以通過靈能來「自由出入」各宇宙空間，獲取最大量的時間訊息。馬雅族能夠預言歷史的奧秘大概就在於此。

二、平衡與對稱的歷史觀

（一）平衡與對稱的認識結構

前面我們揭示了馬雅預言所隱含的萬物平等和時間永恆的世界觀和歷史觀，論述了宇宙中存在著各種形式不同的平衡對稱運動，它們是我們這個世界存在的基本形式。實際上，平衡對稱運動也是（包括馬雅族在內的）人類個體存在與社會歷史發展的基本形式。從馬雅人的平衡宇宙觀來看，人類（包括社群與個體）本質上

乃是一個靈質（精神）與物質這兩種基本能量平衡對稱的小宇宙。

1. 神化與物化的生命

人的生命運動也和宇宙運動一樣有兩種基本形式：一是離心運動，二是向心運動；前者是精神化的過程，後者乃是物質化的過程。世人大凡都是追求物欲的滿足（即物化過程），而忽略、忽視或難以追求精神的崇高，因為這需要集中意識於無形的神靈或想像未知世界的主觀努力。根據法國哲人柏格森（Henry Bergson, 1859～1941）的看法，在宇宙的進化過程中，（生命和）精神表現為上升運動，物質表現為下降運動。在社會中，求知和創造性活動被視為向上的表現（即上升運動），沉溺於肉慾和（或）物慾滿足的行為則被視為墮落的表現（即下降運動）；利他的人主要追求精神上的滿足，其生命能量多輻射於他人，故其生命發展就表現為上升運動（宗教上這叫「進天堂」或「成仙」）；自私的人主要追求物欲的滿足，其生命就表現為下降的運動（即基督教的「下地獄」和佛教的「畜道輪迴」），這是因為積聚了太多太沉重的物質能量之緣故。古代馬雅人肯定早就認識到了這一點，他們通過大量的宗教儀式來節制物慾或肉慾，從而在很大程度上保證了他們生命能量的向上運動。這是馬雅先知能借助靈異能力來透視歷史、遙視未來的最主要的原因。

2. 內傾與外傾的個性

人類個性的兩種基本類型即內傾型和外傾型，也是宇宙平衡對稱運動的具體表現形式。按照瑞士心理學家容格（Carl Jung, 1875～1961）的看法，人的心靈一般有兩種指向，他稱之為定勢（Attitude）。一種定勢指向個體的內在世界，叫內傾，另一種定勢指向外部環境，叫外傾。現在從平衡對稱的宇宙觀的角度來分析，個性的內傾與外傾可理解為生命能量平衡對稱的基本運動形

式。內傾的過程實際上就是主體的生命能量以自身為起點作離心運動，其表現特徵一般是，喜歡獨處、淡泊、靜思、傷感，富於想像，注重靈性，追求來世，嚮往聖潔；喜歡閱讀、音樂、散步和任何能使人與自然更接近的東西。個性內傾者大多體質纖弱，但卻善於自我導向，平衡力來自內心；他們的判斷頗為客觀，生活目標乃是尋求個人的成長。外傾的實質是，主體的生命能量以外部世界為支點作向心運動，其表現特徵一般是：外表有風度、談吐有教養，受政治吸引，總是置身於集體或公共事物中，追求功利，注重社會地位（或成就），缺乏或少有靈性，判斷頗主觀。為何說個性內傾者其生命能量以自身為起點作離心運動，而個性外傾者的生命能量則以外部世界為軸心作向心運動呢？因為精神能量來自遙遠的恆星系，物質能量則來自地球本身。個性內傾者的生命活動主要源於精神能量，而外傾者的生命則主要源於物質能量。個性內傾者汲取宇宙的精神能量，而個性外傾者則釋放自然界的物質能量。這兩種能量在宇宙運動歷史的宏觀上是平衡與對稱發展的。根據前述的宇宙觀可以推測的是，這兩種不同個性類型的人數宏觀上大體保持著平衡與對稱；但就具體的某個人而言，其精神和物質這兩種能量往往是不平衡與不對稱地存在和發展的。這個現象和現代物理學對宇宙結構的觀察結果頗為一致，即宇宙在宏觀上呈現左右對稱的結構形式，但在微觀世界中，它的基本物理結果卻是左右不對稱的。這個現象似乎可以用現代物理學上對稱破缺的概念來描述，即數學形式保持對稱，而物理結果卻保持不對稱。

3. 發散和聚合型思維

我們還可連繫人類的兩種基本思維類型，來理解宇宙平衡對稱這兩種基本運動形式。心理學上的發散思維（Divergent Thinking）是根據現有訊息，從不同角度和不同方向去思考，從多方面

尋求多樣可能性答案的一種展開型思維方式，其本質是求異和創新，具有「流暢性」和「精細性」的特點。與之對應的是聚合思維（Convergent Thinking），也叫集中或求同思維，是一種有方向、有限制、有條理的收斂性思維方式。發散思維其實質可視為能量的輻射，因而它更適合於思索輕清向上、彌散於空間但卻無形無影的靈性事物（如宗教和藝術）；而聚合思維則適合於對實體的思索，因為它本質上是和物質形成過程相一致的向心運動（如各類實證科學）。

4. 禁慾和縱慾的人生

　　宇宙中平衡對稱的兩種基本運動，不僅體現在人類兩大基本思維方式上，而且還表現為人類的兩種基本生活方式，即縱慾（的放蕩）和禁慾（的修行）。前一種屬於向心運動（下降的運動），隨著時間的推移，下降運動的慣性值日趨增大，終有一天，向心與離心運動的（陰陽）平衡態被徹底打破，死亡便來臨，於是靈魂脫離肉體作離心運動。這樣的靈能因未經修煉而帶有濁氣，所以當它重新尋著肉身後，又使另一個生命主要表現為下降運動。與此對照的是禁慾的修行生活，其本質乃是一種離心運動。當修煉者的功夫爐火純青時，精神（即靈質的最高形態）便擺脫肉體，進入更高遠的空間。第一章曾介紹過馬雅先知通過禁慾或節慾的方法，來純化心靈，以便能從中看出將來的時間訊息。也許有人會問，此說何據？筆者目前還無法提供實證材料，只能從語義辨析和靈學角度來提供讀者一些思路。

（二）進入人體的三種能量

1. 靈魂與精神的區別

　　根據西方文化傳統，人類的精神世界可分成三個層面，由低

向高依次為心智（Mind），靈魂（Soul）和精神（Spirit）。英語中，靈魂和精神這兩個詞的涵義有許多相同處，故一般不易或並不去分辨它們之間的區別。例如，這兩個詞都可指：(1)人區別於其身體的那不朽部分；(2)人的道德天性；(3)使所有生物保持活力的生命要素。但是，這兩個詞之間卻有一個重要的語義差別，即精神（Spirit）是一種非肉體存在的靈魂，是一種超自然的存在，通常被認為是不可視的（Invisible），但在意志的作用下，精神便有力量變成可視的（Visible）。靈魂（Soul）雖說是不朽的，但卻有賴於肉體的存在，所謂靈魂的轉世，就是指它在脫離某個肉身後，需要尋求另一個相應的肉體來附生。有趣的是，英文中「精神」（Spirit）一詞源自拉丁文「Spiritus」，意為呼吸（Breath），這也許是精神彌散在我們所賴以生存，而又被認為是虛無的空氣之中的緣故吧。現代靈學認為，世界萬物的精神來自恆星，萬物的靈魂來自（地球之外的）行星，萬物的實體則來源於（地球的）自然元素或物質。這三大不同的部分即精神、靈魂和實體，意識、才智和體力，或意志、智慧和行動，都與恆星、行星和自然元素相關聯。可見，精神和靈魂之間的差別以及靈體與實體之間的不同，乃是因為它們各自有不同的來源。精神、意識和意志這三者的能量來源於最遙遠的星系；靈魂、才智和智慧其能量來自離我們不算太遠的行星；實體、體力和行動（能力）則來自於我們周圍的自然元素。照靈學的觀點，整個世界不存在像死物（Dead Matter）這類的東西，因為物質的實體是由一種物質能量構成的；同樣，這種能量具有某種程度的發散力量；不過這種發散力量比不上反射了太陽系生命的恆星或行星的發散力量。自然元素本身的物質能量被稱為「力」（Force），而力對於由各種各樣的行星、發光體、小行星、流星等實體所構成的世界的物質結構，有著深刻的影響，這樣

的物質結構是非常靠近那個力的來源的。

2. 三種基本能量來源

可見，生活在地球這個行星上的人類接受了三種能量進入他的生命中，即：

(1) 來自天空無數的恆星所發出的精神能量。

(2) 來自他所生活的太陽系其他行星所反射的物質能量。

(3) 來自他腳下的地球實體所發出的（被稱之為力的）自然能量。

因此，可以這樣假設：追求靈性和滿足物慾這兩種人類基本的生活方式，實質上體現了宇宙平衡對稱的基本運動方式，因為人類所接受的能量，其種類和來源各不相同，因此，其運動和發展的方向（即人生的歸宿）也相異。追求物欲滿足的人接受了較多源於自然界的物質能量，這些人總以物質財富或世俗功名，來衡量人生價值。靈修者則接受了較多的源自宇宙星系的精神能量，故他們以得道（即天人合一的境界）為其生命的歸宿。當然，生活中這兩種極端的能量接受情況並不普遍，多數人或者其接受的精神和物質能量都較少，或者所接受的精神能量多於物質能量，或後者多於前者，具體情況會千差萬別、錯綜複雜而難以概論。就某一個體來說，她／他所接受的精神和物質能量可能既不豐富也不平衡，但若從宏觀上來看，追求禁欲修行和物欲滿足這兩種對稱生活方式的人數，則會大致保持平衡。

3. 生命和死亡的本質

古埃及先知們認為，一切高等物界影響低等物界。他們相信能量經常是從生命的精神源泉中往下流入所有生物的天性中，並最終被最底層的物質所吸收。正如來自天空的雨水被地表吸收一樣，自然界所有的精神能量都作用於物質，後者只是吸收能量，隨後便

以生命的形式將它們釋放出來。換言之，古人相信，生命的本質乃是釋放宇宙中的精神能量，而死亡實質上就是不同的宇宙能量之間的一種轉換與平衡而已。現實世界中，人們各自所接受的能量種類不同，這些能量彼此交叉混合，其數量千差萬別，難以概論，但在理論上，我們大致上已了解，何以修行者升天，而縱慾者入地（筆者此處並無價值上的褒貶之意），因為前者接受了更多來自恆星的能量，後者基本上被地球自身能量所主導。為論述方便，這裏僅將兩種典型的生活方式加以對照，雖然有過分簡化之虞，但我們從中已可看到平衡與對稱關係的普遍意義。這就是說，前述的馬雅預言隱含的平衡宇宙觀並非出自馬雅族有限的視野，而是馬雅先知對世界本原的洞見，這是馬雅預言對今天人類生活產生著重大影響的一個主要原因。

（三）馬雅預言和歷史本質

1. 物質主義和向心運動

第一章曾提到馬雅眾神兼有善惡的天性和歷史階段的災難終結。對善惡的辯證理解和惡在歷史發展中不可避免性的認識，構成了馬雅預言所隱含的歷史哲學，是馬雅族對人類發展的洞見，它足以解釋何以馬雅先知在沒有高科技設備的情況下，能通過天象觀測預見到宏觀歷史的走向。馬雅族的歷史觀不僅符合他們自己所發現的平衡宇宙觀，而且也符合筆者在新歷史哲學中所闡述的基本觀點，即人類社會的發展存在著它固有的歷史節律，這具體表現為神學與科學之間，對立、衝突、平衡與對稱這些關係狀態的不斷交替。這裏所謂神學與科學，乃是人類在處理自身和宇宙相互關係時，所採取的兩種基本的認識態度和方法。現在，根據馬雅預言所隱含和筆者所主張的平衡對稱宇宙觀，我們不難理解，人類社會發

展的歷史節律實質上也是宇宙平衡對稱的基本運動的具體表現。值得指出的是，這裏所說的平衡對稱這一概念，既包括同時性現象的平衡對稱，也包括歷時性現象的平衡對稱。前者指同一個時期，精神與物質（離心和向心運動）之間對立、衝突與和諧共存的平衡對稱現象；後者指在不同的歷史時期，微觀層面上的精神與物質，交替處於主流或非主流地位，和在宏觀層面上，精神與物質之間對立、衝突與和諧共存的平衡對稱現象。

　　二十世紀以來，人類社會物質至上的發展浪潮日趨洶湧，其主要標誌是：(1)科學完全取代神學成了裁定真理的法官；(2)法律替換了道德成為人類生活秩序的憲兵；(3)物質財富和生活的舒適成了人類唯一的生活目標和社會發展動力。從宏觀上來看，人類社會的物質主義發展趨勢和宇宙在大爆炸後所進行的向心運動（物質化過程），這兩者在大方向上乃是一致的。前面述及，自然界的精神能量都作用於物質，後者吸收這些能量，隨後便以生命的形式將它們釋放出來。因此，生命的本質可視為釋放宇宙中的精神能量。至此，我們應該很容易理解新歷史哲學對人類歷史發展本質的詮釋，即人類通過創造性活動將觀念性的現實（即人類所吸收的精神能量）轉換成現實性的觀念（人類所釋放出來的精神能量的實體表現）的過程。換言之，人類按照精神世界的原型建起一個與之相平衡對稱的物質世界。就我們目前的知識範圍而言，在大爆炸之後，宇宙沿著原始物質→基本粒子→原子核→原子→氣狀物質→各種元素→生命的途徑演化至今天的樣子。可以這樣說，宇宙演化中出現人類，這乃是宇宙向心運動（物化過程）的結果。現在人類正沿著該方向繼續發展，以便將他自身從宇宙中所吸收的精神能量，通過實體世界的形式全部釋放出來。根據前述的平衡對稱宇宙觀，我們有充分的理由認為，當宇宙的向心運動和與之同步的人類社會物質

化浪潮發展至極點，即向心運動趨於最大慣性值，而人類生態環境遭到徹底摧毀（即根據熱力學第二定律，達到熵而宇宙秩序消解）之時，原先的（向心與離心）兩種運動的平衡被完全打破，於是宇宙便開始又一場大爆炸以達到新的平衡。如前所述，大爆炸現象本身可視為宇宙離心運動達到高潮的表現形式；大爆炸之後，宇宙在繼續進行離心運動（精神能量由強變弱）的同時，平行地作向心運動（物質能量由弱轉強），等到向心運動趨於最大慣性值時，原先的平衡便被打破，於是一場新的大爆炸遂又開始；而在兩次大爆炸（或曰「劫」）之間的中點應是離心與向心運動，在宏觀上彼此平衡與對稱的最佳時期。可見，現代社會物質主義的趨勢只不過是宇宙在某個時空點上的一種運動的表現形式而已，它反映了人類社會歷史發展的必然規律。根據古代印度賢哲的歷史洞見，我們人類目前正處在一個更大的道德水準依次下降的歷史循環週期中的，最後一個歷史單元的前期（見第三章第三節）。馬雅先知雖然沒有印度聖賢那種強烈的歷史道德訴求，但他們對歷史平衡對稱發展的認識一點都不比他人遜色。馬雅人特地在耐久的石頭上，刻下他們對歷史發展全過程的洞察。根據馬雅人和筆者的平衡對稱宇宙觀，在我們目前所能認識到的大尺度時空範圍內，人類歷史將繼續沿著和宇宙向心運動（物化過程不斷被強化）同步的方向發展，即人類最終將走到物化過程的盡頭。但是，在中宏觀（時間跨度在千年或數千年以上）的層次上，人類歷史發展將呈現出精神與物質（神學與科學）之間平衡對稱運動（如原始神學時代與古典理性時代、中世紀神學時代與現代理性時代）有規律的節奏變化；而在微觀（時間跨度在百年或數百年以上）的層次上，人類歷史將以東西方不同的文化傳統，和兼顧公正與效率的民主社會主義與強調效率和個性的民主自由主義，這兩種社會政治經濟制度的對立、衝突與平衡（或

妥協與互補）階段性交替為具體內容，而不斷向前發展。

2. 平衡對稱的完美社會

東西方的文化傳統都認為，精神的價值高於物質的價值。歷史上的神學家和不少哲人總是貶低物質主義（宇宙的向心運動）的價值，以抬高精神主義（宇宙的離心運動）的地位。這種看法究竟有多大的真實性呢？從宇宙的發展過程來看，向心運動（物質能量積聚過程）和離心運動（精神能量的擴散過程），是宇宙的兩種既對立衝突又平衡對稱的運動形式。根據靈學，物理上的電子就是靈質原子，由我們宇宙最近的一次大爆炸現象來看，似乎是先有精神能量，然後才產生物質能量。但這裏我們不禁要問：難道我們的銀河系宇宙只發生過最近這一次的大爆炸嗎？在此之前，宇宙又是如何產生、存在和運動的呢？對此，科學還無法給出答案。而古代印度的先知們則已認識到世界要經歷許多「劫」（相等於現代天體物理學上的宇宙爆炸、膨脹和收縮的演化過程）。因此，我們有理由相信，至少在我們的宇宙這個大尺度時空範圍內，離心運動和向心運動乃是構成宇宙平衡對稱結構的基本內容。這兩種基本運動形式並不以人的意志與好惡為轉移，所以，我們就沒必要對其作價值上的人為區別。兩種對立的事物保持平衡與對稱，這應該是宇宙中最完美的結構形式了。大尺度的宇宙空間是如此，人類個體的生命活動和社會發展同樣亦是如此。據前所述，我們完全有理由假定，一個人若能保持精神和物質（靈與肉）這兩種能量平衡與對稱地存在和發展，那麼，其生命必和宇宙發展同步，至少將大大超越目前最先進的人類所能企及的生命極限；而人類完美的社會生活，根據馬雅預言所包含的平衡宇宙觀，也完全不是我們一廂情願的那種沒有惡行，只有善意；沒有痛苦，只有歡樂；沒有混亂，只有秩序；沒有破壞，只有建設；沒有戰爭，只有和平；沒有毀滅，只有新生

的「至平、至公、至仁、治之至」那般溫馨如夢的大同境界。

3. 理想社會和完美社會

(1) 和平與戰爭的平衡

在人類思想史上，康德所設想的那個「戰爭消亡、永久和平」的至善境界和馬克思所憧憬的「共產主義」代表著人類最崇高的社會理想。由前述可知，宇宙中存在著平衡對稱的兩大基本運動形式，即不可見的精神世界和可見的物質社會。人類的社會理想無疑是屬於無形的精神世界。人類的實際生活則屬於有形的物質世界。既然精神世界與物質世界兩者是彼此平衡與對稱的存在，人類的社會理想與社會現實這兩者間，自然亦是一種既對立衝突又平衡對稱的關係。換言之，理想與現實將永遠是兩個互相獨立而具有不同發展規律的世界，因而不可能完全融為一體，它們之間將始終存在著一種距離或張力，只是該距離因時因地而又遠近大小之分罷了。就拿和平與戰爭這一對範疇來說吧，它們分別是人類兩種基本天性的產物。前者是精神的、寧靜的、容納的和建設的；後者則是物質的、躁動的、進攻的和破壞的。就本質而言，和平是一種無形的概念，戰爭則是一種實體的東西。和宇宙離心與向心運動一樣，和平與戰爭亦是一種既對立衝突又平衡對稱的關係。永久和平的願望反映了人類精神世界的社會理想，它是人類身上精神能量的產物；戰爭則是人類物質世界的社會現實，它是人類身上物質能量的消耗，正如蘇格拉底所說，戰爭起源於對金錢的貪慾。除非人類能夠通過生物技術來創造出新的人種，以根除其物慾的貪婪和破壞性本能，否則，康德所理想的那種「武器的進步將使戰爭變得不可能」的世界，就是永遠無法企及的幻景；相反，人類社會的和平與戰爭狀態將不斷交替地長期存在下去。四百年前一位法蘭西先知預言，在二十世紀結束前夕，人類社會將經歷一場伊斯蘭教與基督教

之間爆發的惡戰。雖然該預言目前看來並未如期應驗，但當今國際政經形勢的發展趨勢卻逐漸證明著先知的預言，即伊斯蘭教徒正（與東方人聯盟）向西方展開「聖戰」。我們現在還無法確定這場「聖戰」會在何時爆發，但可以肯定的一點是，伊斯蘭教（和政治地理上的東方）代表著，當今世界上大多數經濟發展相對落後的國家與生活水平相對低下的人口；如果發達國家繼續帶頭貪得無厭，耗盡資源，從而在全球範圍進一步加劇貧富差距和生態危機，那麼，我們所面臨的就不是「聖戰」何時爆發，而是人類將在何處生存的問題。屆時，馬雅歷史預言中的「天火」（核大戰？）就有可能徹底終結我們今次的人類文明。

　　和平與戰爭本身都不應是人類歷史發展的終極目標。和平固然讓人得到安寧，但過度的安寧會造成人們貪圖安逸的心理，後者會產生混亂，從而導致滅亡。正如康德所說：「一個長時期的和平會助長一種單純的商務精神，以及與此相伴隨的低級的自私自利、膽怯和軟弱，並且會降低民族的素質。」黑格爾也認為：「永久的和平會使民族墮落。」古典文明後期的馬雅人會定期進行爭戰或相關的遊戲來培養民族的剛毅性格。戰爭雖然與殘酷和邪惡相連，但卻「符合人的原始本能」，即佛洛依德所指出的人性中，根深柢固的破壞慾望和死亡本能；（正義的）戰爭是「一所訓練過艱苦生活和培養英雄主義的學校」。尼采說得更白了：「人要是放棄了戰爭，也就是放棄了高尚的生活。」從歷史辯證法來看，戰爭實際上是以惡的形式來推動歷史前進以達到最終的善行。德意志民族對戰爭的哲學思維確實是獨到而深刻的。倘若那些智者活在今天，面對核大戰會引起的全球性生態毀滅後果，他們一定會教導我們，和馬雅預言所暗示的地磁場逆轉現象一樣，核大戰是通過毀滅來加速宇宙意識的進化，並催生出更高級的生命形式

來。但願菩薩賜福於眾生！

(2) 善德與惡行的對稱

善與惡這一對範疇和上述和平與戰爭一樣，也分屬於人類精神和物質，這兩個既對立衝突又平衡對稱的世界。在中國的哲學傳統中，善與「義」相連，惡與「利」相關；在西方，善與知識、理念、上帝意志和絕對觀念等相關，惡則與物慾相對應。基督教父奧古斯丁提出「上帝之城」和「人間之城」，來對應善惡這兩個概念，凡信仰神、反對物質世界、蔑視現實生活的，都屬於善行而成為「上帝之城」的選民，反之則屬於惡行而被打入「人間之城」。馬克思則將「無產階級」和「資產階級」，這兩個社會階層分類名詞來說明善惡的內容。黑格爾已經認識到善惡對立並非絕對的，惡乃是人類歷史發展的動力借以表現的形式。恩格斯則注意到歷史上並無一成不變的善惡概念。按照馬雅人的平衡宇宙觀，善與惡其實亦是宇宙離心（精神化）和向心（物質化）這兩種平衡對稱運動的表現形式之一，它們既互相依存和平衡，又彼此獨立和對稱。戰爭是醜惡的，但戰爭的進攻性卻體現了宇宙中進取深入的陽剛之美；人類一切最善良、最美好、最高尚、最偉大的東西，無一不是通過戰爭才得以淋漓盡致地表現出來的。就拿個人情感世界中最美好的愛情來說吧，如果沒有戰爭所造成的分離痛苦，沒有責任的殘酷，沒有犧牲的壯烈，這種兩性間的感情就會顯得平庸、俗氣和低級。再舉被認為是現代醜惡現象的毒品與黑社會為例，對大多數精神與物質能量既不對稱也不平衡者來說，毒品（麻醉藥）提供了一種超越自身極限、享受精神世界樂趣的便捷工具（第一章曾提到馬雅世界有食用毒蘑菇致幻的習俗）；而對那些被主流社會排斥，而自身又不情願自暴自棄者來說，黑社會即非主流社團則是他們的人生歸宿。毒品與黑社會和物質世界一樣都象徵著人類天性的一部

分；它們顯得醜陋是因為，善良與美好的東西本身並不足以構成完美，而完美本身便是善與惡、美與醜之間的平衡與對稱。又如，世界上最純潔、最動人和最美好的愛情故事（一位男孩傾心愛上一位患了絕症的女孩）恰恰發生在美國，這個被認為產生著人類兩性關係「最醜惡」現象的國度了。針對世人善惡對立的習慣性思維，中國道家鼻祖老子是這樣評說的：「天下皆知美之為美，斯惡已；皆知善之為善，斯不善已」；「唯之於阿，相去幾何？善之於惡，相去何若？」在佛陀看來，善惡差別只是凡人的俗智產物。在人的純淨心靈中，宇宙萬物或眾生都是平等存在、平衡發展的。

三、馬雅預言和歷史預測

今人對馬雅預言多持驚疑、困惑與否定態度，這是有諸多原因的。除了前面提到的文化等級制的觀念（即距今越遠，價值就越低）在作祟之外，另一個主要原因就是，馬雅預言觸及到歷史哲學中的一個敏感而有爭議的問題，即人類歷史發展是否有規律可循。如果承認馬雅預言的合理性，就意味著歷史發展是有規律可循的，既有規律，那就一定是可預測的。但長期以來主流學界對歷史可測與否，始終有兩種對立的意見。歷史決定論者，其「家譜」始於十六世紀的培根，經過笛卡爾、法國啟蒙思想家們、德國古典哲學家康德和黑格爾直到馬克思，都自信歷史是有規律的，是一個朝向（物質）生活完滿、人性完善和社會完美的無限進步過程，因而相信預見人類未來發展是可能的。否認歷史規律性的非決定論在十九世紀末形成強勢潮流，它始於新康德主義者文德爾班和李凱爾特，在波普爾達致頂峰，他們斷定人類各個歷史發展單元都是獨特而無法重複的，歷史在整體上是沒有發展規律可循的，因而也是無法預

見的。今天,面對馬雅預言,我們現代人不得不靜下心來,認真思索馬雅人(還有其他古代民族),預言歷史是如何可能的問題,這就需要澄清上述有關歷史規律和預測問題的兩種對立觀點的是非,推動「歷史預測」走出零敲碎打的手工作坊,以便能步入現代專業化生產車間。只有當歷史預測被納入科學研究的範圍時,馬雅預言的內涵和深意才能被全面理解和接受。當然,這裏必須留意,古代馬雅先知的歷史預言和近代主流學界在歷史預測問題上的對立意見,這兩者間在方法上的區別。前者注重的是巨宏觀天象(如歲差運動)週期,對人類宏觀歷史進程(每個文明發展週期)的影響,而後者主要是聚焦於微觀層面上人類發展是否有規律和可測問題。決定論者是將理性和進步等信念或經濟結構的變化週期,來作為歷史規律和歷史預測的依據。這個觀點在十九世紀前半期之前的西方和二十世紀上半葉的東方相當盛行,它助長了一種樂觀主義的歷史心理。與此平衡對稱的乃是歷史非決定論的觀點,即歷史進步取決於知識的增長,後者乃是人的意識活動產物。有人將意識比作現代物理學上的量子,其活動規律具有「測不準」特點,故此,意識如何變化則被認為是毫無規律可言的。

(一)決定論與非決定論

1. 歷史決定論的誤區

談到近代科學意義上的「歷史規律」這個話題,最為自信的莫過於是馬克思主義了。目前四十五歲以上的人都還會記得所謂人類社會發展五階段說,雖然後者被看作為史達林通俗或庸俗化經典理論的結果。馬克思和恩格斯還有列寧等人,都自信已發現了人類社會歷史的發展規律,即社會生產力和生產關係彼此間的互動乃是歷史發展的動力機制;通過原始社會、奴隸社會、封建社會、資本

主義社會和共產主義社會，這五個依次進步的歷史階段之劃分，馬克思的信徒們深信，整個人類社會歷史發展規律的「清明上河圖」就完全清楚地被勾勒出來了。誕生於十九世紀中葉的馬克思主義，至今在西方仍然是屬於非主流的文化理論，因為它強調用暴力革命來顛覆，近代西方文明歷史所形成的（資本主義）社會經濟制度和（自由平等的）意識形態。如果歷史真的像馬克思等人所斷定的那樣，具有他們所發現的那種規律，歷史預測大概已成了小學常識課的內容，而現實生活中所發生的每一次經濟危機都將成為資本主義走向衰亡的「油門」。馬克思生前曾預計十九世紀末期資本主義制度就應該會被推翻，而這種暴力革命會在當時最先進的英國率先爆發。這個預言失驗後，1916年列寧又預言：作為資本主義發展最高階段的帝國主義將走向全面崩潰。1920年代末期，西方社會確實發生了有史以來資本主義經濟最為嚴重的發展危機，但西方社會並沒有因此而「崩潰」。馬克思等人也許確實看到了近、現代歷史發展中的某些週期性現象，但他們所未能看到的是，「某些週期性現象」並不等同於「歷史規律」，否則，據此所作的歷史預測就只能是無的放矢而誤導後世。近代主流文明即資本主義社會經濟體制的發展，是一個漫長、複雜和全方位的歷史展開過程，在此過程中，經濟只是歷史發展的一個（雖然是很重要的）方面，我們不能將經濟發展中的週期性現象理解成整個歷史的發展規律，而忽視或忽略思想意識、文化傳統和個人意志對歷史發展的重要影響和能動作用。在（歷史預測）方法論上，這是以偏概全的典型案例。

2. 非決定論者的盲點

正因為有決定論者的誤測，於是就有人出來否定歷史發展的規律說。此人叫卡爾‧波普爾（又譯波柏或巴柏，Karl Popper, 1902～1994），生前的頭銜是科學哲學家、社會哲學家和批判理

性主義的創始人。他的兩部大作《開放社會及其敵人》（1945）和《歷史決定論的窮困》（1957），是辯護現代西方主流社會價值的經典。有趣的是，波普爾和馬克思都生在老虎流年，同樣都出身於猶太血統的知識分子家庭，興趣都一樣的廣泛。和馬克思不同，波氏讀高中時就信仰過共產主義。巧合的是，他倆的名字都叫「卡爾」，這是英文「查爾斯」（Charles）一詞的變體，意為「強健」和「高貴」。也許馬克思和波普爾都自視甚高，自信已發現了歷史發展的規律，區別在於，前者認為歷史是有規律的，後者則否定歷史有什麼規律可循。波氏的反對論據是，人類歷史的進程並非取決於物質生活條件（這恰好就是馬克思的理論起點）的改善，而是在很大程度上取決於（科學）知識的增長，而知識的增長是沒有規律可循的。換言之，波普爾相信人類歷史的發展，是由人的觀念改變所引起的，而人在何時何地又何以會改變自己對世界的看法，這是完全無法預料的。物理現象可以預測，因為其運動可以重複。但歷史發展的最大特點就是歷史事件無法重複，每一個歷史事件都是獨一無二的，故宏觀上歷史呈現出非理性發展的特點。這裏，波氏看到了參與歷史活動的主體——人的主觀意識所具有的「量子」運動的隨意性，和由此帶來的歷史事件不可測特徵。但是，從歷史沒有自然界那樣的發展規律，並不能證明歷史就沒有任何規律可循，就像在尋找地外生命時一樣，我們迄今還沒有證據，並不等於證據的不存在。波普爾十分熱心地從理論上來反證歷史決定論，但奇怪的是，他同時不僅斷定我們無法找到有任何歷史發展的科學理論，足以作為歷史預測的基礎，而且還堅決反對任何試圖建立一種歷史科學理論的努力。也許在終極意義上，我們人類永遠也無法建立起一種實證意義上的歷史理論，但作為正在展開的歷史一部分的人類，是無法壓制住自己認識歷史（包括為歷史發展找到

一種解釋和預測理論）的強烈慾望的。何以波氏會有如此極端的主張？筆者留意到波普爾理論著述的歷史背景，即二戰之後蘇聯為首的所謂社會主義陣營咄咄逼人的氣勢，當時歐洲左翼知識分子，包括比波普爾小三歲的法國作家、存在主義哲人沙特（Jean Sartre, 1905～1980），都在不同程度上仰視著克里姆林宮頂上的紅星。在那種情勢下敢於反抗（蘇聯欽定的）馬克思主義，是需要勇氣的。只是波普爾有些走過了頭，而有意或無意地忽視了歷史並非只有獨特和偶然的一面，它同時還有普遍和必然的一面。

（二）必然與偶然的辯證

1. 必然與偶然的相容

歷史因為是人的歷史，這使許多人只看到一個個主動或被動地參與歷史活動的個人，和他們主觀隨意性以及歷史事件的種種偶然性。有人通過研究認為，如果克麗奧佩脫拉（古埃及皇后）的鼻子生得短一點，歷史也許就會改寫。波普爾也認為科學（知識）對歷史有深遠的影響，但他斷言：「不論用理性的或科學的方法，都無法預測科學知識之未來發展。」波氏企圖證明，任何偶然因素都可以改變歷史，所以談不上歷史具有規律。偶然因素的確可以改變歷史，但承認歷史的偶然性質，是否就一定意味著要否認歷史的必然性呢？承認偶然性可以改變歷史，是否就不能同時承認歷史也存在著必然性呢？偶然性和必然性是否就是如此地「不共戴天」呢？事實並非完全如此。參與股票買賣的人多半會有這樣的感受，即現代股票市場充滿著風險和不測，買賣有利與否似乎完全憑偶然的運氣。如果某位股友早半天拋售，他／她可能會因此發財，但結果晚了半天，最後就只能耗財，甚至於破產。但該股友的耗財或破產不能說是必然如此的；當然，從這個人的角度看的確如此，可

是，從整個自由競爭的市場經濟角度看就不同了，因為現代市場經濟還未成熟到高度理性有序的程度，它還充滿著盲目競爭（特別是在金融領域），由此造成的價格波動是無可避免的；而盲目和（有時會很）激烈的競爭必然會導致一部分人（偶然的）發達，和另一部分人（必然的）破產，問題僅在於幸運或倒霉會具體落在誰的頭上。所以，偶然性同必然性並非勢不兩立，而是可以相容的，偶然不是絕對地偶然，它其實反映著必然，而必然則通過偶然發揮著作用。可見，承認偶然性並不意味著一定要否定必然性。一個駕車很小心的人，有時也會發生交通意外，這是偶然的。但在一個交通繁忙而生活緊張的大都市，發生交通意外卻是必然的。因此，生活於該社會的某一位成員在某個時候發生車禍，就既是偶然也是必然的了。我們在這裏辯證必然與偶然的關係，並非要抹殺兩者的區別，而是要提倡一種合理的思考方法，特別是在歷史認識方面，由於人生有涯，知識有限，如果沒有一種宏觀的視域，我們就很容易陷入瑣碎、片面、短視和主觀所構成的誤區。

2. 科學發明的規律性

(1) 科學發明的歷史條件

波普爾認為，科學發明或（知識）發現本身是有許多偶然因素促成的。但這並不表示科學發明及其應用就全無章法。我們都明白，愛因斯坦不可能在一個小農社會中產生，因為那裏沒有必要的物質條件、相應的科學知識和強烈的社會需要。在這種歷史條件下，即使意外地產生了相對論，它也不可能對社會發展產生任何巨大影響，要知道，自然經濟的農業社會對皇曆的需求比相對論要大千百倍。我們還記得，十五世紀哥白尼在臨死前才敢公布的日心說，徹底改變了世人的宇宙觀，加速了近代科學的誕生。然而，許多人可能不知道的是，古希臘人早就有太陽崇拜的宗教心理，那時

日心說被視為一種常識，因此，它根本不可能對當時的社會歷史發展，有任何哥白尼的發現對近代歷史那般的震撼效應。科學發明或發現本身帶有許多偶然性，這是無可否認的，可我們並不能因此而證明知識的產生就沒有必然性。德國物理學家倫琴（Wilhelm Röntgen, 1845年～1923年）發現X光是偶然的。可是，如果十九世紀的歐洲社會還沒有發現陰極射線管的技術，還不懂得照相，還不能製造塗有鉑氰酸鋇的螢光幕，還不能發電，那麼他也不能發現X光。而一旦這些條件具備，發現X光只是遲早的事情。事實上，當時很多人都像倫琴那樣，在利用這些器材做著陰極射線的實驗，更有一些人已經意外地看到了X光，只是當時未察覺出來，所以即使沒有倫琴，以當時的技術水平來說，一定會有另一個倫琴出現。所以，科學發明的偶然性現象不能被用來否定科學發明本身所具有的必然性，這裏我們需要說，偶然性是必然性的「服飾」。

(2) 知識增長和市場需求

波普爾覺得科學發明或發現全無規律。事實並非如此，近代以來的歷史證明，科學發明和應用實際上都同西方社會的發展規律有關。即使沒有費米和奧本海默，美國也遲早會造出原子彈，因為美國的技術條件造就了它的世界霸權，也由此產生了對原子彈的迫切需要，兩者結合就就決定了美國早晚會製造出原子彈來。歐美國家許多或主要實驗室都直接或間接隸屬於大財團。一種發明是否加以推廣，要看它能否帶來利潤（即社會效益）。如果不能，這些發明就會被凍結起來。長壽燈泡老早就發明了。但一直要到許多年後才被推廣應用，因為「過早」應用會使資本家減少利潤。事實上，研究資本主義經濟長波發展週期的許多專家都發現，技術發明和革新同資本主義經濟的長波週期有關。凡是處在衰退長波期，科技研究和發明都特別熱烈，因為資本家要從新技術中尋找降低成本的方

法，以備後用。到了擴張長波期，市場繁榮了，那時資本家就會把發明大量應用於生產，造成巨大的技術投資。所以，現代科學本身的發展並不是絕對孤立並取決於偶然因素的，相反，它多少是同資本主義經濟發展的長波週期配合一致的。所以，在一定程度上科學發明或（知識）發現還是有發展規律可循的。

（三）預測歷史的可能性

1. 蔣介石和毛澤東預測抗戰

儘管現代主流學界仍在爭論或懷疑歷史可測與否，但歷史預測本身乃是人類的客觀需要，中國古人就已認識到「凡事預則立」，和馬雅先知一樣，世界上許多民族都曾嘗試著對未來的歷史發展作出預測或預言（見第七章）。人類如果要生存下去，就不能不作盡可能準確的預測。預測可能會錯，但古今中外，人們也有不少準確的預測。譬如，中國現代史上叱吒風雲的蔣介石和毛澤東，就分別對1930～40年代抗日戰爭的發展和結局作過預測。蔣介石的預測，是寫在日本全面侵華之前二年的1935年8月21日的日記中。他預見到日本：(1)對中國思不戰而屈；(2)對華只能威脅分化，製造土匪、漢奸，使之擾亂，而不能真用武力，以征服中國；(3)最後用兵進攻；(4)中國抵抗；(5)受國際干涉引起世界大戰；(6)倭國內亂革命；(7)倭寇失敗當在十年之內。除了第六個預測，後來歷史的發展完全應驗了蔣氏的預測。毛澤東是在抗戰全面爆發一年後的1938年預言，這場抗戰既不能速勝也不會亡國，而只能是通過防禦、相持、反攻這三個階段的持久戰。可見，任何重大的歷史事件之前，人們多少都會對種種可能的發展前景作出預測，一個嚴肅而負責的政治家是不會因可能的失測，而拒絕歷史預測。實際上不管對錯，每次預測都為今後準確的預測積累經驗。

2. 法國大革命造就了拿破崙

　　熟悉近代史的讀者都不會陌生於拿破崙，後者與法國乃至整個近代人類社會發展的關係，是很能說明這裏所討論的歷史預測可能性這一問題。拿破崙誕生在法國科西嘉島，這是（實證方法）很難預測的（歷史偶然性），但是，十八世紀末的法國會出現拿破崙式的鐵腕人物，這卻是可以預見的（歷史必然性）。有人以為，只要拿破崙在馳騁歐洲的某個戰役中彈殞命，那麼法國革命的歷史進程就會根本改變。這其實是顛倒因果的推測。當然，如果沒有拿破崙，就不一定還會有波拿巴帝國。但是，當法國被大革命摧毀了舊秩序、全社會處於無權威的混亂狀態時，就一定會有人出來恢復被各路保皇派和雅各賓左派共同摧毀了的生活秩序，也一定會有人出頭來領導法國，奮力抵抗奧、英等國的干涉，並制訂法典和建立銀行。誠然，如果沒有拿破崙，法國革命的發展內容會有很大不同，但是其基本進程，即建立由新興資產階級所主導的社會這一點則是不會改變的。拿破崙的鐵蹄之所以能震撼整個歐洲，固然是由於他出生所在的獅子星座所賦予的個人魅力所致；但是，倘若早生幾十年，拿破崙至多也就是科西嘉島上的一個小軍官而已，獅子座者喜歡出風頭，崇尚個人英雄主義，因而很難在軍中通過常規路子晉升高位。然而，正因為他生於風起雲湧的大革命時代，他才有了足夠的機遇來展現和發揮自己的個性優勢。當時的形勢是，原有的督政府完全無法通過武力來收拾亂局。在資產階級所掌控的輿論中，拿破崙其實並不是唯一的首腦候選人，許多其他將軍的名字曾被列出，譬如後來不久便戰死疆場的著名的茹伯爾將軍；只是後來由於種種看似偶然的原因，資產階級終於達成共識，選擇了支持拿破崙。顯然，如果不是大革命初期階段局勢的緊迫，如果不是由於資產階級的集體支持，拿破崙是根本無緣勝出的。

3. 預測微觀歷史的基本方法

俄國早期馬克思主義理論家普列漢諾夫（1856～1918）說過，「每一個真正顯出了本領的傑出人物，即每一個成了社會力量的傑出人物，都是社會關係的產物，傑出人物……只能改變當時事變的個別外貌，卻不能改變當時事變的一般趨勢；他們自己只是由於這種趨勢才出現的；沒有這種趨勢，他們永遠也跨不過由可能進到現實的門檻。」正是拿破崙誕生所在的獅子星座賦予的個人英雄主義的魅力，和不屈不撓的堅強意志，剛好配合了新興資產階級要徹底打垮封建保皇勢力，並完全制服激進的左翼民粹力量，以建立現代化法蘭西民族國家的歷史規律，才會有拿破崙的驚世傳奇。實際上，每一個真正傑出人物，即每一個成了社會力量代表的傑出人物，乃是各種社會關係的產物。而人類微觀歷史預測的可能性，就在於這種社會關係變化的規律性及其可測性。這裏，不管是用哪一種方法所作的歷史預測，科學預測也好，傳統預測也好，或者是這兩種方法兼有的星象預測（如馬雅預言，下面第六章就要談到歷史預測的類型問題），認識和把握這種社會關係的變化趨勢，乃是決定（微觀層次的）歷史預測準確與否的關鍵之一。馬克思通過對資本主義社會的長期研究，準確預見了二十世紀上半葉全球範圍興起的社會主義浪潮，但他未能預料到，在他看來最有希望的歐美社會，卻並未發生他所預期的那種暴力革命；而按照馬克思理論來發動社會主義革命的那些國家，卻多在二十世紀末期先後回歸傳統資本主義的發展道路。可見，人類社會歷史並非不可預測，但要預測準確實非易事，關鍵是認清種種偶然現象背後的必然性。

四、參考資料

以下中文資料按出版年份的先後排列：

《宗教辭典》，上海辭書出版社，1981 年。

《歷史定論主義的窮困》（*The Poverty of Historicism* by Karl Popper），卡爾·波普爾著，李豐斌譯，臺北：聯經出版事業有限公司，1981 年。

《老子新譯》第二和第二十章，任繼愈著，上海古籍出版社，1985 年。

《新歷史哲學綱要》，作者：胡昕，南京（手稿），1986 年（全文概述見〈認識宇宙是人類歷史的動因〉，上海《社會科學報》，1987 年 1 月 29 日，第六版）。

《人格心理學》，陳仲庚、張雨新著，遼寧人民出版社， 1986 年。

《熵：一種新的世界觀》，【美】杰利米·里夫金／特得·霍華德著，呂明／袁舟譯，上海譯文出版社，1987 年 2 月。

《中國大百科全書·哲學》，北京／上海：中國大百科全書出版社，1987 年 10 月。

《中國大百科全書·宗教》，北京／上海：中國大百科全書出版社，1988 年 2 月。

《西方思想寶庫》，吉林人民出版社，1988 年。

〈談談歷史規律和歷史預測——從波柏談起〉，作者：廖化、小橋，（香港？）《新苗》雙月刊第六期，1988 年 3 月（鳴謝：本章第三節多處參考引用了該文，特在此向兩位作者致謝！）。

《心理學大詞典》，朱智賢主編，北京師範大學出版社，1989 年 10 月第一版。

《東方思想寶庫》，中國廣播電視出版社，1990 年。

〈對稱與物理學〉，作者：楊振寧，香港《二十一世紀》月刊，1991 年 8 月號。

〈開放、平衡與對稱：一種新的宇宙觀概論〉，作者：胡昕，美國舊金山，1992 年夏（手稿）；（上海）《中國文化復興通訊》，1999 年第一期，第 13-28 頁。

〈關於歷史哲學的兩個問題的思考〉，作者：汝信，《新中國哲學研究 50 年——中國社會科學院哲學研究所 50 周年學術文集》三卷本，北京：人民出版社，2005 年 9 月第一版，第 869-85 頁。

〈西方歷史哲學綜論〉，作者：張文杰，《新中國哲學研究五十年——中國社會科學院哲學研究所五十周年學術文集》三卷本，北京：人民出版社，2005 年 9 月第一版，第 1000-9 頁。

〈傅國湧：蔣介石日記中對抗日戰爭的預測〉，作者：傅國湧，愛思想，2010 年 4 月 22 日，http://www.aisixiang.com/data/33164.html。

以下英文資料按作者姓氏起首字母順序排列：

Edwards, Paul (editor in chief). *Encyclopedia of Philosophy* （《哲學百科全書》，四卷本），London: Collier-Macmillan, 1967／1972, 4 Volumes.

Hall, Manly Palmer. *The Philosophy of Astrology* （《星象學的哲學》）. Los Angeles: The Philosophical Research Society, Inc., 1970.

Jung, C. G. *Psychological Types* (a revision by R. F. C. Hull; the translation by H. G. Baynes), Princeton, N.J.: Princeton University Press, 1971.

Longman Modern English Dictionary, ed. Owen Watson, 1976.

Ohsawa, George. *Cancer and the Philosophy of the Far-East* （《癌症與遠東哲學》），New York, 1971.

Powell, A.E. *The Astral Body* （《靈體》）. London: The Theosophical Publishing House, 1987.

Zimmer, Heinrich. *Myths and Symbols in Indian Art and Civilization* （《印度藝術和文化中的神話與象徵》）, ed. Joseph Campbell. New York: Harper & Row, Publishers, 1962.

第六章
預言的類型和應驗

　　前面一章從宇宙觀和歷史觀的高度和深度，揭示了馬雅預言所隱含的萬物平等與平衡發展的哲學，並從康德與黑格爾不同的理論中，找到了有助於今人理解馬雅預言的思想資源，通過在宇宙、個人和社會中普遍存在的平衡對稱運動，論證了馬雅預言背後的宇宙觀和歷史觀的合理性與合法性，初步澄清了現代科學在歷史預測方面兩種對立觀點的是非，區別了馬雅預言為代表的宏觀歷史預測和現代史學微觀歷史預測這兩者的方法，為進一步從科學角度來深入研究包括馬雅預言在內的歷史預測，作了思想和理論上的準備。本章將通過馬雅預言，對歷史預測和預言加以分類，並討論歷史預測和預言的應驗問題，特別是如何理解用傳統方法所作的歷史預測的象徵涵義。

　　我們知道在科學研究中，認識一樣事物的基本方法就是定義和分類。下定義的方法有助於揭示概念所反映的事物本質，而分類方法則能幫助確定該事物的特徵。本書所謂的歷史預測是指，用科學、星象或其他傳統方法對人類歷史的發展方向和內容所作的推論或預見。歷史預測可以包括普通的流年預測，但一般是指五年以上的短期預測、十年以上的中期預測（如凱西在1930年代預見日本將於1990年代沉淪），和長達百年以上的世紀預測（如十六世紀諾特丹穆斯預期1999年的災變），甚至千年以上的歷史洞察（如馬雅先知預言持續五千多年的時代將於2012年終結）。當代命學研究中的歷史預測，按所用方法的不同分為三種，即基於實證方法

的科學預測（如羅馬俱樂部對人類社會發展極限的推算）、通過心靈直覺的傳統預測和兼有前兩種方法特徵的星象預測（如馬雅人對2012年罕見天象的預言）。通過心靈直覺的傳統方法的歷史預測又可分為：(1)基於宗教啟示的預言，如《舊約・聖經》對以色列亡國的預言（「申命記」，28：37）；(2)通過個人神秘直覺的預言，如二十世紀美國著名預言家愛德加・凱西於第二次世界大戰爆發前八年所「遙視」到的戰況（詳見本章第二節第二小節「心靈直覺的預言」中第一段「凱西預見的二次大戰」）等。

一、科學方法的預測

所謂科學預測是指，運用現代科學（如統計學）的方法，根據目前人類對未來的所有努力成果及各項資源數據，在人口增長、經濟發展、能源使用、原料供應、糧食產量和環境變化等未來演進方面所作的推論。迄今，科學預測多用來預見社會、政治、經濟、科技和軍事等領域的具體發展。雖然各種科學預測著作層出不窮，但根據悲觀和樂觀這兩種基本的歷史認識態度，這些歷史預測大致上可分成兩類，即以「羅馬俱樂部」為代表的悲觀論，和以美國哈德遜研究所為代表的樂觀論。前者的預測是基於「成長的極限」，這很明顯是侷限於「地球中心」的觀點，即假定人類在未來兩百年內將繼續在地球上居住，由於資源有限和環境變化的不可逆性，人類社會的經濟增長是不可能無限持續下去的。該預言發布於1972年，近四十年來以氣候變化為標誌的全球生態危機日益加劇，這似乎證實了悲觀論的歷史預測。樂觀論的歷史預測乃是基於「太空移民」的科學幻想，即人類可以通過航太技術來開發宇宙空間，最終達到移居太空的目標。迄今，世界各主要國家包括美國、

中國、俄國、歐盟、日本和印度都先後鎖定月球作為開發太空移民的主要基地。倘若夢想成真，今次人類文明就能繼續它的歷史目標，即通過不斷開發太空世界，來實現自由、平等和博愛的大同社會理想。

科學預測的最大優勢在於其方法的合理，通過各種數據和計算模型，科學預測能夠相當準確地預測出未來社會的發展趨勢，羅馬俱樂部在出版《增長的極限》一書後，次年即1973年，西方社會就迎來史上第一次的石油危機。但科學預測也有其致命的弱點，即預測方法在很大程度上會受制於預測者的歷史認識態度，或先入為主的觀念。羅馬俱樂部預測人類社會經濟的增長極限，這實質上乃是對近代文明基本價值觀的一種深刻反思和嚴厲批判，也有意或無意地呼應了古代馬雅人的歷史預言，後者認為業已持續了五千年的大時代（或今次人類文明）將於2012年終結。這個基於「地球中心」的悲觀論歷史預測，被批評為是預測者（包括美國麻省理工學院的教授等人）集體左傾意識的反映。同樣，哈德遜研究所基於「人類中心」的歷史預測則被認為反映了歐美社會一部分人的右傾意識，這些人不滿自由派的憤世嫉俗，而恪守近代歷史傳統，深信人類的進步不可限量。如果這兩種對立的意識形態確實框住了人們所使用的預測方法，那麼，儘管兩者都美名其曰為科學預測，但其推論的時效和範圍都會受到很大限制。

二、傳統方法的預測

由於科學預測的方法是實證的，所以不難被人了解和理解。與此相對應的是傳統預測，其方法是通過神秘的心靈直覺。由於現代科技文明是基於實證方法，因此，傳統的直覺方法就顯得神秘而

不可言傳，被認為是現代文明社會中的旁門左道或「歪門邪道」而受輕視或鄙夷；然而，用此方法所作的歷史預測有時會相當的準確，因此，不少人對此感到十分的困惑。這裏筆者願意費些筆墨來介紹有關內容。非實證（理性）方法的傳統預測基本上是預言者本人在特殊的精神狀態下，利用超感覺（靈通）能力對未來的預見或透視。若依心靈直覺來源的不同，這類預測又可分為兩種，即宗教啟示的預言和心靈直覺的預言。廣義來說，宗教啟示也是基於心靈直覺，因為這類預言都是歷史上的先知們在通靈或出神狀態下接受「神意」後，用文字記錄或表達出來的歷史認識。

（一）宗教啟示的預言（Apocalypse）

這類歷史預言不是出自宗教教義，就是今人根據古典文獻作出的推論。譬如，現代基督徒經常會根據《聖經・啟示錄》來預言以色列國的滅亡，他們憑借《死海古卷》（即最早的希伯萊文《舊約・聖經》）就斷言：全球三分之一的人類將死於戰爭和天災。追溯起源，西方最有影響的歷史預言均來自《聖經》，其中《舊約・聖經》更是直斷人類注定將遭厄運。1990年代的臺灣，密集出版了多種歷史預言方面的書籍，內容都是根據中國古代預測學的經典《周易》和長期流行的讖緯詩文《推背圖》、《梅花詩》、《燒餅歌》等來推斷國運。例如，臺灣術數預測家們根據《萬年歌》和《推背圖》預言，鄧小平之後的中國政局穩固，不會分裂；1999年中國大陸將有重大的政經改革，而兩岸的真正統一將在2020年（馮華儂，第255-9頁）。

根據（宗教）經典的啟示來預測歷史所最為人詬病的一點，就是解讀的隨意性。基督徒對《聖經》中「世界末日」的時間推斷就有「百花齊放」的現象，耶穌再臨人世的所謂末日審判時間，從

999年一直被改到2000年；在過去的幾個世紀中，大英博物館的圖書館裏收藏有好幾百種已出版的對《聖經》預言性的解讀，特別是對其中「約翰啟示錄」的釋讀竟然有近千個不同的「末日」來臨的日期。洋人如此，國人對以《推背圖》為代表的預言經典的詮釋又何嘗不是如此呢？由於這些讖緯詩文既無明確的年代指示，也無連貫的事件過程，再加上語意模稜兩可，世人的理解就只能是公婆說理，仁智互見了。譬如，《推背圖》第四十三象中有一頌句「黑兔走入青龍穴」，有人將其理解為是「指兔年（即1999年）至龍年（即2000年）之間中國大陸將會發生重大事件」。但也有人認為「黑兔」是指1963年癸卯（水兔，地支「癸」的方位在北方，其色為黑，故「癸卯」謂之「黑兔」），其時，毛夫人江青在老家山東改良京劇，次年即1964年甲辰（木龍，地支「甲」的方位在東方，其色為青，故「甲辰」謂之「青龍」），她當選為人大代表，正式步入政治舞臺，又於1976年丙辰（火龍）被捕。還有人解讀說，那頌句表示於「黑兔」年堀起的江青及其同黨在1988年戊辰（土龍）有捲土重來之可能。究竟孰是孰非，這在預測應期前是很難判斷的，因而這類預言也就不足為憑了。

（二）心靈直覺的預言（Clairvoyance）

1. 凱西預見二次大戰

傳統預測中另外一種類型就是基於個人心靈直覺所作的預言。作為一種認識能力，一般人都會程度不同地具有直覺天賦。現代心理學認為，直覺是一種不需要經過複雜智力操作的邏輯過程，就能直接迅速地認知事物的思維活動。心靈直覺是歷史預測的一種方法，所謂神秘就是說，這種直覺認識的廣度和深度都是前所未有的。用個人特有的直覺能力來預言歷史的先知，以生活在二十世紀

上半葉的美國人凱西最讓人稱奇了。1931年夏天的一個下午，凱西在自家花園鋤草時突然走神，他衝進屋去待了幾個小時後，說自己看見了一場馬上來臨的世界大戰，千百萬人將會因此喪生。八年後的1939年，第二次世界大戰便在希特勒進攻波蘭的隆隆砲聲中拉開了序幕，大戰結束時總共有三千六百萬人遇難。凱西沒有在這個直覺中明確大戰爆發的預期，但卻比較準確地說出了遇難人數。雖然戰爭爆發的前幾年，很多人已有預感，瑞士精神病醫生容格證實，他的不少病患那時就常有打仗的夢境，但筆者相信，大戰之前沒有人用實證方法能預測出戰爭的死亡人數。在後來的出神狀態中凱西還預言：地球將在1958年至2001年期間發生地軸變化，從而改變人類的生存環境。這次凱西雖明確預言了事件發生的時間，但預言本身卻未能如期應驗。

還有一位著名先知叫珍妮・狄克遜（Jeane Dixon, 1918～1997）也是美國人，她曾準確地預測到1963年甘迺迪總統的遇刺。根據狄克遜的靈視，1999年將有一場世界性的大屠殺，接著便是一個和平的新紀元。實際情況是，當年北約在歐洲發動對南斯拉夫的戰爭，牽引了美、中、俄這三大國的神經，美國出於戰略目的，甚至派軍機轟炸了中國駐南斯拉夫的使館，只是由於各方的忍讓和克制，才未釀成狄克遜所預見的那場全球性大屠殺。

中國西藏的紅衣喇嘛羅桑・倫巴也有類似的世紀末預言，只是他的方法據說比上述兩位要更勝一籌，因為他有佛功煉就的千里眼，在精神專注（入靜或禪定）的狀態下，能從宇宙中獲得巨宏觀時空的訊息。這位深受第十三世達賴喇嘛賞識的佛教徒對二十世紀末期有如下的預言：

- 世界範圍內將有多起大地震，尤其是太平洋地區的地震和海嘯會層出不窮（實際情況是，1999年8月17日土耳其

發生七級以上的大地震，傷亡六萬多人；一個多月後位於太平洋地區的臺灣發生了七級以上的特大地震，傷亡一萬三千多人）。

- 中國、日本和韓國的海岸將沉沒於海，而太平洋別處的海面則會浮起一些陸地。
- 整個南美洲將受到地震的蹂躪。
- 1999年4月，美國東西兩岸將有滄海桑田的巨變。
- 在加拿大，因地軸傾斜，美、加之間的五大湖水和聖羅倫斯河外的海水會逆流和倒灌，從而大面積改變美國東部的地貌，最終使阿帕拉契山脈地區無形中成為一個海島。
- 地中海沿岸將會形成新的高原，部分沉沒於海的古埃及地區和大金字塔墓地因此將能重見天日。
- 在歐洲，席捲而來的社會主義浪潮將改變那裏的政治版圖；為了防禦，英、美兩國將合併，但英國地區的總督將由美國人出任；法國則會與俄羅斯聯手來抵禦德國的威脅。
- 在天災人禍之際，俄羅斯將攻擊北美大陸，但雙方均受到重創。

2. 馬雅預言的方法奧秘

上述的科學預測以及宗教啟示的預言都有一個共同點，即預測者或預言人事先都有一種強烈的歷史理性意識，在主導他們的預測或預言活動。羅馬俱樂部成員憂慮的是，我們這個星球日益惡化的自然環境和貧富對立的人際關係，基督徒們則是不滿於人類貪圖物慾，偏離神靈的行為。相比之下，上面這幾位依靠心靈直覺來預言的先知就沒有多少那樣強烈的歷史主體意識，凱西在他歷史預言活動之前只有很單純的生活目標，那就是踐行基督德行，助人為

樂;積蓄錢財,娶妻成家。二戰中美國總統羅斯福曾召見狄克遜夫人諮詢國是,英國人邱吉爾也在戰後向狄克遜求詢競選首相的成敗與否,雖然先知的預言都準確地應驗,但狄克遜本人對人類歷史和國際政治卻並無多大興趣。她和凱西的一個共同點是,他們都在歷史預言活動之前,獲得了特異的通靈能力。珍妮小時候讓人看過手相,吉普賽女郎說她靈氣逼人,智慧超強,具有宏觀歷史的預言能力,這種先知,人類大概只有千年一遇的福氣吧。

今人已習慣於科學預測,也不難理解宗教啟示的預言,但對基於個人心靈直覺方法的歷史預言,多少總有些神秘感或困惑心。第五章論述了平衡對稱的宇宙觀,後者視精神和物質為宇宙能量的兩種基本存在和表現形式。靈質與物質之間平衡對稱的世界觀,有助於我們理解人類如何能通過心靈直覺來預言自己未來的歷史活動。按此說,精神的能量無形而柔韌、輕清而向上,它彌散於空間,貫穿於整個宇宙。相對而言,物質能量則有形而剛脆、濁重而向下。現代靈學認為,宇宙中存在著一個跟我們這個有形和具體的物質世界,相對應的無形而抽象的精神世界。同樣,和我們有形身體相對應,存在著一個無形的靈體,但靈質要比物質精細得多,所以它能貫穿物質。物質是可以通過我們的感官來把握的,而精神則僅能通過我們的思維或意識才能被認識。靈質和物質這兩者間有一種奇妙和精確的對應關係;靈質貫通物質,並且每一種物質吸引著相應密度的靈質;固態的物質便被所謂固態的靈質所貫穿,液態的物質也被液態的靈質所滲透。通過心靈直覺之所以能夠預言歷史的道理就在於,彌散於整個空間的靈質是能夠貫通物質的,上述具有通靈能力的先知們都具有特異的靈質能量,譬如凱西誕生時,他的太陽(象徵意識能量)、水星(代表智性能力)和金星(表示人際感應)都落入海王星主導的雙魚座(主導靈異能力),且都位

於靈能所在的第八宮。這種與生俱來的密集而強烈的靈質能量，使凱西從小就經常能「靈視」或透視到普通人所無法感知的情景，後者既可以在時間上的「過去」也可以是「未來」，因為和物質相比，靈質的活動範圍不受限制，因而通靈者能夠預見到物質的活動方向和範圍。同樣，在馬雅先知看來，我們常規時間感覺中的過去、現在和將來的區別也是不存在的。這是前面第五章所揭示的馬雅預言的方法論，即時間永恆的哲學，它在現代科學中已經找到了「合法性」依據，這就是全像投影的宇宙觀（Holographic Universe）假說。

1980年代一系列的科學實驗顯示，靈界的神秘現象和科學的量子結構之間，有著許多相同點。按照全像投影宇宙觀，我們的實體世界就像一個超等規模的巨幅三維立體投影圖像，以往被認為是虛幻不實的特異功能即心靈感應能力（Extrasensory Perception 或 ESP），包括遙感（Telepathy）和透視（Clairvoyance），都是該全像投影世界的產物而被認為是真實的。該理論有以下這幾個主要觀點，是和我們理解心靈直覺方法的預言有關：

(1) 部分含有整體，在實驗中無論如何分解，被分解的部分都含有整體的訊息。

(2) 心靈是一種能量，它能變無形為有形或有形為無形。

(3) 觀測者能影響（被觀測的）事件或意識目標，並能將場能變成粒子能。

這就是說，在微觀層面的粒子水平上，整個宇宙乃是一個不可分割而彼此關聯的巨大網路，我們身上神經細胞內某個碳原子中的一個電子，被連接著太陽裏某個氫原子中的一個質子，它們又被連接到水中游魚呼吸的鰓、林中鳥兒跳動的心和天上流轉的星辰之粒子。在這個全像世界中，常規的時、空觀念顯得格格不入，因為

「過去」、「現在」和「未來」可以三代同堂，和諧共處。前面提到，在作歷史預言時，馬雅先知要借助致幻物來改變常規意識，從全像投影宇宙觀來看，這就是將自身能量和更深層次的宇宙能量連接起來，一方面這能使遙遠天象變得「近在咫尺」，以利於觀測，另一方面，這也使馬雅先知能隨心所欲地獲取大尺度時、空間上的運動訊息。馬雅智者用來推論歷史的這種預測方法，就是下面所要談的星象方法，它是介於科學和傳統這兩種方法之間的一種特殊或「兩棲」預測方法。

三、星象方法的預言

所謂星象預言是根據天文觀察，並用數學方法推算星體位置來預測歷史進程。就其方法而言，星象預言具有科學性質，但其預測結論卻難以讓人信服，因為星象學家們無法實證出遙遠星體的能量究竟是如何作用於人體，從而對世事產生影響的。既然無法證明星體和人體這兩者之間是如何關聯的，因此，星象學家對星體能量的信念也就是屬於神秘的心靈直覺範圍，畢竟你無法讓他人重複並同樣相信你所直覺到的東西，除非這個人具有和你相同的直覺能力。本書導讀述及，馬雅先知雖是通過天象觀測來預言人事的，但這種預測並非僅根據天象運動週期的客觀記錄數據，如果預言者本身沒有強烈的靈異能力，來透視人類宏觀或微觀的歷史運動，馬雅預言就會象現代實證方法的預測一樣，只能預見短期的歷史活動。馬雅先知的歷史預言既有客觀的天象觀測作依據，又有非凡的心靈透視能力來獲取將來的時間記憶能量，這兩者的結合使馬雅智者們能預見到相當遙遠的未來發展。所以，星象預測就其方法來說，是介於科學預測和傳統預測之間，或兼有這兩種預測的性質。按照中

世紀阿拉伯星象學家的說法，行星有三種不同的交會形式，即二十年一小交，二百四十年一大交，九百六十年一全交；行星的交會能影響甚至決定世界歷史的進程，並預示新時代的開始。回顧歷史，我們無法不為阿拉伯先知的遠見所折服。西元元年左右，耶穌基督降臨人世，象徵著以古希臘羅馬文明為標誌的古典理性時代開始進入末期；1000年的時候，尖頂高聳的基督教堂幾乎遍布歐洲；進入耶穌誕生後第二個千年時，講究理性、崇尚自由、追求平等的西方近代文明已成了當今人類社會的主流價值。

用星象方法來推論歷史的先知，除了馬雅人以外，就要數法國人諾特丹穆斯最為著名，《諸世紀》是他對人類微、宏觀歷史的預言，時間跨度長達兩千多年，即從他所生活的年代直至3797年，這在西方歷史上是絕無僅有的；在人類歷史上，大概也只有中美洲的古代馬雅族的歷史預言，可以在某種程度上與之媲美（見第七章第五節）。在所有這些預言中只有一處是點出了預期即1999年7月（新曆為8月），屆時將有「恐怖大王自天而降，他將把蒙古的偉大君主帶回人間，此前此後戰火肆虐連綿」。對預言內容的解讀各家不同，但諾氏點出的預期卻有天文觀測的依據：1999年8月11日有日全食，18日這天則有太陽系全部行星排列成大十字狀的罕見天象。據說六千年前全球範圍遭受洪災，十二、三世紀蒙古人西征和1620年代英國人因農業歉收而移民新大陸，這些都有行星直列的天文影響。

四、預言的應驗問題

（一）預言應驗三種類型

　　前面多次提及的美國靈媒凱西，在1930年代曾預言日本將於1998年沉入海底，為此，日本作家五島勉還專門著書《一九九八年日本大崩潰》，讓世人著實入迷了一陣子。然而，1998年底，人們發現日本並未按預言所說的那樣沉入海底，及至十二年後的今天，白底紅日的太陽旗仍舊飄揚在西太平洋的東海面上。是凱西看錯日本了嗎？人家可是唯一被美國醫師學會破例允許行醫的通靈者。如果我們連繫到1998年日本所出現的經濟危機，就不難看出凱西該預言的象徵涵義，即日本受此打擊後動搖了它在世界經濟中的龍頭地位，陷入了至今還深不見底的衰萎過程。凱西這一預言涉及到歷史預測研究中的一個重要方面，即如何認識預言應驗或「兌現」時間的問題。預言應驗大致有以下這三種情況：

1. 按時應驗
　　即所預言的內容和時間與實際發生的情況和時間相符，如前述蔣介石和毛澤東對抗戰過程和結局的預言；下述羅馬俱樂部對增長極限的預測。

2. 時差應驗
　　即所預言的內容或時間與實際發生的情況或時間不一致，如十六世紀法國先知諾特丹穆斯對1999年災變的歷史預言；前述凱西預言地球將在1958年至2001年期間發生地軸變化，從而改變人類的生存環境。

3. 象徵應驗

即所預言的內容或時間只有象徵意義，譬如上述凱西預言日本於 1998 年沉入海底；下述奧威爾未卜先知 1984 年的國際政治巨變。

此外，還有一種是預言的自我應驗，這有兩種情況，一種是預言的自我肯定，即人們出於某種信仰（迷信）或心理期待，而在預言的時間內，做出預言所規定的行為，如第三章提到的十六世紀義大利星象家卡爾達諾，他在七十五歲那年測算出自己的死期，雖然那天卡氏並無任何病症或死亡跡象，但星象家卻相信，測算出的死期乃是不可違背的天意，於是，他便以跳樓自盡來實現自己的預言。前述馬雅人突然從歷史中隱退，有人覺得這也是預言自我肯定的表現。另一種是預言的自我否定，即預言內容被所預見的歷史「消解」，這是因為預言在某種程度上也是人的一種心理期待或主觀意願，而人的歷史活動是受活動主體意識影響的；如果這種心理或意願具有足夠的強度，歷史就會順著人的願望（預言）而改變原有的（客觀）進程。 這方面最典型的案例就是馬克思對資本主義社會發展的預言。當代學者的研究認為，馬克思未能在生前看到他所預見的西歐社會主義革命，這乃是因為他的預言改變了世人的觀念，迫使統治階級採取果斷措施來緩和階級矛盾，以避免資本主義制度的消亡，於是，馬克思的預言內容就被此後的歷史發展給否定了。

上面談到歷史預測按所用方法的不同可分為三種，即用實證方法的科學預測、非理性方法的傳統預測和介於這兩者之間的星象預測。在科技主導文明的今天，世人對科學預測的失誤比較能接受和容忍，而對傳統和星象方法的預測就會比較苛刻。但從統計概率上來看，科學預測的應驗率並不見得比傳統和星象方法的預測要

高；實際上在歷史預測中，上述按時應驗的情況並不多見，這是因為影響人類歷史進程的各種變量太過龐雜，即使採用現代最先進的電子計算技術也很難加以窮盡，而採用傳統和星象方法的預測，則又有較多的時差應驗和象徵應驗的現象。廣義來說，時差應驗也是一種象徵應驗。不像按時應驗，人們對歷史預測的象徵應驗較難理解，因為這不僅需要我們對傳統和星象方法的歷史預測有基本的知識，而且還要有一定的歷史見識。本章節重點說明的就是如何理解歷史預測中的象徵應驗。

（二）科學預測的有效性

在近代科學發展中，預測學的歷史並不算短，早在十七世紀就有一個富裕的瑞士人為它奠基，但直到二十世紀五○年代，預測學才逐漸形成一門獨立的學科，它是通過數學模型和程序來控制隨機性，以減少人們行為的盲目性和事物發展過程中的不確定性。目前它是知識領域裏綜合程度最高的邊緣學科。想當年羅馬俱樂部召來全球各路菁英好幾百名，就是要集思廣益人類社會發展的前途，其研究和預測結果反映在1972年出版的《增長的極限》一書中。這些當時被譏為杞人憂天的菁英們曾放膽預言，人類社會經濟的增長將於2015年達到極限。好一個2015年！它和馬雅智者用星象方法所預言的大時代終結日2012年，僅相差三年！真是英雄所見略同。現在離2015年還有五年，從目前世界政治經濟發展現狀來判斷，羅馬俱樂部採用實證方法所作的這一歷史預測很可能會按時應驗的。在科技昌明的今天，世人對專家們用數據、圖表和模型來作的預測，會有一種出於本能的信任感，但實際上，並非所有的科學預測都是按時應驗的，特別是在應用科學領域中，其公式和原理大部分都還是經驗性的，在實際應用中並不能達到百分之一百的預期

效果，譬如許多藥物的使用和天氣預報；但只要其有效率在百分之五十以上，人們就會照用不誤。現在一般公認科學預測的按時應驗率在百分之六十左右，中國地球物理學家翁文波（1912～1994）所作的地震預測應驗率高達百分之八十。但如果是同樣的應驗率，人們對傳統和星象方法的歷史預測就會深有疑慮，原因無他，就是其方法的不確定性所帶來的解釋上的隨意性。這既是傳統和星象預測的弱點，同時也是其優勢所在。由於時間上或內容上的含糊性質，傳統和星象預言難以讓人事先採取必要的行動，來防範可能的災難。但是，如果能夠理解（如馬雅對2012年）預言的象徵涵義，並且具備相應的歷史見識，我們照樣可以從傳統和星象預言中獲得相應的歷史智慧，來指導我們的歷史行為。下面通過幾個事例來具體說明用傳統和星象方法所作預言的象徵涵義。

（三）傳統預言的象徵性

1. 馬雅預言的應驗期問題

馬雅先知預言：2012年將是一個持續了五千多年大時代的終結日。何以如此？根據有關學者的研究和現代天文學觀測，太陽和包括地球在內的整個太陽系的行星，都將在該流年走進銀河宇宙的中心。馬雅族相信，每個時代的終結都伴隨著毀滅性災難。對此，有些人就想到了地磁場轉換所帶來的那種生物大滅絕（見第四章）。上面述及，馬雅預言在預測分類上是介於科學和傳統方法的一種特殊或「兩棲」預測，因為它不僅依賴現代天文學上的那種天象觀測，而且有致幻物質所誘發的靈異能力的支持。本章前面從學術角度揭示了馬雅預言的性質，它有助於我們認識馬雅預言（還有其他歷史預測）的應驗時間問題。第四章詳細探討了馬雅預言所預示的那種毀滅性災難的可能性。今天世人所關注和擔憂的就是，當

2012年來臨時我們人類是否會遭受滅頂之災。如果我們還能記住前面那些章節的論述內容，就不難對馬雅預言的「兌現」時間有一個合理認識。馬雅預言既屬於科學預測所具有的那種按時應驗的範圍，即2012年將會出現罕見天象和由此引起的地球物理變化（如各種形式的天災），又屬於傳統預言所常見的那種時差和象徵應驗的範疇，即2012年時代終結日和地磁場轉換，象徵著今次人類文明發展的一個歷史轉折期的開始或加速（見第八章〈馬雅預言和新文明〉）。

2. 地震預言三落空的原因

十八世紀五〇年代初，葡萄牙首都里斯本的一位普通修女稱，她看見了基督，後者告訴她說，里斯本居民很快將會因其罪惡而受懲罰。另外一名修女證實了這個說法；同時還有一位信徒更具體預言：里斯本在 1752 年 11 月 1 日萬聖節這一天將有大事發生。當預言落空後，有人將預期改在 1753 年的萬聖節。當預言再次落空後，預期被延至 1754 年的 11 月 1 日，可是預言又一次落空，於是人們不再相信「狼來了」的呼叫。然而，就在次年也是在萬聖節，這天早晨一位牧師從惡夢中醒來；幾個小時後，夢已成真：一場接近芮氏九級的特大毀滅性地震，將里斯本連同該牧師作禱告的教堂一起夷為平地，六至十萬（約占總人口三分之一的）人因此喪生。這是歐洲歷史上最大的一次地震，也是人類史上破壞程度最大的地震災難之一。這場地震不僅奪走了葡萄牙的財富，使歷史上第一個全球性殖民帝國從此一蹶不振，而且還深刻影響了歐洲啟蒙運動的哲學思想，嚴重打擊了那些躊躇滿志的精神貴族們，對人類歷史無限進步的信念。此時人們不禁要問，地震發生之前預言何以會再三落空呢？根據上述分類，那幾位基督徒的預言顯然是屬於時差應驗的範圍。第五章論述了平衡對稱的宇宙觀，認為我們這個世界

是由精神和物質共同構成，它們既平衡對稱也各自具有獨立的運行規則。這就是說，從精神領域（如各種夢境、出神和禪定等狀態）所獲取的有關訊息，並不完全等同於現實世界實際所發生的現象。超感能力較強者容易接受到現象界的各種超前訊息，但預言是否按時應驗，還取決於其他諸多複雜因素，其中包括預言者本人靈能的多寡和專注能力的強弱等。在預言里斯本大地震這件事上，世人往往苛刻於歷史預言的兌現能力，而疏於理解預言的內容及涵義，這就使人無法從歷史預言中獲益。對里斯本居民來說，這場毀滅性大地震無疑就是他們命定的「世界末日」；但在法國思想家盧梭看來，倘若不是人類違反大自然的和諧，在城市有限的空間內竟然建起多達二萬棟六、七層高的樓房密集而居，這場地震本不會造成那麼大的傷亡和損失。可是，災難前後又有多少人曾經思索過，該預言所蘊含的敬天保民的象徵意義呢？據說，里斯本（Lisbon）一詞是和奧德賽（Odysseus）這個名字的拉丁語「Ulysses」有緣，奧德賽在特洛伊城被洗劫後曾到里斯本一帶徘徊。這位希臘神話中歷經磨難的戰爭英雄，為何在那種時候踏足這塊數千年後，同樣遭遇浩劫的土地呢？他是否早已預感到了里斯本的厄運呢？實在耐人尋味。今天，面對馬雅先知的歷史預言，世人最關切的還是地磁場是否會按時逆轉，而少有人能去體會預言所透出的大歷史涵義。缺乏思考興趣的急功近利，恰恰就是天災能夠借助人禍逞凶的溫床。面對可能發生的全球性天災，人類暫時也許還無能為力。但倘若沉溺物慾，及時行樂，貪得無厭，我們就遲早會釀出各種人禍來自我毀滅。

3. 一九八四年的戰略巨變

誕生於水象巨蟹星座的英國作家奧威爾（George Orwell, 1903～1950）臨終前曾用小說預言，1984年全世界將由極權政府

統治。今天絕大多數人都會認定奧氏的預言並未兌現，現實似乎和這位中年早逝的左翼作家的預期剛好相反，1984年以來世界上許多國家（如前蘇聯及東歐集團）和地區都陸續擺脫了極權統治。不過，也許很少會有人注意到，恰好是在1984年，中英兩國聯合聲明：將香港的主權在1997年歸還中國。這一歷史事件對國際政治戰略變局的最終涵義，是在二十六年後的今天才慢慢讓人體會出來的。收回香港和澳門主權後的中國勢力大增，再加上臺灣正在和大陸整合經濟，最遲到本世紀中期，大中華經濟圈的實力將傲視全球。那時，承繼東方歷史上中央集權政治傳統的中國，和代表西方崇尚個人自由價值的美國，將猶如二千年前「君臨天下」而又各領風騷的東、西羅馬帝國，在政治、經濟、軍事和文化等領域平衡著我們這個世界。若此，當歷史學家們回首二十世紀時，就一定會將目光聚焦於奧威爾寫於1948年的預言小說《一九八四》，並會驚嘆於作者深邃的歷史洞察力。

4. 日沉海底的一九九八年

如果說奧威爾預言的象徵涵義太過濃烈，而使人難以琢磨，那麼前述凱西預言的寓意就比較容易理解。1998年中，日本爆發了戰後最嚴重的經濟危機，它甚至拖垮了內閣，並加劇了全球金融危機。直到二十一世紀第一個十年早已結束的今天，日本經濟都還遲遲無法恢復元氣。2009年日本經濟居然萎縮了百分之五，雖然它目前仍然是僅次於美國的世界第二大經濟體，但照目前世界經濟的發展形勢，日本占據了四十年的「老二」位置，可能不久便會被中國取代。我們大概都知道，大和民族從來就是以「日出東方」而自命不凡的，在整個1980年代到1990年代初期，日本的各項經濟指標都達到了歷史的最高水平，而此時，美國、歐洲、前蘇聯和中國都處於不同程度的政治困境和經濟衰退之中，相比之下，日本社

會政治局勢平穩、經濟成就十分亮眼。在此形勢下，日本人的民族進取心空前高漲，以為自己的國家已經成了世界頭號強國，全球即將迎來「日本的時代」，而三四十年前，日本不過就是個生產廉價商品、環境嚴重污染的普通發展中國家，現在世人卻都覺得它已脫胎成遍地黃金的富裕之邦、鳥語花香的人間天堂。如果後世的歷史學家們願意將1997年起自東南亞的那場全球金融風暴，定義為另類形式的「第三次世界大戰」，而且此後日本經濟一直都難以復甦，那麼，1998年對日本未來發展而言，不就是一個「日沉海底」的歷史轉折點嗎？

5. 一九九九年的災變預言

　　諾特丹穆斯是生活在五百多年前的法國預言家，他晚年撰寫的《諸世紀》，對人類歷史預言的時間範圍竟遠至3793年。在他寫的近千首預言詩歌中，人們注意到僅有一首明確點出了預期，即1999年7月（新曆為8月，又說為10月），其時將有「恐怖大王自天而降」，「此前此後戰火肆虐連綿」。回想二十世紀末最後十年，世界各地的人們普遍因諾氏這個預言，而染上了「世紀末」恐懼症。對中國人來說，北約軍機當年5月8日轟炸駐南斯拉夫的大使館，就猶如「恐怖大王自天而降」，事件之前正在進行科索沃戰爭的北約聯軍，對南斯拉夫進行狂轟濫炸，也符合諾氏所預言的「此前……戰火肆虐連綿」的情景。但是，由於各方的克制和理性，這次使館被炸事件並未對此後十多年來的國際政治產生直接的重大影響。而從全球範圍來看，當代歷史上真正的恐怖大王，則要等到兩年後的9月11日才「自天而降」在美國大都會紐約的世貿大廈，此後的好幾年裏，美國政府分別向阿富汗和伊拉克宣戰，如果算上此前科索沃和南斯拉夫的戰事，那才真正是「此前此後戰火肆虐連綿」的形勢了。從諾氏的預期1999年7月，到預言內容實際兌

現的2001年9月，兩者相差了二十六個月，從應驗時間上來說，諾氏的上述預言屬於時差應驗的範圍。有人覺得這個應驗時差是可接受的，畢竟諾特丹穆斯生活在距今五百年前的時候，自那時以來曆法就改動了好幾次，再說文藝復興時期的諾氏，還有自己按天體的運行來推算時間的一套方法。美國是當今世界唯一的超級大國，長期以來它已經習慣於我行我素，而九一一事件竟然能讓美國政府宣布全國處於戰時狀態，設立專門的國土安全機構，建立全國性的安全檢查系統；立法者們快速通過戰爭動議，大幅增加軍費開支。在建國二百多年的歷史上，能夠如此讓美國人感到驚駭的「恐怖大王」，也許只有1940年代偷襲珍珠港的日本軍機了。美國這些內外政策的改變對近十年來的國際政治、經濟和軍事的發展方向產生了重大影響，如今反恐已成了國際社會中政治正確的標準。可見，那些自天而降的「恐怖大王」是儲備了足夠的歷史能量的。這也許是諾氏何以在五百年前就能超前看到這些歷史魔王影子的原因。

6. 第三次世界大戰的預期

二戰末期美國在日本投下原子彈後，很多人都覺得我們這個星球，再也承受不起另一次世界大戰了。然而，戰後卻不斷有人在預言第三次世界大戰的爆發（這些預言是屬於上述的按時還是象徵的應驗範圍，有待觀察）。有人以為讓各國「休戚與共」的全球經濟一體化，會使新的大戰永遠難產或流產。殊不知，一次大戰開始前四年，英國有位經濟學家就寫過一本書，叫《緊密的經濟連繫使大國之間的衝突不復存在》。但諷刺的是，當1914年歐洲各國軍隊開始混戰時，這本書卻還在書店裏出售著。當然，今天全球化規模和一戰前的各國經濟連繫程度不可同日而語。可是，若戰爭的確像佛洛依德所說，乃根植於人的破壞和死亡本能，那麼，再密切的經濟連繫都無法避免戰爭的爆發；這是今天還有不少人希望聽到大

戰預言的心理需要。當這個星球人滿為患而造成各種無解的困境（如貧富差別和生態惡化）時，客觀上戰爭會有助於達致人口和資源的平衡；這是不斷有大戰預言的社會基礎。目前對大戰主要有以下三種預期。

美國政治學家弗里德曼（George Friedman）用實證方法推算的爆發時間在2050年，其依據大概是日本人戰敗後的報復心理，和近兩個世紀來謀求世界霸權的野心。弗氏認為，屆時日本將聯盟同樣懷有復興鄂圖曼（1299～1922）帝國野心的土耳其，利用太空技術來攻擊美利堅本土。

但大多數軍事觀察家則將預期定在2032年，他們是用1871年德國統一至1914年第一次世界大戰爆發所需的四十三年，作為一輪軍備競賽的極限時間，並以1991年波斯灣戰爭爆發，作為新一輪軍備競賽的時間起點。湊巧的是，星象學家也預言2032年和前後一二年期間，是爆發全球性衝突的敏感時刻，因為土星和天王星都將在2032年夏天進入巨蟹星座，後者的能量會使人的情緒不穩，煩躁難安；而羅馬神話中的戰神——火星也會在同時進入巨蟹座。此外，有位自稱和外星人有頻繁接觸的瑞士人通報說，2010年或2011年將是新的世界大戰的預期。還有人更具體預言：2010年10至11月份會爆發新的大戰。

根據筆者的理解和經驗，2030年代特別是其中的2032（壬子）和2034（甲寅）這兩個流年，比較可能是另一次大戰爆發的敏感時期。果真如此，誰最有可能發動戰爭呢？以往兩次大戰都是德國發動的。經過差不多半個世紀冷戰時期分裂後，再度統一的德意志現在是意氣風發，儼然是一副「歐盟領袖捨我其誰」的氣勢。但在基督徒看來，歐盟就是現代的羅馬帝國，後者曾害死了耶穌，因此歐盟首領很自然被視為（至少是潛在的）「敵視基督者」。猶

太教徒則對二次大戰中遭受迫害的情景記憶猶新，他們擔憂再度「發跡」的日耳曼人，可能又成為新大戰的動力源。除了德國和上述的日本（再加上土耳其），誰還有可能會發動大戰呢？霍匹（Hopi）是目前居住在美國亞利桑那州東北部的土著印第安古老部落的居民，他們的長老根據該部落悠久的歷史智慧，早在半個世紀前就預言說，第三次世界大戰將會由那些首先接收到光即神靈智慧或智性的古老國家（如印度、中國、埃及、巴勒斯坦和非洲）的人民所發動；戰爭中美國人和土地將會被原子彈與核輻射所毀滅；只有霍匹族和其土地會倖免於難；這場大戰將是精神信仰與物質追求之間的衝突，並以前者勝出而告終。這讓我們聯想到印度教的末世論，現代印度教徒預言2039年前後將是末日，屆時會發生核大戰，但信徒將能逃過此劫。此外，美國靈媒凱西去世前二年也預言，在擁有真正行政權力的「聯合國」（世界政府）誕生前，人類可能會有一場大戰，北非（埃及）、中東（敍利亞）和西亞（土耳其和伊朗）等地區，會是未來戰爭的策源地。看來凱西和霍匹人對未來世界大戰的根源有著相似的預見。但願上述所有對新大戰的推論，都屬於自我否定的預言。

五、參考資料

以下中文資料按出版年份的先後排列：

《八〇年代大預言》，余雪鴻著，臺北：希代書版有限公司，
　　1982 年。

《新舊約聖經》，南京：中國基督教協會，1982 年。

《預測論基礎》，翁文波（院士）著，北京：石油工業出版社，
　　1984 年（該書線上閱讀的網址：http://vip.du8.com/books/
　　sep0s13.shtml#comm）。

〈伊斯蘭教對世界文化的貢獻〉，《震撼世界的伊斯蘭教》，
　　【德】赫伯特‧戈特沙爾克著，閻瑞松譯，西安：陝西人民
　　出版社，1988 年， 第 145-7 頁。

《驚世大預言》，黃易著，香港：聚賢館文化有限公司，1990 年。

《未來二百年：建構二十二世紀全球新藍圖》，【美】赫曼‧康
　　等著，賴金男譯，臺北：源流，1992 年。

《2000 年大趨勢》，【美】約翰‧奈思比、特利希婭‧奧柏丁
　　著，伊萍譯，臺北：天下文化出版股份有限公司，1993 年。

《奇門預測學》，劉廣斌著，蘭州：敦煌文藝出版社，1993 年。

《大終結：預言黑皮書：預知西元 2000 年世界末日大事》，楊蓁
　　域著，臺北：文經社，1994 年。

《推背圖最新預言》，鮑黎明著，臺北：武陵出版社，1995 年（四
　　版二刷）。

《國運大預言》，馮際罡著，臺北：方智，1995 年。

《鄧小平與後文革的中國大陸》，李英明著，臺北：時報，1995 年。

《臺灣的終極命運》，馮華儂著，臺北：生智文化事業有限公
　　司，1996 年。

《中國預言之謎：燒餅歌與推背圖之透視》（增訂版），臺北：
　　龍吟文化事業股份有限公司，1997年12月再版。

《諾斯特丹馬預言全書》（上、下冊），洛晉譯釋，北京：時代
　　文藝出版社，1998年10月。

〈1999：災變之年？──漫談世紀末的種種預言〉，作者：胡
　　昕，（美國加州伯克利）《中國之春》月刊第183期（1999
　　年1月號），第79-84頁。

《未來一百年大預言》，【美】喬治‧弗里德曼著（The Next 100
　　Years by George Friedman），中譯本線上閱讀的網址：http://
　　data.book.163.com/book/home/009200170005/0000JNQZ.
　　html。

〈五十六位預言家：2032年第三次世界大戰〉，《未來戰爭論》，
　　曾大江著，2008年10月24日，http://blog.sina.com.cn/s/blog_4
　　ba3edb4010 0bh60.html。

〈中美很可能在2010年開戰〉，作者不詳，2010年2月9日，中
　　國財經網，http://www.bandasarica.com/index.php/article/zai/
　　2010-02-09/430.html。

〈預測學〉，百度百科，http://baike.baidu.com/view/140693.htm。

〈全像投影的宇宙觀〉，作者：Michael Talbot，譯者：魯宓，Bai
　　du 貼吧，2008年1月23日，http://tieba.baidu.com/f?kz=313951
　　123。

以下英文資料按作者姓氏起首字母順序排列：

Conrad, Chris. *Nostradamus and the Attack on New York*. El Cerrito, CA: Creative Xpressions, 2001.

Franz, Marie-Louise Von. *On Divination and Synchronicity: the psychology of meaningful chance*. Toronto, Canada: Inner City Books, 1980.

Friedrich, Otto. *The End of the World: A History*. New York: Coward, McCann & Geoghegan, 1982.

Hogue, John. *The Millennium Book of Prophecy*: 777 visions and predictions from Nostradamus, Edgar Cayce, Gurdjieff, Tamo-san, Madame Blavatsky, the Old & New Testament prophets and 89 others. HarperSanFrancisco, 1994.

Macann, Lee. *Nostradamus: the man who sees through time*. New York: Wing Books, 1941.

Meece, E. Alan. *Horoscope for the New Millennium*. St. Paul, Minnesota: Llewellyn Publications, 1996.

Vaughan, Alan. *Patterns of Prophecy*: the first study of prophecy that presents a workable theory of how man can see— and even alter —his future （《預言的模式》）. New York: Dell Publishing Co. Inc., 1973 ed. / 1976 printing.

"Talbot, Michael (author)", from *Wikipedia, the free encyclopedia*, May 20, 2010.

Waters, Frank. *Book of the Hopi*: the first revelation of the Hopi's historical and religious world-view of life. New York: Penguin Books, 1963.

第七章
馬雅預言的知音們

　　前面第六章對不同形式的歷史預測做了分類，這使我們能夠揭開歷史上先知們的神秘面紗，也得以初步認清馬雅預言的性質，這是一種兼有科學和傳統方法特點的「兩棲」型歷史認識。馬雅預言並非橫空出世的怪物，它隸屬於人類歷史預測的大家族，在那裏它有不少親友相伴相知。馬雅預言所蘊涵的時間永恆和生死輪迴的歷史哲學，和中國古代預言文化的精神一脈相承。馬雅族預見到五千年後的時代終結，中國人則深信每五百年必有王者興；馬雅族看重太陽年的終結，中國人則視朝代的崩潰為「世界末日」（歷史上不少名士都曾自願為舊朝代陪葬，如明末夏允彝和夏完淳父子、清末梁漱銘的父親等）。雖然彼此所用的時間尺度不同，但對宇宙運動和歷史發展規律的近似看法，使這兩個民族的智者們心心相印，成為超越時空的心靈之交。此外，馬雅先知對「末日」災難的預見和擔憂，在《聖經》（「馬太福音」和「啟示錄」）中能找到內容類似的生動描述。十六世紀法國先知諾特丹穆斯，更是對馬雅族「兩棲」預言法，有著似曾相識的親切感，至今在馬雅人中還流傳著，諾氏在美洲為印第安人治病、研習土著文化（包括馬雅星象學）的故事；而四百年後「在睡眠中預言」的靈媒凱西，就像是馬雅先知的轉世神童。

一、中國古代的預言文化

（一）作為政治預言的讖語

　　西元5年，聲望如日中天，但被正統史家貶為篡權奪位的王莽，處在全民勸進浪潮中正無所適從。12月，年僅十四歲的漢平帝去世，同月，長安附近有人在掘井時，挖到了一塊白石，上面還刻著字。《資治通鑑》記載說：「武功長孟通浚井得白石，上圓下方，有丹書著石，文曰：告安漢公莽為皇帝。」（「安漢公」是王莽其時已受封的爵位。）得此「天命」的王莽於是就被任命為代理「國家」主席（時稱「攝皇帝」）。近來有人在挖掘史料中發現了一個真實的王莽，說他的改革措施頗有現代意義上的「社會主義」性質，他的「篡位」其實有著廣泛的民意基礎，當時漢王朝天下幾乎所有的讀書人都拿起筆來寫信，懇求他就任「大總統」以拯救世界，王莽可以說是中國歷史上獨一無二的民選皇帝。上述「丹石文」事件是否由王莽一手導演，這屬於專門史家的功課範圍，此處需要我們關注的是預言本身的性質和功能。中國幾千年歷史，幾乎每個朝代都見證過類似的預言，如：

- 西周末謠傳的「桑弧箕服，實亡周國」。
- 秦朝時流傳的「亡秦者，胡也」、「阿房阿房，亡始皇」、「楚雖三戶，亡秦必楚」和「始皇死而地分」等預言。
- 西漢時流行的「寶文出，劉季握；卯金刀，在軫北；子禾子，天下服」。
- 東漢時傳言的「代漢者，當涂高」。
- 三國時傳說的「鬼在山，禾女運，王天下」（即「魏要主

宰天下了」）。

- 隋唐時傳聞的「桃李子，得天下」和「女主昌」等。
- 五代後周時期風聞的「點檢為天子」（「點檢」是宋太祖趙匡胤當時在後周朝廷中所任的官職，相當於現在的首都衛戌區司令）。
- 明朝時傳言的「莫逐燕，逐燕燕高飛，高飛上京畿」（該預言使明太子燕王朱棣奪得王位）。

古人叫上述這些帶有強烈政治涵義的歷史預言為讖語，它盛行於秦、漢時期，在傳統文化中是讖緯學的一部分。「讖」是由傳統的方士（今或稱靈修者或神秘家）製作的用來斷吉凶的隱語或預言，二千多年前秦末的陳勝、吳廣起義，就利用讖語製造了「大楚興、陳勝王」等預言，作為動員民眾起來推翻秦朝暴政的輿論。「緯」則是以陰陽五行說和災異論，附會解說儒家經典之書（如《易緯》和《春秋緯》等）。讖語和緯書乃是中國文化裏的一種神學啟示，是具中國特色的政治和（後來的）歷史預言。這些讖言大多是通過自然，或人為的神秘途徑所取得的符瑞和祥物來傳導。本章開頭述及西漢末的王莽（45B.C～23A.D），就利用讖語來為自己稱帝製造輿論；之後的漢光武帝劉秀（6B.C～57A.D）也是借《赤伏符》中的讖言登基開國，那幾句讖言是這樣說的：「劉秀發兵捕不道，四夷中集龍鬥野，四七炎際火為主。」意為天下大亂，只有劉秀才能施行天道，平定天下。這種指名道姓的讖語一下子就讓應讖者身價暴漲。兩千多年前民智未開、訊息不通的時候，朝代更替或政權轉移都需要血與火來奠基的，而讖語的作用就在於盡可能給競爭王位者（相當於總統候選人）增添合法性和權威性，同時也能最大限度地減少歷史轉變時期的社會成本，其功能有些類似於現代的大選政綱。但讖語有著強烈的神學和迷信色彩，政治目

的性太強，無論對當朝皇帝還是皇位候選人，它都是一把雙刃劍，猶如水能載舟，也能覆舟。當年和劉秀同時自稱皇帝的，還有蜀郡（今四川省）的公孫述，他也有讖言作為「君權神授」的依據，而且這則讖語比劉秀的《赤伏符》還要古老和神秘，據說是出自漢昭帝元鳳三年（176B.C）正月，皇家上林苑裏發現的蟲食文，即蟲子把樹葉咬出了人可讀出的文字形狀，文曰：「公孫病己當立。」本來，這「讖言」已應驗在漢宣帝劉病己（劉洵）身上了，但野心勃勃的公孫述卻重拾舊紙，將這讖語改成「公孫當立」來與劉秀競爭。於是，雙方便都投入了一場政治預言解讀霸權的爭奪戰；最後，公孫述自知理虧而退出「大選」，劉秀便有了勝出的機會。由於這起論戰，靠讖言起家的東漢開國皇帝劉秀在位時，將讖緯學上升到國家意識形態（神學）的高度，以便壟斷對讖語的解釋權，一時間不懂讖學者竟無緣出仕。但魏晉以後，讖緯學便遭禁止，隋朝更是明令禁毀了有關書籍。此後，傳統的讖學便式微了，但作為時政或社會政治預言的讖言，卻以另一種更加複雜多樣的形式出現在歷史上，其功能也不再僅限於時政預言，這就是中國古代歷史上那五首著名的預言詩，即《萬年歌》、《馬前課》、《推背圖》、《梅花詩》和《燒餅歌》。

（二）作為歷史預言的讖詩

從宇宙萬物的千變萬化中找出規律來把握個人和群體的命運，這其實是普遍的人心。中原的地理優勢讓華夏先民們早早發展出了農業文明，而要獲得豐收，就不能畏懼於「天有不測風雲」的成見。我們祖先相信事在人為，所以很用心去觀察包括天氣在內的萬物變化週期；三千多年前文王被囚演《周易》，為後世留下了珍貴的預知天地變化、陰陽消長之規律的方法。中國歷來被稱為

「神州」，意為這是一塊神靈庇佑的土地。照第五章述及的現代靈學，所謂神靈乃是一種與物質對稱而看不見的靈質（能量），它或多或少地分布在我們每個人的體內；歷史上的先知們就是那些身上具有比較多的靈質能量（或神力）者。在人類今次文明發展中，華夏民族已經過了五千多年的歷史風雨，讓人驚嘆的是，每一個漢人統治的大一統王朝都有自己的先知伴隨，如西周的姜太公（姜子牙）、漢朝的張良（張子房）、唐代的李淳風、宋朝的邵雍（邵康節）和明代的劉伯溫（劉基）等；三國時代的諸葛亮更是家喻戶曉的「智多星」。以往在坊間、如今在網上廣為流傳的五篇著名預言詩文如《萬年歌》、《馬前課》、《推背圖》、《梅花詩》和《燒餅歌》等，都托名於這些全智全能者。從歷史上來看，這些預言詩也屬於傳統讖緯學的範圍，但它們的形式比較多樣，既有嚴謹的律詩體，也有活潑的歌謠體；內容也不再限於單純的時政預測，而是包含了對歷代帝王將相的窮通沉浮、各王朝的興衰更替，和普天下的治亂循環等宏觀歷史發展的觀察和預見。如果說傳統讖學盛行的時候，社會生產力還比較低下，歷史活動相對單純，那時，除了個人無法控制的天災和生、老、病、死的自然命運，能對人們日常生活和性命安危造成直接影響的，就是王朝的興衰或朝廷的更迭，那麼上述這五篇預言詩所反映的就是，面對日趨複雜多變的歷史活動，而又不斷面臨外族入侵的華夏民族，對明君、清官和盛世的渴望心理。人們希望從朝代輪換的週期中找到天下治亂的規律來，這應該也算是我們祖先通過歷史預測來把握國運的一種努力吧。

由於魏晉之後歷代王朝都很忌諱讖緯之作，這些歷史預言詩就只能假名於聖人賢士在民間流傳，如成書於清朝末期的《萬年歌》就托名於西周的姜子牙。在口述手抄中這些預言詩很容易會以

訛傳訛、變形走樣，再加上這些讖詩的具體涵義都顯得十分隱晦，其中摻雜著典故、字謎、拆字、雙關、隱語和歌謠等語體，因此，除非具備足夠豐厚的文史修養，一般人幾無可能僅通過字面涵義，來理解這些預言詩文的隱意。由於所有這些預言詩都沒有明確的預期，故後人只能或可以根據自己的理解或需要來隨意詮釋。譬如，《推背圖》第三十九象頌詞中有「一朝聽得金雞叫」，這裏「金雞」一詞到底是指中國現代史上的哪一年呢？照理，「金雞」對應的干支是「辛酉」即1921年，那年3月13日，外蒙古宣布獨立，5月5日孫中山在廣州就任中華民國非常大總統，7月中共召開一大；但也有人說「雞」是指日本投降的1945（乙酉）年。平心而論，這兩種解法都能從上下文找出依據。不少人會覺得這些歷史預言相當的靈驗，其實這多是後人拿已有的史實去削足適履、牽強附會的結果，我們至今都還未能找到事先就根據這些預言，來明確推斷將來某個階段發展的記載。《史記》上記錄了這樣一件事：北方燕地（今河北一帶）有位大方士叫盧生，奉命入海求仙回來，向正在北巡的秦始皇獻上一冊神秘的圖書，上面說：「亡秦者，胡也！」始皇對此寢食難安，因為他渴望秦朝能千秋萬代傳下去。於是，他斷定「胡」者，匈奴為患也，便令大將軍蒙恬領兵三十萬北擊匈奴，同時修築萬里長城擋胡人。誰知天機幽秘，預言最後應驗的卻是，秦王朝亡於始皇生前最寵信的小兒子胡亥之手。稱帝才六年的秦始皇哪裏能想到，預言中的「胡」字竟然是指承繼他偉業的二世皇。讖語本身無意的模糊性或有意的含糊性，讓人難以事先準確預知未來，由此可見一斑。正如金聖歎（1608～1661）批注《推背圖》所曰：「證以往之事易，推未來之事難。」

（三）五篇讖詩預言了什麼？

　　研究考證上述這些預言詩文的真正作者、確切年代和隱語涵義，是歷史預測在今天作為一門學科來建設的課題之一。但筆者更看重的是，這些歷史預言書千百年來在統治者嚴禁下竟能流傳至今，並且還在繼續傳播的頑強生命和持續魅力，就像人們看野草並不會在意其長相如何。這些讖緯之作究竟具體預言了多少歷史內容、能否讓今人明確預見未來發展，這其實並不是問題的要害，關鍵是這些隱晦曲折的預言詩所透出的歷史哲學，即生死輪迴、治亂交替、古今一體、天人相應和日月相輝的循環歷史觀。它是孟子所說的「五百年後必有王者興」的歷史信念，同時也反映出華夏民族「致中和、天地位焉，萬物育焉」的中庸宇宙觀。在兵荒馬亂和暴政如虎的苦難而漫長歲月中，這種世界觀和歷史觀構成了中國人頑強生存下去的精神支柱。這五首讖詩在蒙古人鐵蹄統治的元朝、滿族人逐鹿中原的明末清初，和西方列強入侵的清末民初這幾個時期流傳甚廣；就此來看，那些預言詩的真正作者本不在意自己的讖語是否能讓後人具體地預見未來，而是想通過這些精煉的詩句或通俗的歌謠，來喚起大時代轉變時期中人們的（道德）審美理想、（大一統）歷史意識和（華夏）民族自尊。這理想就是《推背圖》第五十九象讖曰的「無城無府，無爾無我；天下一家，治臻大化」的儒家大同境界。一個具有如此高尚精神的民族，就一定能在歷史長河的風雨和沉浮中堅信「最佳秋色在長安」（《梅花詩》第八首）。如果這個詮釋符合情理的話，我們就不難理解何以那些預言詩文都只能反驗（即事後來附會）而無法正推（事先作推測）。壽命長達八百多年的周朝，是中國歷史上第一個大一統王朝，也是歷代中延續時間最長的政權，被譽為中國傳統社會的「黃金時代」。

在當代命學看來，周人貢獻給我們的是以象數（即《周易》）來概括宇宙萬物變化規律的歷史預測方法（見第三章第三節中「邵雍的元會運世歷史階段」）。除此之外，上述這些預言詩文構成了中國古代第二種歷史預測方法，值得我們留意。

二、《聖經》的末日預言

在波平如鏡的密西根湖畔，美國芝加哥大學綠草如茵的校區內有一座末日時鐘（Doomsday Clock），這是由參與研製世界上第一批核武器的科學家們，在美國向日本投下兩顆原子彈後的第二年，即 1947 年設置的，鐘面上僅在左上方有十五分鐘的時間刻度，有關人員根據全球風雲變幻的吉凶程度，隨時調整距離末日（即子夜）的時間，以保持人們對核武器或其他科技手段所引起的毀滅性災難的危機意識。最近一次調整是在 2010 年 1 月 14 至 15 日，時鐘被撥慢了一分鐘，因為國際社會近來似乎在核武與暖化問題上加強了合作，但即便如此，人類離末日時間也只剩下六分鐘。這座末日時鐘雖然是現代科學的產物，但末世觀念在西方卻由來已久，其源頭就在於記載了史前文明那場大洪水的猶太—基督教的《新、舊約聖經》。雖然近代文明已持續了近五百年的漫長歲月，但《聖經》所蘊涵的歷史哲學卻一直影響著世人的歷史觀念，也構成了今人在理解馬雅預言時先入為主的「末日恐怖」心理。

（一）聖經的歷史哲學：從創世走向末日後永生

上面述及古人謂之讖學的中國預言文化，這種帶有神學傾向和迷信色彩的預言，先是被用作改朝換代的政治工具，當中國不斷受到外族騷擾、侵犯和攻擊時，預言又演變成類似於基督徒對耶穌

再臨人間的那種歷史信念。不同的是，在中國人那裏，儒家的大同理想始終是歷史發展的起點（如邵雍的退化論）或終點（如《推背圖》），而對猶太─基督徒來說，歷史就是從上帝創世（Genesis）開始直到世界末日（End of the World）為止的一首史詩，期間充滿了宏偉壯烈、波瀾起伏而又驚心動魄的善惡交戰（即所謂的哈米吉多頓，Armageddon）；這是一種直線向前的歷史觀念，樂園被定位在歷史的終點，當我們越是走近「永生」和「上帝國」時，天災人禍就越是頻繁；通常這段所謂黎明前的「黑暗時期」就被稱為「世界末日」，它意味著（猶太教徒）永生的開始和（基督徒的）耶穌再臨和末日審判。相比之下，浸潤於循環歷史觀的中國人則將天堂設在歷史的起點（即前一次循環週期的終點），因此他們沒有末世觀念。馬雅族和中國人有相似的歷史循環哲學。這可以解釋何以歷史上的末日預言多出自基督徒，後者的靈感（Apocalypse）主要來自《聖經》「但以理書」（Daniel）和使徒約翰寫的《啟示錄》（*Revelation*）。千百年來，經過神學家們的世代努力，基督教已發展出一套系統的末世論（Eschatology）。近代以前，《聖經》是敘述人類今次文明發展過程唯一標準的教科書，歷史被分為聖父（即「舊約時期」）、聖子（即「新約時期」）和聖靈（即「自由時期」）這三個時代。我們現在正處於聖靈的時代（始於1260年），期間會有善惡決戰和世界末日，之後，人類就將進入永久和平與繁榮昌盛的黃金時代（即與神同在的天堂生活）。即使對近代以來那些非宗教化的自由派思想家來說，他們對人類歷史歸宿的思考，也脫離不了基督教末世論的模式，區別在於前者的目光盯著現世或俗世而已。人間天堂在康德那裏就是沒有戰爭的「永久和平」，在黑格爾看來它是理性主導一切的「日耳曼王國」，在馬克思的理想中它是消解一切社會衝突的

「共產主義」；而對當代自由派來說，人類歷史已經在1990年代便已終結於市場經濟加民主政治的全民福利社會。如果說《聖經》預言了今次（西方和接受西方文化的）人類文明史，末世論就是具體預言了人類將如何走向她的歷史歸宿。當然，基督教內各派對末世的內容、特徵、涵義和時限的理解並不相同，但這並不妨礙我們從這些繁複的分歧中找出他們的共同點，即信徒們一直都會談到的那些觀念，如末世、復活、永生和天國等。

（二）末世論的四層次：從人性走向神性的完美

「末世」這一概念，按照當代德國神學家莫特曼（Jurgen Moltmann, 1926～ ）的解釋，有四個範圍和境界依次擴展和遞進的層次，即人類個體的末世、人類歷史（或曰人類集體的）末世、宇宙的末世和神明的末世。它們雖有分別，但又彼此關聯，特別是人類個體和集體這兩者的末世。

人類個體的末世是古老的猶太教所比較看重的問題，《舊約聖經》對此有較多的論述。它主要涉及這兩大內容，即死人復活和死後狀態。早期基督教內的異端——靈智派（Gnostics）或新柏拉圖主義認為靈魂是不朽的，而肉體則是微不足道的、需要被超越的。但正統基督教相信人死會復活，因為身心或靈肉是作為上帝形象的人之生命的一體兩面，它們是不能被割裂的；既然沒有脫離肉體可以獨立存在的靈魂，所謂死亡就只是靈與肉的暫時分離，它意味著是肉體在等待上帝來「加持」靈性，即得到屬靈的身體，這就是基督教徒通常所說的「死人復活」的基本涵義，它是基督徒信心的基礎，因為耶穌已經復活，當祂回來時，就會有賞罰善惡的大審判，作為酬報，信徒們生前若遇災難會受聖靈庇佑，死後則將受到上帝的靈性加持，從而能永恆地與主同在（即生活在天堂）。如果

說使徒保羅渴望去死，乃是因為他對自己死後復活的信心，那麼，基督徒渴望人類集體的末世便是因為他們深信：復活的耶穌屆時會再臨人世來主持善惡大審，即宣告人類歷史的終結。

人類歷史的末世是新教——特別是福音派（Evangelists）基督徒們比較關心的問題。相對來說，猶太教類似於小乘佛教，它們主要關心個人的靈魂拯救（或精神解放），新教則和大乘佛教相似，兩者都有普世情懷，都深信只有「解放了全人類」，信徒們才能最後拯救出自己。這一層面的末世論也是本文的關注所在，為此，我們需要辨認出人類歷史末世的前兆，譬如，假先知或敵視基督者的流行、道德淪喪、饑荒蔓延、戰爭頻繁和地震頻發等；記得人類歷史末世期間會發生的歷史事件，如教徒人滿為患、救恩時代終結、敵視基督者被清除、魔鬼被捆綁、大審判開始以善惡定賞罰、舊世界毀滅和新世紀來臨等；認清人類歷史末世的結果，即個體在上述末世期間發生的歷史事件中經歷肉體死亡、靈性死亡（善者在屬靈生命上暫時與上帝的分離，但可藉靠信仰重新歸於神）和永恆死亡（惡人受審被扔在烈焰中永遠與上帝分離）；而人類集體則在經歷舊世界毀滅後，將迎來新世紀即進入「上帝國」，從而終結（今次人類發展的）歷史。

宇宙的末世是指大自然或宇宙在演化中所經歷的萬物更新階段，其內涵和範圍遠遠比「上帝國」要豐富和寬廣，而與馬雅預言的時代終結日涵義相似。

神聖的末世所關注的乃是人性如何向神性轉化，這一事關人類個體存在和集體發展終極意義的問題。

在區分了末世這一概念的層次後，我們就已大致了解了末世論的內容，也可以理解何以基督徒對末日預言會有那麼高漲而又持久的熱情。

（三）世界末日的預期：從毀滅走向新生的渴望

　　根據猶太教義，我們今次文明歷史的末日將在2240年，即猶太曆法上的第六千年。但以猶太教革新派面目出現的基督教，其教義卻明確告誡：末日來臨即耶穌回歸的日期，是唯有神主才知道的天機（《聖經·馬太福音》24：36）。然而，從古至今有關的預言卻前仆後繼地層出不窮，僅在過去的幾百年間，上述大英博物館的圖書館所收藏的幾百種有關書籍中，對《聖經·啟示錄》的解釋竟然有近千個不同的「末日」來臨時間。有人作過統計，自1900年以來，已經有一千一百人自稱是耶穌轉世或基督再臨。下面是精選的基督教末日預言案例，從中可以看到千百年來，作出種種末日預言的信徒們，雖然彼此的種族、家世和文化背景不同，在歸依耶穌時的心理、動機和目的也可能彼此迥異，但他們對末日的渴望心情卻表現出驚人的一致。

1. 傳統方法推測的末日預言

- 西元前2800年，亞述人泥土碑上記下了世界最古老的一個世界末日來臨的預言，上面寫道：「我們地球近來將會衰落。各種跡象表明世界將迅速走向終結。賄賂和腐敗相當普遍。」顯然，時人已明確視惡行為末日的原因。

- 二世紀時，孟他努派教徒（Montanists）可能是第一批普遍信奉「世界末日」的基督徒。他們深信耶穌基督很快就會凱旋，於是就在土耳其中部的安納托利亞建立了一個基地，以便在此一起等待世界末日的到來。孟他努斯是一位有著巨大感召力的宗教領袖，可以口舌如簧地發表演說，但卻對他所有末日預言未能應驗而無能為力。

- 1033年，即耶穌殉難後的一千年，信徒們翹首仰望天空，

盼能找出這一年末日來臨和基督回歸的跡象。

- 1524年2月1日，倫敦星象師預言：泰晤士河將在當天爆發人類歷史上第二場毀滅性的「大洪水」，這一世界末日預言驅使了二萬人離家逃往高處，但最後英國卻太平如初。

- 1666年，這一年出現了一連串的末日預言。由於此年份中包含三個「6」，一些人便將它與《聖經·啟示錄》中的「獸數666」連繫起來，再加上瘟疫長期肆虐英國，更使人們越發相信這年發生的倫敦大火乃是最後審判日的前兆。

- 1814年12月25日，英國德文郡的蘇斯考特（Joanna Southcott, 1750～1814）自稱先知，並斷言自己將是新耶穌之母，將在1814年聖誕節那天分娩。

- 1843年4月23日，在多年來對《聖經》進行非常認真仔細的研究之後，美國新英格蘭地區，一個名叫米勒（William Miller）的農夫得出驚人論斷，即上帝已經敲定摧毀地球的時間。此後，米勒向所有願意聆聽者解釋說，世界將在1843年3月21日至1844年3月21日的某一天走向毀滅。

- 1914年，在一次次預言失敗後，耶和華（猶太教神主名稱的基督教讀法）的信徒們不再聲稱自己知道了世界末日的具體時間，但並沒有放棄預言世界末日的努力。美國基督教異端宗派「耶和華見證人」創立者羅素（Charles Taze Russell）計算出耶穌將於1914年以自己的方式對地球施加影響。該年爆發的第一次世界大戰似乎支援了查爾斯的預言，但大戰並未導致世界的毀滅。

- 1969年，自稱是耶穌轉世的曼森（Charles Manson, 1934～　）認為，美國日漸緊張的種族衝突會在當年引發

世界種族大戰，屆時，「曼森家族」將統治全世界。然而種族大戰並沒有發生，於是，通過搖滾樂來詮釋《聖經》，並以此來煽動暴力革命的「曼森家族」便開始連續殺人，曼森本人最終以謀殺罪被判處終身監禁。雖然曼森本人並未動手殺人，但他為手下人辯護說，他們殺人動機乃是為了懲罰統治階級奢侈的生活方式。

- 1982年12月，美國基督教聯合會創始人、全美基督教聯盟主席、基督教廣播電視網董事長羅伯遜（Pat Robertson, 1930～　）博士預言說，這個世界將在年末迎來最終審判。

- 1988年，這年的末日預言主要出自1970年的暢銷書《聖經預言：消失的偉大地球》引起。書中解釋了《聖經·馬太福音書》中的一段話，大意是救世主將在以色列復國四十周年時歸來。同年，11月13日，曾任職於美國太空總署的工程師維森納特（Edgar Whisenant）出售了四百五十萬本預言書《1988年被提的八十八個理由》。書中預言，這個世界將會在1990年代消亡。

- 1992年，韓國「耶穌再臨日的使命」教會宣布：這年的10月28日為世界末日。該預期是通過所謂數字學和圖片中出現的魔幻圖來決定的，約有二萬名教徒相信他們會在該日期的子夜時分就被提到空中和主耶穌相會，然後開始地上的末日過程。為此，許多韓國人變賣家產、辭去工作、離家出走，至少有四位信徒在「末日」來臨之前自殺身亡。

- 1993年，美國大衛教教主考雷什（David Koresh, 1959～1993）率領一百名信徒，在德克薩斯州韋科莊園靜坐等待世界末日的到來。在他們的周圍則是聯邦調查局的特工們。信徒們在考雷什的指揮下，儲藏糧草和飲用水，荷槍

持彈，戒備森嚴，準備繼續頑抗到底。他們此時深信考雷什的預言已經靈驗，「世界末日」就要到來。最終，有近百名信徒被燒死，其中包括考雷什本人。

- 1998年3月31日上午12時01分，這是有關耶穌再臨日最精確的一次預言。臺灣基督教派「真理之路」（The True Way）的領袖陳恒明在美國電視臺上宣布，這一刻上帝將要復臨，祂將乘坐太空船真正著陸地球。此外，哈基（Marilyn Hagee）在《時代的終結》一書中也預言，耶穌將在這年5月31日來臨。美國著名靈媒凱西也預期耶穌會在該年凱旋。

- 2008年3月21日，一個以英國為基地的國際性基督教派「上帝目擊者」（The Lords' Witnesses），在其網站上宣布這一天就是「世界末日」，該預言現在仍掛在其網站上。此前，該教派已作過一百五十多次的世界末日預言，信徒們認為，《聖經》是用象徵性代碼來寫的，其涵義只能等到末日來臨人類得救時才能破解，而他們所作的未應驗預期的數量本身，可能就是他們正尋求破譯的《聖經》密碼的一部分。

- 2008年秋季 至2009年底，「上帝的教會」牧師維恩蘭德（Ronald Weinland, 1949～　）預言，「世界末日」正朝我們走來。他在2006年出版的《2008：上帝的最後見證者》中寫道，數億人將在2006年末走向死亡。在這個世界進入人類歷史上最為可怕的時刻之前，留給我們的時間最多只有兩年。到2008年秋季和2009年底，身為一個世界強國的美國，還有加拿大和其他幾個西歐盟國將土崩瓦解，不再以獨立的國家形式存在；同時，還會有一場核爆炸。現在

看來，牧師的預言並非聳人聽聞，2008年秋季爆發的美國金融危機空前絕後，重創了全美經濟，也拖累了許多國家。

以上收集的這些末日預言都出自活在宗教情感中的信徒們。對我們這些一生都浸潤於現代科技文明的理性人來說，這些預言猶如痴人說夢般的可笑而可憐；一次次的末日預言只被看成是一種不滿現實的情緒渲洩，猶如野性的牧童喜歡在曠野裏喊叫「狼來了」逗人。但是，歷史上特別是自上個世紀以來，有不少末日預言（如下面所輯錄的案例）乃是出自科學家和工程師的理性觀察和邏輯計算，這些預言雖然也並未應驗，但卻和上述宗教的末日預言一樣，大都不超出第六章所論述的象徵應驗範圍。它們好比是古代社會長鳴的警鐘、現代社會定期試播的空襲警報，讓沉浸在安逸而舒適生活中的人們居安思危；我們無法也不該輕視這一次次未能應驗的末日預言，因為人類今天根本承受不起任何一次成功的末日預言！

2. 科學方法計算的末日預言

- 1881年，一名天文學家通過光譜分析發現，哈雷彗星的彗尾包含致命氣體氰（氫化物含有劇毒）。對於這一發現，人們只產生過一時的興趣，直到有人意識到地球將在1910年5月18日穿過哈雷彗星的彗尾。地球上的所有人是否會沐浴在致命毒氣之下？當時《紐約時報》以及其他報紙都對可能發生的恐怖情景作了預測。

- 1982年3月10日，這次出現了1910年錯誤預言的翻版，一本廣為流傳的「科學」著作《木星效應》告誡人們，行星匯合將引起大地震或者太陽閃焰或者兩者都發生。事實上，我們唯一能感知的行星匯合的引力效應，是在某些地方可能會發生更高的潮汐，潮峰只比平常高0.04毫米而已。

- 1997年3月到5月，這一年，因業餘天文學家什拉梅克（Chuck Shramek, 1950～2000）對海爾—波普彗星（Comet Hale-Bopp）的錯誤觀察，導致出現了眾多「世界末日」的預言。什拉梅克在網路留言板上聲稱一顆伴星緊緊跟隨這顆彗星的尾巴。這條消息被這家很有影響力的網站，不斷誇大並傳遍了整個世界。引起世人恐慌的另一個因素是有人提出太陽系將穿過一個神秘且完全虛構的太空區域，叫光子帶（Photon Belt）。當年3月，一個名為「天國之門」（Heaven's Gate）的不明飛行物宗教組織聲稱，海爾—波普彗星的出現預示著地球將要滅亡，唯一能挽救地球的方法就是「天國之門」信徒的集體自殺。3月26日，警方在美國南加州的一座房子裏發現有三十六具信徒的屍體。 這年還是創世論的第六千周年紀念，這也導致了另一場「末日審判」的恐慌。

- 1997年～1999年，俄國科學家索波羅哈斯（Vladimir So-bolyovhas），在費時很久分析了俄國聖者，和法國十六世紀預言家諾特丹穆斯的預言後，於1997年9月發表了他的預測，即世界末日將在未來兩年中發生，屆時地球軸心將會傾斜三十度，從而使斯堪的納維亞半島各國和英國遭受毀滅性的大洪水，但俄國的西伯利亞地區將不會受到影響。外星人也會適時進行干預，並將整個世界提升至第四空間。

- 2001年，據國際心靈協會於1997年7月發表的一項調查報告，超過百分之九十二以上的會員有過末日預言的靈覺，這種集體靈視所預言的末日都指向了2001年。據預測，屆時海洋會收縮，莊稼歉收，所有的自然法則都會受到干擾

與破壞，戰爭和瘟疫之後會有撒旦和魔鬼出現，不過聖賢與先知也會出來帶領善者去安全地帶避難。該年發生的九一一恐怖事件史無前例，無論是對肇事人還是受難者來說，該次恐怖襲擊都是一副典型的末日畫面。

3. 牛頓對末世論的態度

在所有這些所謂科學預測的末日預言中，最讓人尋味的乃是由牛頓所測算出的預期，即2060年。這位被譽為近代科學巨人的智者，曾相當有耐心地花費了五十年時間，用去了四千五百頁的手稿紙，來預算這個世界的末日來臨時間。根據1704年一封書信上的記載，牛頓的末日預期是將法國國王查理曼，受羅馬教皇加冕的800年這個年份，和此後的一千二百六十年這個年數相加所得到的。這位物理學、天文學和數學大師何以要通過這麼簡單的加法來測算事關人類命運的末日時間呢？「800」和「1260」這兩個數目究竟有什麼神秘關聯呢？牛頓是否運用了古老的數字預測法（Numerology）？這些都是值得探究的問題，也是另一本書的主題。眾所周知，牛頓對《聖經》用情很深，但過去幾百年來，主流學界似乎故意要忽視這一點，大科學家還痴迷於宗教，這在啟蒙運動近三百年後的今天，畢竟在政治上是不正確的。因此，很長時間內世人並不在意牛頓究竟對基督教思索了什麼，直至近年來末日預言甚囂塵上時。牛頓的預言是否會添加到業已很長的失驗清單上去，這已經超出了本文的關注範圍。牛頓認真探究末日時間這件事給我們的啟發是，一個真正意義上的科學家是不會排斥宗教的，牛頓和其他十七至十八世紀的智者（如萊布尼茲），是以同樣嚴肅的態度和理性的方法去探究神學涵義和宗教功能的。這種態度和方法，正是我們今天認識和評判《聖經》的末世論和其他古代歷史預言所需要借鑑的。

三、末日預言的新解讀

　　對教徒來說末世信仰是他們宗教生活的一部分，末日預言則是他們憧憬未來的平臺。耶穌再臨的「末日」之時對所有信徒來說，乃是：「大喜的日子，是最後被拯救的日子。」但對我們這些既不信神又不信來世的所謂現代理性人，這個末日便是「大而可畏的毀滅的日子」，因為「一切沒有悔改」而不信神的「罪人」，「都要被神主口中的氣和降臨的榮光所殺滅」。面對這兩種極端對立的末世解說，我們究竟要如何來理解和把握呢？猶太、基督和伊斯蘭教徒們可以盼著末日，佛教徒至少也能坦然面對（被視為人生「無常」現象之一的）末日。我們這些無神論者（或不信神的「罪人」）又將如何來面對末日，做到既不因迷信而生恐懼，也不由於無知而遭厄運呢？這裏我們根據馬雅預言所蘊涵的萬物平等、時間永恆的宇宙觀和歷史觀（見第五章），分別從宗教和心理層面，來分析末日預言的產生根源和理解方法，以期通過認識基督教的末世論，來加深理解馬雅預言的涵義、影響和功能，同時，拓寬我們的歷史視野、加深我們的哲學思索，也使科學和宗教這兩條「平行線」有些交集和互動。

（一）期待末日的宗教根源：生命永恆與壽命無限

1. 從末日到極樂之園

　　上面收錄的基督教末日預言，其作者的社會背景、教育程度和人生理想都相差很大，他們中間既有出身卑微的農家苦力（如米勒）和見識有限的良家女子（如蘇斯考特），也有科班出身的神學博士（如羅伯遜）和思維嚴謹的工程師（如維森納特），還有

崇尚暴力來改變現狀以滿足私欲的流氓無產者（如曼森家族）。所有這些信徒都從自己的感覺出發，通過末日預言來表達自己對現實世界的焦慮、不滿、憤怒和（或）仇視。當年追隨耶穌的許多教徒都屬於那個時代的「社會邊緣人」或所謂弱勢群體，這些苦力、孤兒、老人、弱女、病患、殘障、絕症、酒鬼、煙槍、賭徒、乞丐、妓女和醜陋等，都是屬於被人輕視、蔑視和遺棄而對人世和生活絕望者，他們自然很想聽到耶穌對他那個時代的末世宣判。對這些活在宗教信仰中的教徒來說，唯有擺脫現世的束縛，才能走向新生和永恆；而擺脫這種束縛的途徑只有個體的死亡或集體的毀滅。但基督徒們相信，人的生命是上帝給的，因此，自殺乃是背神的行為。這樣，唯有世界末日才能給基督徒帶來新生的希望。誠然，末日會伴隨各種毀滅性的災難，但教徒們曉得，人類是需要通過「末日」之門才能跨進極樂之園的，就好比一個女子要經歷生產的劇痛後，才能體驗到生命被延續的驚奇和母愛的滿足一樣。對信徒來說，毀滅無疑就是獲得新生的契機，信仰本身就是天堂的門票。這就是何以基督徒一般都會對末世和末日充滿著期待和熱情。為了表達這種企盼心情，一代又一代的教徒們根據自己獨特的感覺和靈慧、有限的經驗和知識，不斷地預言末日來臨的時間。我們局外人則喜歡用預期的不斷失驗來嘲笑信徒、貶損宗教。其實，千百年來一次又一次的末日預期是否應驗並不重要，因為基督徒相信《聖經》早就預言了人類發展（包括末世在內）的全部歷史內容，它是用象徵性密碼來寫的，其確實的涵義需要等歷史翻到最後一頁，即末日來臨人類得救時才能破解，就好比對一個人要蓋棺才能定論一樣。對處在這漫長歷史過程中的人類來說，每一代所作的末日預期，都象徵著該時代的歷史認識。

2. 宗教文化的死亡觀

十八世紀歐洲啟蒙思想家們對宗教進行了全方位的嚴厲批判，從那時起，隨著主流意識形態的世俗化，我們今天對宗教的末世論和末日預言的感覺恍若隔世，因為我們相信實證科學是唯一合理的思維方式和改造世界的有效工具，它不僅能解釋各種自然（包括人體生理與心理）現象，而且能不斷改進人類的生活質量（包括延年益壽），並指引我們奔向無限美好的未來。作為包括世界觀、歷史觀、人生觀和思維方式的價值系統，科學和宗教是彼此對立的，但現代人要理解宗教，就需要走到宗教裏面去，從宗教的視野來觀察世界。這就好比中國人要學會道地的外文，一定要按外國人的思維方式和語言習慣來看問題和寫文章一樣。現代理性人要理解宗教的末世論和末日預言，除了用同情心來理解上述的教徒心理外，還需要理解宗教對死亡的認識。我們和教徒在面對末日預言時的最大心理差別在於，前者恐懼而茫然，後者坦然而欣喜。這種差別的根源在於兩者不同的死亡觀。基督教認為死亡乃是罪惡的結果，人原本是永生的，至少也有萬餘年的壽數。正如佛教經典所記載，最早人類的自然壽命可達八萬四千年，以後每一百年，就減去一年，最後減到十歲。根據中國聖賢的智慧（見第三章第三節），人的壽命是隨著歷史發展而依次遞減的，開天闢地之後的太古時代人類，其壽有千歲，只是到了五千多年前今次文明開始後，人的壽命才減到了百歲以下。猶太教的《聖經‧創世紀》所記載的壽星是瑪士撒拉，生於大洪水之前的七天；他是諾亞的祖父，據說享年九百六十九歲（3：27）。古今中外的各類宗教，雖然其發生的歷史背景和使用的象徵符號彼此不同，但他們的終極目標卻都是要人返樸歸真，即通過各種形式的道德約束和身心戒律，勸使人類「逆向而行」。印度教的梵天、佛教中的道、猶太教的耶和

華、基督教的上帝和回教的安拉等，這些都是不同的「方便」或象徵說法，其相同的真實涵義就是，在這些神主的使者或先知如釋迦牟尼、耶穌和穆罕默德的渡生、救贖和啟示下，人類最終是可以回歸宇宙本原的。在佛教，這個「本原」之地就是不生不滅的「涅槃」境界，在基督教，則是永恆快樂的「天堂」生活（至於如何來具體描述和理解這個本原，那是另一本書的題目了）。換言之，各宗教的目的都是要幫人擺脫對死亡的恐懼，確立人類生命永恆的信念。古埃及人深信，這個世界上不存在所謂死物，萬物都處在永恆與平衡的運動中。馬雅預言所隱含的時間永恆哲學，實際上也包含著生死輪迴的永生意識。而現代理性人則很難相信會有永恆的生命，總以為這是千百年來勸人為善的陳腐教條，因為以往的科學研究認為人類具有某種生理年齡的極限。然而，十多年前美國科學家們在對瑞典壽星年齡變遷的研究中發現，通過不斷改善和提高心理衛生、個人衛生、公共衛生和環境衛生的條件和質量，人類的壽命是不應該有極限的。若此，在對人類生命本質的理解上，宗教與科學正在彼此靠攏乃至交集。當代科技文明是採用「順勢而為」的方法來延長人的壽命；如果未來科學最終能讓人摘吃到「生命樹的果子」而能「永遠活著」（《舊約聖經‧創世紀》3：22），那麼，它不是與宗教「逆向而行」的做法有了「異曲同工」或「殊途同歸」的效果嗎？

（二）恐懼末日的心理因素：潛意識中的災難記憶

1. 末日與黑暗相隨

上面提到，教徒們一般會對末日充滿期待，但這不等於說他們在面對末世或末日預言時，完全沒有局外人普遍會有的那種本能性恐懼。這種心理決定於兩個主要因素，一是人類潛意識對黑暗的

排斥，而末日災難又往往與黑暗相伴；二是末日預言隨時喚醒著人類潛意識中的災難記憶。人類對宇宙中光明與黑暗、善德與惡行會有本能的渴望與恐懼。對災難特別是伴隨末日毀滅而來的黑暗之恐懼，乃是人類的一種原初心理反映。《聖經》上說，神主創世之前，天地一片混沌黑暗。後來才有了光，它被認為是好的，於是明暗就被分開。對盤古開天後我們第一批祖先來說，長夜和冬天便是一種「世界末日」。即便在今天的電光時代，嬰幼兒都還會本能地恐懼黑夜的來臨，害怕晚上獨自睡覺。前面提到過那場斷開人類文明發展的史前大洪水，災難中最讓人感到恐懼的也許並非是連續暴漲的洪水，因為時人還可借舟船和高地來求生，而是連續幾個月太陽發黑，月亮無光，眾星辰像「無花果樹被風吹落」那樣從天上墜下。這種長時間缺乏任何光源的漆黑環境所造成的末日恐怖感，是習慣於火樹銀花不夜城的現代人所無法想像和難以體會的。

2. 末日與災難記憶

末日預言造成恐怖的原因還在於，它會喚醒深藏於人類集體無意識中的災難記憶。《聖經·啟示錄》將歷史上的各種人禍形容為「四騎士」，即戰爭、內亂、饑荒和瘟疫；這裏我們也可將歷史上毀滅性的火山、地震、颶風與洪水等形容成天災的「四騎士」。第二章提到迄今在北半球各民族中，普遍都有史前那場毀滅性大洪水的傳說和神話。通過世代人類的口述和文字相傳，這個災難記憶早已成為一種文化基因和人類集體無意識的內容。古今中外宗教文化中的末日預言，其基本功能之一便在於喚醒人類潛意識中的災難記憶，鞭策人類用道德來約束自己，以免再遭神譴。《舊約聖經·創世紀》和《古蘭經》都詳細記載了大洪水和諾亞方舟的故事，今人大多是將它們作為神話來欣賞以刺激想像的。但在教徒們看來，這場大洪水是創世紀之後神主第一次對人類動怒，因為人太

貪（偷吃禁果）太惡（該隱殺弟）。根據第二章的論述，我們可以說那場大洪水乃是今次文明歷史上人類最早的災難記憶。教徒們相信，這場末日災難的目的是要終結歷史，即清除地球上的罪人，同時讓諾亞為代表的善者開始永恆的新生活。過去數千年（包括馬雅族）的人類史提供了許多事例，能說明和支持這種末世和災難相隨的觀念。

3. 末世的天災人禍

西方歷史之父希羅多德生前最後幾年，目睹了雅典的大瘟疫。這場據說是由傷寒桿菌引起的恐怖災難，整整持續了三年，造成了五萬人死亡，占雅典總人口的三分之一。瘟疫不僅將雅典的社會菁英摧殘殆盡，更提早終結了雅典的民主盛世和希臘的霸主地位。希臘史上最偉大的政治領袖伯里克力，就是在這場大瘟疫中，被政敵煽動民怨（指他允許鄉下人湧入城市造成傳染）而下臺的；他和自己的二個兒子最終也都死於瘟疫。柏拉圖出世後，雅典的輝煌已沒，歷史給他的考題是為希臘找到歸宿，這就是前述柏拉圖鄭重記下，史前沉沒的亞特蘭提斯文明傳說的時代背景。如果說雅典的瘟疫有人禍的色彩，那麼龐貝城的消失就是天災所為。西元79年，那不勒斯海岸的維蘇威火山爆發，龐貝連同其他二座城市先是被火山引起的地震摧毀，後遭火山灰活埋。龐貝是羅馬帝國最艷麗也是最富裕和最奢華的名城，它的消失無疑是帝國末世來臨的鮮明象徵。此後，125年、164年、250年和312年相繼爆發的大規模瘟疫，造成三分之一人口的死亡，重創了帝國的經濟，摧毀了許多城市的文明，加速了帝國的衰亡，但同時也開啟了新的歷史階段。由於成千上萬的苦難者在末日的絕望中歸依了耶穌，原先備受帝國當局迫害和摧殘的基督教得以迅速成長、發展和壯大，成為主導世界歷史的精神和物質力量。

基督教一統天下的中世紀，其後期同樣伴隨了恐怖性的災難，如瘟疫流行和宗教戰爭。1348年開始在歐洲流行鼠疫，即後來史家所稱的恐怖「黑死病」。它此起彼伏地大約持續了三百年，疫區遍及整個歐亞大陸和非洲北海岸，但以歐洲為甚，那裏的死亡人數高達兩千五百萬人，佔當時歐洲人口的四分之一；義大利和英國的死者達其人口的半數。在這次空前規模的瘟疫中，羅馬教會勢力受到了沉重打擊，因為在最需要心理幫助的時候，許多教徒和居民竟然找不到自己社區的牧師，後者大多憑借知識和財富的優勢，在大難臨頭前就逃之夭夭了。如同古羅馬帝國因瘟疫走上末路，從而為基督教讓出發展大道，這次史無前例的大瘟疫則替崇尚人道的文藝復興時期緩緩拉開了序幕。此後，新舊勢力彼此對峙，宗教改革和反改革運動互相較勁，神權和王權的衝突日益加劇，所有這一切最終導致了歐洲歷史上兩次規模不等的三十年戰爭。一次發生在十六世紀的法國，史稱胡格諾戰爭（1562～1593），其導火線是王權對新教徒的迫害，但戰爭實際上是全民參與的內戰，是法國社會、宗教、政治和經濟諸多矛盾糾纏和激化的結果。這場戰爭打破了羅馬教會大一統的局面，為此後歐洲全面的宗教改革鋪平了道路，也預示了神權時代末期的來臨。另一場「三十年宗教戰爭」（1617～1648）是由神聖羅馬帝國的內戰演變而成的全歐規模的國際戰爭，它對天主教來說是一場末日的災難。戰後簽訂的《西發里亞和約》正式確認了基督教新教與羅馬天主教的平等地位，從而結束了傳統教會大一統的中世紀。歐洲，或者說人類歷史，由此開始步入近代文明的新時期。

4. 末世與災難辯證

　　近代以前，人是自然的奴隸；面對突如其來的天災人禍，人們會時常有末日的感覺。而每一個歷史階段，如人文燦爛的古希

臘、威震四方的羅馬帝國和神權一統的中世紀，它們的末期都出現了空前規模的天災人禍。歷史發展到一定階段客觀上出現的天災，和人類潛意識所深藏的災難記憶彼此加強，產生共振，使天災人禍成為各種末日預言的催生婆與破解者。這裏我們要問：究竟是因為頻繁的天災人禍才導致了「末世」呢？還是因為末世來臨才招致了這些災難？這個問題看似猶如雞和蛋的因果思辯，讓人莫衷一是，其實，它可促進我們深入思索末世與災難的辯證關係，有助於了解末日預言的實質。客觀來看，天災人禍在各個歷史階段都會發生，它並非末世的專利。但是，上述雅典的瘟疫發生在爭奪霸權的伯羅奔尼撒戰爭期間；羅馬的瘟疫是由鎮壓敘利亞叛亂的軍隊所帶回來的。這就是說，一個文明發展到高峰時就會伴隨著相應的天災人禍，而後者反過來又會加速該文明走向末路。今天，隨著科技快速進步和人性的不斷完善，天災對人類生存的威脅程度已大為減弱，人禍的危害範圍也在大幅縮小。在現代意義上，所謂世界末日應是指這樣一個非常時期，即（如美國懷俄明州西北黃石公園底下潛伏的大規模）火山、地震、（史前的那種全球範圍的）洪水、戰爭和瘟疫同時集中在世界各主要地區爆發和蔓延。就概率來說，這樣的非常時期應極為罕見。但是，現代科技文明並非是太平盛世的保險公司，人類有限的理性能力對自己和自然都還遠未認識清楚。在這種情況下，「世界末日」這一古老的歷史預言對我們便具有「警鐘長鳴」的意義，讓我們居安思危，隨時做好應對不測風雲的各種準備。

四、諾特丹穆斯的歷史預測

諾特丹穆斯為十六世紀文藝復興時期，法國猶太裔星象命學

家、醫生和作家。他出生前不久的十五世紀最後十年，哥倫布發現了美洲新大陸，從此歐洲人心目中的「世界」一詞便有了全新的涵義；哥白尼開始了天文觀測活動，一個新宇宙觀正躁動於母腹之中。於此同時，由美洲傳入的梅毒和其他瘟疫正在和開始在歐洲流行，這讓很多激動於文藝復興所帶來的變化者，對未來的發展深感焦慮、不安和猶豫。此外，法蘭西自1428年開始復興後，國力不斷增強，到了1494年便開始與勢力顯赫的哈布斯堡王朝爭奪歐洲霸權；統治集團極欲知道這場競爭將鹿死誰手。人們內心翻滾著各種的慾望和無窮的野心，潛意識裏則呼喚著一位全能先知的降臨，以便能預見這些慾望和野心將會把歷史引向遙遠的何方。諾特丹穆斯的一生是從醫學走向命學的傳奇，他貢獻出後半生所從事的歷史預測活動正好呼應了世人的內心渴望。

（一）從醫學走向命學

1. 小星象學家的成長

米歇爾‧德‧諾特丹穆斯（Michel de Nostredamus，該名有多種漢譯，這裏根據法語音譯）生於1503年12月14日。「諾特丹穆斯」這名字源於拉丁文，意為「我們的聖母」（瑪利亞）。童年時代的諾氏便受到信奉天人感應的的猶太神秘文化的影響；擔任過市府司庫的曾祖父，熱情鼓勵他學習天文與星象，並親自教小諾氏學習拉丁文（當時歐洲的官方語言，其時髦程度猶如今天的英語）、希臘文（好比今人眼中的拉丁文）和希伯來文（類似中國人眼中的梵文）。這些語言功底使諾特丹穆斯日後能夠暢遊於浩瀚的古典文獻，博覽百科群書，為後來的歷史預測打下了扎實的基礎；這些知識都反映在流傳至今的《諸世紀》歷史預測長詩中。

小諾氏從法國南部的鄉下來到當時全國著名的文藝復興中

心、一個世紀前也是全法國基督教徒們翹首仰望的「北斗星」所在地——阿維尼翁，接受完整的人文教育。在學校裏，除了在語法、邏輯和修辭等方面表現出足夠的天分外，小諾氏最感興趣的就是研究天體的運行規律，伙伴們因此都戲稱他為「小星象學家」。但他這種「不切實際的興趣」卻讓做父母的寢食難安。如果說諾氏從父輩那裏承繼了人文學的遺傳基因，那麼他母親家族的行醫傳統和數學天賦，則影響了他現實的職業選擇。1522年，十九歲的諾氏在法國當時名氣僅次於巴黎的蒙彼利埃大學註冊就讀醫學，學業完成後，很快就成了持照開業的醫生。當時法國瘟疫流行，諾氏便用所學知識，積極為病人治療，並能發展出自己獨特且有效的療法來減輕患者的病痛。同時，他利用閑暇參加過猶太煉金術課程（近代以前煉金術和化學並無多大的分別）。這期間，諾氏還漫遊過南部的一些城鎮，包括兒時上過學的阿維尼翁。很可能就是在那裏的圖書館，通過翻譯作品如《埃及的神秘文化》等書籍的手稿，諾氏第一次有機會直面了包括星象學和煉丹術在內的各種玄學資料，這些古老智慧強力激發了諾氏內心對人類精神領域的嚮往和神秘知識的渴望，並改變了醫生後半輩子的人生軌跡。

2. 走到命運的轉折點

　　諾特丹穆斯回母校深造取得醫學博士後，娶了一位品貌才俱備的貴族女子，並有了一雙兒女。行醫生涯的成就和婚姻家庭的美滿正給這位思想獨特、才華卓絕的法蘭西智者的人生道路鋪上一層絢麗的色彩。這時，悲劇卻接踵而來，先是黑死病肆虐法國，他妻兒三人被死神給奪走。接著，諾氏又和他崇敬的良師益友反目結仇，同時，他的岳父母為了索還嫁妝又想告他。最後，僅僅是因為對一個教會雕像的評論出言不遜，諾氏就被戴上了異端分子的高帽。這頂帽子對信仰虔誠的諾特丹穆斯來說，就像中國1960年代

文革「清理階級隊伍」時，一個老實忠厚的人突然在群眾大會上被揪出來，戴上一頂「階級異己分子」或「歷史反革命」的帽子，讓人膽戰心驚而又難以置信。此後，諾特丹穆斯便受到接二連三的指控，差一點沒被臭名昭著，而又凶狠殘忍的西班牙宗教裁判所逮捕法辦。這一系列的不幸遭遇使這位法國醫生百思不得其解，此前諾氏對生活一直很有自信，但現在他卻開始懷疑起自己的能力來了。三十歲前後這幾年，諾特丹穆斯被迫過著流浪生活，曾到過義大利的米蘭、威尼斯和西西里島。米蘭是義大利四大都市之一，三至四世紀曾是西羅馬帝國的首府，和北部的文藝復興基地。這期間諾氏開始深思起自己的命運，於是，他想到了兒時所接觸過的星象命學。諾氏通過替人排誕生星圖，結交到許多新朋友，也由此開始展現他的預言天分；他的才能受到了人們的讚賞，這位法國醫生心情變得開朗起來。迄今，民間還流傳著有關他神奇預測的故事。

3. 二則神奇預測故事

一次，有位領主讓來做客的諾特丹穆斯，替他院子裏的兩頭豬仔算一下命。諾氏隨口答道：「那頭黑豬將被您吃掉，白豬則被狼叼走。」聽罷，那位領主便吩咐廚子將那頭白豬殺掉做晚餐。誰知，領主家中豢養的小狼，趁主人不意時把豬肉給吃了。廚師只好將黑豬殺了充食。大家用餐時，主人得意地告訴客人說，他已經把白豬給殺了。但諾氏卻還是堅持己見，無奈之下，主人只好將廚子召來問話，後者便如實道出了原委，在座的人無不嘖嘖稱奇，沒人曉得諾氏究竟施展了什麼樣的魔法來預知這兩頭豬的命運。還有一次，諾氏在出遊途中突然向一位迎面走來的小伙子下跪磕頭，令人大惑不解，諾氏說他這是在向聖者致意。這位當時名叫費利斯‧佩雷狄‧蒙塔爾陀（Felice Peretti Montalto, 1520～1590）的養豬青年，就是四十多年後（1585年就任）的羅馬五世教皇斯克特斯

（Pope Sixtus）。

　　1544年，由於當局的敵意有所改變，諾氏便回到家鄉所在的法國南部沿海地區，這年，整個普羅旺斯地區發生了有史以來最嚴重的洪水，河流都被人和牲畜的屍體所污染，瘟疫迅速在南部重鎮馬賽城蔓延，於是醫生便加入了緊急救助行列。在那裏，諾氏得以在被他稱為「另一位希波克拉特」（古希臘名醫）的時下名醫指導下，研究瘟疫及其療法。1546年，諾氏被緊急應召去馬賽東北面需要一天路程的埃克斯城（Aix，即普羅旺斯地區的首府），負責應對那裏爆發的瘟疫。此後，醫生又風塵僕僕地趕往埃克斯西面的小鎮薩隆（Salon）去防疫救災。由於他高尚的醫德和高超的醫術，諾氏被贈與終生養老金。命運女神真是一位人生劇神秘而不乏幽默的導演，上次瘟疫殘忍地毀滅了諾氏的首次婚姻和家庭，這次，還是同樣的瘟疫卻造就了醫生的姻緣，新娘是位富有的律師遺孀，他們於1547年11月在薩隆成婚落戶。按常理，這位人到中年而功成名就的醫生該安居樂業了吧，不料新婚後的諾氏竟離開妻子，獨自重遊義大利。但了解這位醫生的人都知道，出生於人馬星座的諾氏，天性就是需要通過旅遊來感受人生樂趣的，不像那些巨蟹座者能一輩子待在家裏而不會生厭。他這次出遊的動機除了上述的天性之外，更多的還是出於他要尋求人生終極答案的願望（要知道，人馬座者乃是天生的哲學家和傳教士！）。然而，醫生是個虔誠的天主教徒，除了上帝，諾氏難道還需要尋求其他的生命涵義嗎？若此，他是否能如願以償呢？

（二）飛向未來的靈魂

1. 神交歷史上的先知

　　諾特丹穆斯再婚後的出遊，不僅重訪了米蘭，還到了佛羅倫

斯，那裏是歐洲文藝復興的動力房所在，它和羅馬一樣是當時學者出遊義大利的朝聖地。一個世紀以來，治理佛羅倫斯的麥迪奇家族，雇用了當時有名望的學者來收集、抄寫和翻譯，久已失傳的古希臘羅馬時期的各種手稿，其內容不只限於科學和藝術，也包括了各種曾經是顯學和科學的神秘的知識領域（即中國人所謂的玄學）。不像中世紀的教會任意禁止人們接觸某一門學科，文藝復興時期的義大利，向所有人開放所有的知識門類，包括傳承體系從古埃及的赫米茲‧特里斯迷杰斯陀斯（Hermes Trismegistos，埃及和希臘神祇的結合，是宇宙神秘領域包括星象學和煉金術知識傳播的守護神）， 到古希臘神話中的俄耳甫斯（Orpheus，音樂的守護神），再到古希臘文明時期的畢達哥拉斯，和柏拉圖的西方神秘主義的精神文化，其中也包含了各主要宗教的神秘傳統，如猶太教的喀巴拉（Cabala）、基督教的靈智學（Gnosticism）和伊斯蘭教的蘇菲派（Sufism）。正是這些激發人類想像和思索的各類玄學，深深地吸引了這位學醫出身的法蘭西智者，諾氏在佛羅倫斯待了有一年半的時間，盡情地飽食了文藝復興的大餐後，才依依不捨地回到了剛在薩隆定居不久的新婚之家，在那裏，這位天性愛好雲遊的先知一直住到了1566年7月2日去世。如果說在佛羅倫斯，諾特丹穆斯還只是神交了歷史上各類先知，回到薩隆後，他的靈魂便開始飛向遙遠的未來，他要用餘生給後世留下對人類歷史發展的千年預言。

2. 開啟神秘的第三眼

為了更有效地觀測天象，諾特丹穆斯將自己四樓層的住房頂樓改建成了開放型的觀天臺和研究室，那裏堆放著各種各樣的玄學資料，每當夜深人靜時，諾氏便會翹首仰望星空，聚精會神凝思，手不釋卷閱讀。前面述及，諾氏的歷史預測方法和馬雅先知所採用

的方法相似，是介於科學和傳統的「兩棲」型。兩者都通過觀測天象運動的週期來預見地上的變化，同時還運用傳統預測方法，來具體遙視變化的內容，區別在於馬雅族是借助特產的致幻物來進入非常規意識狀態，而我們這位猶太先知據說是採用傳統的注視法來開啟「第三眼」，即通過凝視反射性物體（如一碗水、一塊玻璃或水晶石等），來產生幻影，從中可以看出凝視者本人的潛意識內容。這種注視法還能使人更易接收心靈感應所產生的訊息，使潛藏或未知的訊息比較清晰地浮現出來。使用注視法的人往往會在水晶石裏面或後面看到幻影，這其實是一種通過自我催眠來集中意識的方法。諾特丹穆斯則是在晚上，凝視一碗水來獲得未來訊息；有時，他在凝視過程中還會加進魔術的儀式，後者被認為是古希臘預言家、阿波羅的兒子布然科斯（Branchus）所使用的。

3. 預見法蘭西王末日

1555年5月4日，諾氏第一本歷史預測書籍《諸世紀》（Centuries 或 Prophecies），分別在法國里昂和阿維尼翁兩地出版。此前五年中諾氏編纂的曆書（Almanac）中包含的只是對次年的短期預測，而通過《諸世紀》的形式，諾氏對人類歷史預言的時間跨度長達兩千多年，即從他所生活的年代直至3797年，這在西方歷史上是絕無僅有的；在人類歷史上，大概也只有中美洲古代馬雅族的歷史預言，可以在某種程度上與之媲美。諾氏預言了十六世紀歐洲歷史舞臺上的人事變化，如蘇格蘭王后嫁給法國皇太子、英國王后馬麗的去世、英國和法國開戰爭奪蘇格蘭、伊麗莎白女王的繼任等等。在這一系列的預言中，最引人注目的便是一則對當朝的法王亨利二世（Henri II, 1519～1559）遇刺身亡的命運預見。王后麥迪奇夫人乃出身於統治佛羅倫斯的麥迪奇家族，向來就對星象家的預言深信無疑；諾氏在《諸世紀》出版後僅兩個多月就被召進宮內，接受

詳細的命學咨詢。這是諾氏一生首次到巴黎，即便有王室提供的特別通行服務，諾氏也得跋山涉水，一路顛簸，走了整整三十天。據說，諾氏為此行占卜的結局是，可能在到達巴黎後的十天內被砍頭。事實是，諾氏被安排住在五星級賓館，王后與諾特丹穆斯長時間密談，國王本人雖然對命學家並無好感，但也親自召見；諾氏被要求再來宮內以諮詢王室子女的命運。這次國王夫婦分別賞賜給諾氏一百和五十個銀幣（這趟旅途費用就要一百個銀幣），但諾氏本人非但沒有受寵若驚之感，反而有深陷危機之虞，因為事後國王的情婦扮作諮詢客戶，以提供內幕消息為名，恐嚇諾氏趕緊離開這個是非之地，否則巴黎警察局以妖言惑眾的罪名，就能刑事拘留這位鄉下來的巫師。這真是「禍兮，福之所倚，福兮，禍之所伏」啊！但不論吉凶，經此召見，諾氏開始確立了他在法國星象預測方面的權威。四年後即1559年夏天，生於白羊星座的法王亨利二世在騎馬槍術比賽中，被血氣方剛的蒙哥馬利公爵刺中右眼，傷及大腦死亡，這時，諾特丹穆斯的名氣一下子就升到了沸點。此後，全法國乃至歐洲其他一些國家，不分菁英和平民，人人都將諾氏預言奉為聖旨。當年在法國，一間普通屋子的全年租金也不過為四個銀幣，但一本諾氏編纂的曆書卻要賣到八個銀幣。「洛陽紙貴」到如此，實乃人心思變、人心不安的緣故。

（三）透過歷史的雲霧

1.《諸世紀》的預言

《諸世紀》這一書名中的「世紀」和我們通常理解的「百年」這個時間概念沒有任何關係。全書原本按作者諾特丹穆斯的意圖是由十部預言集構成，每一部預言集則由一百首用自由體或四行律寫的詩歌組成，如此，作者的千年歷史預言，將通過一千首詩歌

的形式來表達。《諸世紀》的西文是「Centuries」，這個書名應該是表達了作者的上述意圖，同時也巧妙地暗示了預言本身所包含的時間跨度。不過，我們現在所看到的《諸世紀》中第七部預言集只有四十一首詩。此外，作者生前其實還有計劃要寫第十一和第十二部預言集。在完成了千年歷史預測後，作者是否還思潮澎湃，激情洶湧，意猶未盡呢？不過，以今人的眼光來看，諾氏的預言詩寫得晦澀難解，用詞中夾雜著法語、（法國南部的）普羅旺斯方言、義大利語、希臘語以及拉丁語等，時間順序也被打亂，這究竟是為了逃避教會當局的加害呢（當時自稱為先知的人會面臨死刑的懲罰）？還是作者覺得他只能用這種含混不清的詞句來預言長期的歷史發展？這裏筆者選取《諸世紀》中的一首預測詩歌來說明，諾氏的預言是如何遭到後世（特別是在二十世紀九〇年代前後）的誤解或濫解，以致成了無所不驗的歷史預測「皇曆」，同時提供合理解讀諾氏預言的方法參考。

2. 語言學的解讀方法

有人曾引用諾特丹穆斯《諸世紀》第三部第九十五首詩的第一句，即「多數人（統治）的法律將失效」來說明，四百多年前諾特丹穆斯就已準確地預見到了1990年代初蘇維埃社會制度的衰敗。上述那句中的「多數人」一詞，原文法語是「Moricque」，但法語辭典中查不到「Moricque」，該詞可能是「Morisque」的古體或誤拼，後者是指十六世紀西班牙境內被迫改信天主教的摩爾人（Moor），他們來自非洲西北部，信奉伊斯蘭教。筆者所看到的英文版翻譯多數包含了「摩爾人」這層意思，但也有人僅將該詞譯作「More」，於是便有人將它翻譯成漢語的「多數人」；還有人以為「Moricque」一詞是指莫爾（Thomas More, 1478～1535），他是諾氏的父輩，一個空想社會主義者，其傳世著作《烏托邦》

（或譯《理想社會》）在諾氏學生時代就已流傳。人們據此將「Moricque」一詞引申為蘇聯的社會主義或共產主義制度的同義詞。但據筆者所知，就這首預測詩歌的字面理解而言，西方學者們分成了親蘇和反蘇兩派。前者認為諾氏預言了伊斯蘭教的覆亡和蘇聯共產主義的興起，而反蘇派則一口咬定諾氏預測到了1990年代初的蘇聯解體。其實，除了語言學方法外，我們還可以通過背景分析，即從具體的歷史環境來判斷作者言詞後面的涵義。

3. 歷史分析的破譯法

諾氏生活的十六世紀，其時代主題乃是信仰和不同信仰之間的爭辯與衝突（在二十世紀這種衝突則被換成了政治上的意識形態對立）。這種不同宗教或同一宗教內部不同教派之間的衝突，乃是人們特別是知識分子觀察社會、體驗人生和思索未來的一個主要視野。當時，新興的改革派新教主張，通過個人對聖經的理解來認識上帝，這個理念極大地衝擊了正統的羅馬天主教會，如果允許自由派的新教得勢，則許多傳統教會都將關門大吉，牧師也得回家種田糊口。1521年，也就是諾特丹穆斯十八歲時，宗教改革領袖馬丁・路德被剝奪了公民權；1545年即諾氏出版歷史預言集前十年，特蘭特會議開始了反宗教改革的社會運動。目睹這一切歷史發展，已經和人類各種先知有過神交的諾氏，自然會從一個更廣更深的歷史視野，來認識這些宗教衝突的結局。而且，他的思考不會僅限於天主教內部教派之爭；大約五百年前開始的十字軍東征，和此前四百多年伊斯蘭教興起，這些歷史情景一定不會落在這位猶太先知的聚焦鏡之外的。七世紀興起的伊斯蘭教，在西元第一個千年結束之前，已將其強大的宗教力量轉變成威震四方的阿拉伯帝國，西歐人不得不全力阻止所謂摩爾人，在其領土上任意建造圓頂清真寺的野心。然而，只不過幾百年的時間，伊斯蘭國家就大敗於歐洲基

督教聯盟。現在，從諾氏的眼光來看，在征服了異教之後勢力如日中天的羅馬天主教，只是在步其被征服者的後塵。如果這確實是這位先知對歷史的洞察，那麼諾氏就已經領悟到了，人類歷史運動所呈現出的否定之否定的辯證發展規律。在這個歷史分析的框架內，就上述那首預言詩來說，後人如何理解「Moricque」一詞的涵義就變得有些無關宏旨了，因為它在預言者心目中可以被用來泛指任何一個歷史時期中，阻礙人類前進而終將衰亡的舊勢力。在二十世紀的最後二十年，以人民利益代表自居的，前蘇聯東歐國家的那個官僚特權階層，就是諾氏心目中的「摩爾人」，絕對的權力和無限的特權已經使他們蛻化成這樣一種人格，即政治上只關心私人利益，法律上濫用權力，私生活上道德敗壞。這種人簡直就是諾特丹穆斯所目睹的天主教上層牧師集團的複製品，區別在於後者總以上帝代言人自居。

五、「睡眠中預言的先知」

前面好幾章已多次提到了靈媒愛德加·凱西（Edgar Cayce, 1877～1945），他就像是馬雅先知的轉世神童，能透過歷史的雲霧，具體預見到人類的發展。凱西不僅是二十世紀最著名的先知，也是人類歷史上獨特而罕見的「睡眠中預言的先知」（The Sleeping Prophet），因為他的靈能解讀（Psychic Reading）包括治病和預言，基本上都是在睡眠狀態下進行的。由於在催眠狀態入定很深，凱西曾兩次被醫生宣判臨床死亡。在人類今次文明發展的五千多年歷史上，除了《聖經》上所記載的以賽亞、耶利米、以西結和但以理等猶太先知，以及耶穌、受洗約翰和「啟示錄」作者約翰外，就要數十六世紀法國預言家諾特丹穆斯最為著名了，這主要

是因為他對生前身後長達數千年的歷史作過系統的預測。和諾氏相比，凱西的歷史預言多分散在他平時的通靈解讀中，但他的歷史預測並不隱晦曲折，有些預言都有明確的預期，讓人一目了然；預言內容不僅範圍廣，而且也有深度。這是和諾氏完全不同的預言風格，後者的視野多侷限於基督教的歐洲，和穆斯林的阿拉伯世界及彼此間的衝突關係。生於人馬星座的諾特丹穆斯乃是科班出身的醫師，一生都保持著對高深知識領域的濃厚興趣，而凱西只有初中文化程度，他後來能開業行醫完全是「伯樂相馬」的結果。如果說諾氏的歷史預測乃是有意而為，凱西的歷史預言就是被動而做。但兩人的洞見都影響了人類歷史。近代以來，每當世紀末期人們都會想到諾特丹穆斯的預言；今天，世界上幾乎每個大醫院和機場都在使用，凱西在催眠狀態下所設計的創新電子技術。在科技文明最發達的美國，被有些人貶稱為巫師邪者的凱西，卻是最讓人著迷的人物。下面簡介凱西的人生後，我們就來了解一下靈媒做過的歷史預言。

（一）靈異能力

1. 沉睡時記憶

生於 1877 年 3 月 18 日的凱西，在星象命學上屬於雙魚座者，而且他出生時的水星（表示智力）、金星（人際交往能力）和土星（自我約束能力）也都落入雙魚座。該星座由外層行星海王星主導，後者代表宇宙中的靈界包括精神、夢境、幻覺和理想。此外，上述這些水星、金星和土星還都落在第八宮，而後者也是屬於靈質的活動範圍。難怪凱西會有那麼豐富的靈能可以貢獻給人類。十九世紀後半葉正是基督教革新的活躍期，連凱西家鄉，美國肯塔基州霍普金斯維爾市的的行政區，也被命名為基督徒縣。生活在宗教氣

氛中的凱西，十歲時就開始對《聖經》著了迷，並發誓每年要將它通讀一遍，長大後做一個能懸壺濟世的傳教者。雖然兒童時期的凱西會時常訴說自己和靈界（如早已去世的祖父）溝通的情景，但他父母並未當真，總以為那不過是小孩子通常有的那種幻覺罷了。然而，十三歲以後凱西表現出來的「特異功能」，就無法再用小孩的幻覺來解釋了：他只要將任何文字材料包括課本抱在懷裏、枕在腦後或人趴在書上入睡後，就能記住裏面的所有內容。這種魔術般的能力，幫助了被診斷有閱讀障礙的凱西，順利完成了中學課程。因家境窮困，凱西上了一年高中就輟學。在書店打工時，凱西又通過這種方法，記住了店裏全部書刊的名稱和價格以及貨物的位置，並被驚喜之餘的老板馬上提升為正式的銷售員。特異功能讓這位充滿靈氣的小伙子深受雇主們的青睞，他年僅二十三歲，月收入就已高達二百美金（相當於今天二十多萬美金的年薪），這是當時許多人打拼一輩子都還無法圓成的美夢。

2. 睡眠中治病

　　然而，凱西的生活理想卻非常的單純，他只想做個虔誠的信徒，並能成家立業。就在凱西準備和心愛的女孩結婚的過程中，他患了重症喉炎，發不出聲音來，這使他只好放棄手上的幾份銷售工作，改做無需多說話的攝影師暗房助理。同時，凱西四處求醫，但都無效。這時，有位舞臺表演催眠師，想通過催眠法來治療凱西的喉炎，以便能吸引更多的觀眾。雖然催眠中的凱西能正常發聲回答提問，但每當催眠結束後，便故態復萌，這讓凱西十分沮喪。後來還是紐約的一位催眠專家建議凱西再做一次治療，讓催眠中完全被潛意識主導的病人自己來診斷病情，並提出治療建議。那天，已被深度催眠而受潛意識完全控制的凱西躺在沙發上說，這喉部的毛病是一個典型的「由心理因素造成的生理現象」，並說患者需要在

無意識狀態下，通過主治醫生的指示，增加喉部的血液循環，即可消除該病症。 於是醫生便要求凱西身體中的血液向患病部位集中。沒多久，醫生和在場患者家屬驚異地看到凱西的上胸部和喉部的顏色變得深紅，患病部位的皮膚溫度也隨之增高。這過程大約持續了二十分鐘。「睡著的」凱西吩咐主治醫生在叫醒他之前，須將其血液循環恢復正常。 凱西從催眠中醒來後驚奇地發現，自己恢復了已失去近一年的聲音。

（二）靈異奧秘

1. 受到壓迫的靈性

後來凱西用同樣的方法即讓自己在催眠狀態下來透視患者的病因、提出治療建議，看好了那位主治醫生痛苦多年的慢性胃炎，和一位六歲女孩大腦停止發育四年所帶來的全身性病症。雖然凱西本人完全無法理解他究竟是如何在催眠中的無意識狀態下給人看病的，但有關醫師卻對凱西「靈視」病因和提出療法的特異功能深信不疑，並根據自己按同樣方法的臨床實踐提出論文來加以說明。為了證明凱西確實是在睡眠中無意識狀態下，診斷病情和預測療法的，那些自以為是的懷疑論者專門對凱西作了測試，有人竟在他沉睡後，用刀切去他手指上的半個指甲。雖然那些醫生被迫認可了事實，但凱西醒來後卻疼痛萬分，身心嚴重受創。這個事例很有象徵意義，它形象地說明了在物質文明時代，人的靈性是如何受到理性的壓制。最後，一向以理性霸道出名的美國醫師協會（ACP）不得不破例允許凱西，使用「靈能診斷醫師」（Psychic Diagnostician）的職稱來行醫。即便如此，還有專以曝光靈術行騙而著稱的哈佛教授，跑去凱西的診所調查、訪問患者和醫生及許多在場的目擊證人，同時還親自參加了幾個靈能治療的全部過程，目的就是

要揭穿凱西的「騙術」。然而，在確鑿的事實面前，這位耿直的老教授不得不肯定了凱西療法的正當性和有效性。

2. 行動自由的靈質

凱西的治病方法在旁人看來非常簡單，他不需要和患者見面，不管是在天涯海角，還是近在咫尺，病人只需來函來電提供姓名和地址即可。然後他就躺在沙發上進入催眠狀態，這時他伴侶會將病人的訊息大聲讀給他聽，凱西隨之就作出診斷，開出藥方。在這過程中，凱西會提到有關的醫學術語和非常規療法的步驟，這些術語包括解剖學、生理學和藥物學等領域，其用詞的準確連醫生們都十分驚奇；而這一切在他蘇醒過來後是凱西完全不知道的；在沉睡時凱西還能說古文或外語。這一切對現代科學來說簡直就是天方夜譚，也因此有人會懷疑凱西治病是有備而來的，至少是有專科醫生從旁協助，甚至有偷竊他人知識之嫌。對此，凱西自己也承認他搞不懂，在催眠狀態中他是如何能自由進出，有關專家、醫生和科學家的大腦，來提取和轉送有關訊息的（後來他認為那些醫學知識都得自於他的好幾個前世）。如果我們還記得前述馬雅預言所隱含的精神與物質平衡對稱的宇宙觀，就會比較容易想通這其中的奧秘，即在原子水平上，靈質可以自由進出物質，其速度類似於光速，但物質的行動自由卻是相當有限的。

3. 前世今生的透視

開業早期，凱西靈能解讀（Psychic Reading）的範圍主要限於人體健康方面（Physical Reading），但隨著解讀的深入，患者已不滿足於身體的康復，他們希望凱西能幫助解答有關心靈發展和靈魂歸宿的疑問。這涉及到人生哲學和宇宙觀，至此，這位虔誠的基督徒便需要面對輪迴轉世（Reincarnation）的問題。實際上，在診斷實踐中凱西已經靈視到，許多患者的疾病乃是他們前世不良生

活習慣和行為方式的結果。「業報」和「輪迴」是東方宗教的觀念，有悖於基督教死後生命的教義。但經過改革運動的基督教並不強制信徒用固定的教義來統一思想，而是允許教徒根據自己的經驗來理解教義。凱西通過無數次的閱讀和思考，最後體認出《聖經》的基本涵義就是強調生命的意義和共同性。經過無數次解讀的經驗和預測的應驗，凱西對自己通過靈能來透視或遙感的預言能力已深具信心。因此，他將自己的業務範圍擴展到「生命解讀」（Life Reading）。這類解讀主要是講述個人的前世生活、此生的目的與潛力和來世發展，它很自然地擴展到心智和靈性（Mentality and Spirituality）方面的諮詢，如夢境、超感、冥想、靈魂伴侶、古代文化、史前文明、宗教哲學和星象命學等。 正是這些內容賦予了凱西解讀的廣度和深度，其重要性也足以和馬雅預言媲美。凱西在「透視」中發現，自己幾百年前在埃及那一世時，曾經是一位高級僧侶，具有很強的特異功能，但因獨斷專行和沉溺於聲色而導致了人生的毀滅。今生他需要無私的奉獻來消除業力的影響，避免產生業報。在先於埃及的那個前世，凱西說他則是一個亞特蘭提斯人（見第二章第一節）。

（三）遙視未來

隨著年齡的增加，凱西在清醒狀態的靈異能力也有所加強。他不僅可以看到圍繞在人體四週的光環（Aura），還能根據這光環來判斷一個人的情緒和身體狀況。但靈異解讀是一項很消耗體能的工作。二戰期間，要求解讀的信函和電報潮水般湧來，但當時凱西的身體條件只允許他每天做兩次諮詢，否則將嚴重損害健康。生於雙魚座的凱西生性就很富於同情心，現在面對那些急需救助的病人和擔憂戰場上兒女安全的父母們，他根本就顧不上自己的安危，

每天連做四至六次的解讀，大大超出了健康所允許的範圍。1944年春，凱西的健康開始崩潰，最後，中風使他再也無法工作。同年9月，凱西為自己也是他生前最後一次作了靈能解讀，他知道末日將至。1945年1月3日，凱西坦然地告別人世，在靈光照耀下「走進上帝的另一扇門」。此前，他已為人類開啟了通向另一空間的大門。忠于職守的秘書小姐整理出過去四十年來，凱西為五千多人所做的一萬四千多份有完整記錄的靈能解讀。由於檔案的數量驚人，主題索引工作是在凱西去世後近二十六年才完成的。下面收錄的凱西歷史預言，就是從上述大量的解讀記錄中蒐集而來的。

1. 關於未來的預見

凱西生前的靈能解讀分成四類即健康、職業、生命和夢境，他的歷史預言同樣也可分成四類：

(1) 關於地球演化和地表變化的預見，其中包括：

- 全球地貌會有戲劇性的變化。
- 二十一世紀初，人類將會覺察到地磁極移動的現象（據報導近期內，北磁極在加速向西伯利亞方向移動）。
- 氣候變化明顯，寒帶區氣候變暖。
- 赤道附近（或者說南半球）的火山活動會比較多。
- 世界各地的沿海地區將有劇烈的地貌改變。
- 美國將會發生很大的地貌改變，包括：
  ①美國西海岸和東南沿海將遭受海侵而沉沒，洛杉磯、舊金山和紐約會相繼被毀。
  ②在加勒比海東岸培雷火山和義大利維蘇威火山開始爆發後的九十天內，美國加州南部海岸會發生大地震，而地震將使猶他州的鹽湖城至內華達州的南部地區為洪水吞沒或沉入水中。

③紐約將在原地的西面重建，預期是 2158 年之前。

④五大湖將改道進入墨西哥灣。

- 歐洲的地理變化將非常迅速。
- 日本列島大部分會（在 1998 年）沉入海底。

(2) 關於古代和史前文明發展的透視：

- 古文明的考古發現將徹底改變人類對自身歷史和未來的認識；這些遺址會在埃及的金字塔、加勒比海地區的比密尼島和墨西哥的尤卡坦半島等地發現。

(3) 關於美國國內和國際政治的預言：

- 美國將一直是全世界的權力中心，但國際政治的重心會向東方移動（前述狄克遜夫人也有類似的預見，認為世界未來的希望在東方），中國內陸地區將會（在未來發展中）佔據重要的位置。

(4) 關於人類社會各方面發展的預測：

- 直覺和靈異能力的使用會日益普遍，許多人可以直接和靈界聯絡，並將有關訊息運用在日常生活中。
- 會產生一種新型醫療方法即基於靈性和體能的轉換療法。
- 生命的連續性（包括前世、今生和來世彼此關聯的概念）會被普遍接受。
- 科學和靈學會停止爭論。
- 一種社會平衡的概念會被普遍接受。
- 世界糧食會有短缺，美國中部、阿根廷和非洲部分地區將成世界糧倉。

2. 未能應驗的預測

對先知上述有待應驗的歷史洞見，人們第一個反應就是想知道這些預言是否可信。綜觀凱西的靈能解讀歷史，他有一系列沒能

應驗的預言。譬如，凱西小兒子生下來後就得病，但他做的靈能透視卻未能挽救孩子的生命。凱西為了籌措資金而給石油商做的找油預測，也無一例兌現。還有1932年，美國著名飛行家查理‧林德伯格（Charles Lindbergh, 1902～1974）的男嬰被綁架，凱西通過許多「靈視」來幫助找人，這些預測也都全無效果。此外，先知曾預言：到1968年絕大多數中國人都會改信基督教，這顯然是作為基督徒凱西本人的一廂情願。

3. 應驗的歷史預言

然而，正如第六章「預言的類型和應驗」所論述的那樣，無論是何種方法做的預測都會有失誤，但在科技主導文明的今天，世人對科學方法的失測比較能接受和容忍，而對傳統和星象方法的失誤就會比較苛刻。其實，凱西有些未能應驗的預言是屬於象徵應驗的範疇（如前述的日本列島沉沒於1998年的預言），而他還有下面這些應驗的歷史預言是可以讓我們對他產生信任的。

- （1929年）股票市場的崩潰和隨之而來的經濟大蕭條。
- 1931年7月直覺所感知的即將爆發的二次世界大戰。
- （1947年）印度的獨立（前述狄克遜夫人也有此預見）。
- （1948年）以色列復國。
- （1945年）羅斯福和（1963年）甘迺迪總統的死亡（珍妮也有此預見）。
- （1947年～1949年）《死海古卷》的發現。
- 1960年雷射技術的發明和發展。
- （1974年）在大西洋中發現的新土地。

雖然前面凱西所作的那些有待應驗的預言，都只有內容而缺乏明確的預期，來作為我們事先採取行動的有效依據，但它們至少可以提供我們思索未來的參考。和馬雅預言和諾特丹穆斯的歷史預

測相比，我們不難發現，凱西的靈視同樣指出了人類發展歷史上一個正在來臨的轉折階段。馬雅人將目標指向2012年，法蘭西先知暗示這一變化時間是在1999年，凱西則具體說明了這些變化的內容，其範圍包括從地球地貌的改變直到人的意識結構的轉換。儘管這些先知各自有不同的預言方法和表述語言，但從他們高屋建瓴而又明察秋毫的洞見中，世人完全可以領悟到：一個新的歷史時期正在微笑而略帶憂傷地走近我們。

六、參考資料

以下中文資料按出版年份的先後排列：

《意大利文藝復興時期的文化》，【瑞士】雅各布・布克哈特著，何新譯，馬香雪校，北京：商務印書館，1979年。

基督教神學家關於「人類歷史三段論」的條目，《宗教辭典》，上海辭書出版社，1981年，第480頁。

《新舊約聖經》，南京：中國基督教協會，1982年。

基督教和末世論的釋義，《中國大百科全書・宗教》，北京／上海：中國大百科全書出版社，1988年2月。

〈《推背圖》的考證及辨偽〉，《術數批判》，陳云根著，香港：天地圖書有限公司，1989年，第69-86頁。

《古今大預言綜觀——燒餅歌與推背圖釋疑》，紫虛生著，志高編譯，北京：中國城市經濟社會（出版）社，1991年2月。

《推背圖最新預言》，鮑黎明著，臺北：武陵出版社，1995年
　　（四版二刷）。

《國運大預言》，馮際罡著，臺北：方智，1995年。

《中國預言之謎：燒餅歌與推背圖之透視》（增訂版），臺北：
　　龍吟文化事業股份有限公司，1997年12月再版。

《諾斯特丹馬預言全書》（上、下冊），洛晉譯釋，北京：時代
　　文藝出版社，1998年10月。

《1999：災變之年？──漫談世紀末的種種預言》，作者：胡
　　昕，（美國加州伯克利）《中國之春》月刊第183期（ 1999
　　年1月號）， 第79-84頁。

〈人的壽命極限：我們到底能活多久？〉，作者：郭卜樂， 2000
　　年10月1日，中國心理熱線，http://www.zgxl.net/sljk/ysbj/
　　lnbj/rdsmjx.htm。

〈推背圖的起源和變遷〉，作者：Bigrain，安徽大學網絡版，
　　2003年11月25日，http://www.mitbbs.com/article/AHU/152
　　5105_3.html。

〈劉伯溫是如何被神化的？〉作者：張星海，搜狐 IT，2005年5
　　月24日，http://it.sohu.com/20050524/n225677363.shtml。

〈中國讖書大觀之四：呂望《乾坤萬年歌》〉，南京西祠胡同網，
　　2006年4月20日，http://www.xici.net/main.asp?url=/b613742/
　　d36717128.htm。

〈雅典帝國的危機——削弱雅典的瘟疫〉，作者不詳，2006 年 7
月 20 日，世紀瘟疫——極度恐慌，http://www.daifumd.com/_
daifumd/blog/html/203/article_41858.html。

《馬前課》，互動百科，http://www.hudong.com/wiki/%E3%80%
8A%E9%A9%AC%E5%89%8D%E8%AF%BE%E3%80%
8B。

〈宋朝預言《梅花詩》解譯〉，作者：紫氣東來，2008 年 5 月 30
日，http://blog.ifeng.com/article/1486460.html。

〈歷史上三十個失敗的世界末日預言〉，作者：不詳，老男人，
2008 年 9 月 21 日，http://www.alididi.info/n7277c28.aspx。

〈人類壽命可能無限延長〉，作者不詳，《大學線上》（臺灣政
治大學新聞系實習刊物），2009 年 4 月 22 日，http://www.
peopo.org/uonline/post/34439。

〈《燒餅歌》原文修訂版〉，推背圖研究網，2009 年 6 月 7 日，
http://www.tuibeitu.net/post/137.html。

〈四十個未能實現的世界末日預言〉，作者：不詳，地圖日記，
2009年7月7日，http://www.atlaspost.com/landmark-1582199.htm。

〈《啟示錄》裏的「世界末日」、「人類滅亡」〉，作者不詳，
豆瓣網，2009 年 9 月 3 日，http://www.douban.com/group/to-
pic/7887803/。

《燒餅歌》，維基百科，2009 年 9 月 6 日，http://zh.wikipedia.

org/zh-tw/%E7%87%92%E9%A4%85%E6%AD%8C。

〈伊斯蘭教的世界末日征兆 ：1400 年前的預言〉，作者不詳，中
　　國穆斯林青年俱樂部，2009 年 10 月 27 日，http://www.mus-
　　lem.net.cn/bbs/thread-27091-1-1.html。

〈十大未兌現的世界末日預言：哈雷毀滅地球上榜〉，作者不
　　詳，（香港）財經日報，2009 年 11 月 7 日，http://www.busi-
　　nesstimes.com.hk/a-20091107-42694/Prophecy。

《推背圖》，維基文庫，2009 年 12 月 10 日，http://zh.wikisource.
　　org/zh-hans/%E6%8E%A8%E8%83%8C%E5%9C%96。

〈劉伯溫〉，維基百科，2010 年 4 月 17 日，http://zh.wikipedia.
　　org/zh-tw/%E5%88%98%E4%BC%AF%E6%B8%A9。

〈基督教末世論〉，維基百科，http://zh.wikipedia.org/zh/%E5%
　　9F%BA%E7%9D%A3%E6%95%99%E6%9C%AB%E4%
　　B8%96%E8%AB%96。

〈終末，恐怖主義和全球化〉，作者：莫特曼，譯者：曾念粵，
　　《信仰之門》，http://www.godoor.com/article/list.asp? id=758。

〈埃德加‧凱西〉，百度百科，http://baike.baidu.com/view/ 8738
　　58.htm。

埃德加‧凱西中文網頁，http://www.edgarcayce.cn/index-gb.htm。

以下英文資料按作者姓氏起首字母順序排列：

Amplified Bible (Expanded Edition), Grand Rapids, Michigan: Zondervan Bible Publishers, 1987.

Barrios, Carios. "Nostradamus and the Mayan Prophecies" in *The Book of Destiny*. HarperCollins, 2009, p. 97-9.

Cheetham, Erika. *The Further Prophecies of Nostradamus: 1985 and Beyond*. New York: Perigee Books, 1985.

Conrad, Chris. *Nostradamus and the Attack on New York*. El Cerrito, CA: Creative Xpressions, 2001.

Dolores Cannon. *Conversations with Nostradamus: his prophecies explained* (two volumes). Revised and updated edition, Huntsville, AR.: Ozark Mountain Publishers, 1992.

Friedrich, Otto. *The End of the World: A History*. New York: Coward, McCann & Geoghegan, 1982.

Hogue, John. *The Millennium Book of Prophecy*: 777 visions and predictions from Nostradamus, Edgar Cayce, Gurdjieff, Tamo-san, Madame Blavatsky, the Old & New Testament prophets and 89 others. HarperSanFrancisco, 1994.

Ian Wilson (1941-). *Nostradamus: the man behind the prophecies, a biography*. US edition, New York: St. Martin's Press, 2003.

Jones, Marie D. "Interpretations of the End"，*2013: Envisioning the world after the events of 2012: the end of days or a new begin-ning?* Franklin Lakes, NJ.: The Career Press, Inc., 2008，p. 48-59.

Lemesurier, Peter. *The Nostradamus Encyclopedia: the definitive ref-erence guide to the work and world of Nostradamus.*（《諾特丹穆斯百科全書》），New York: St. Martin Press, 1997.

Leoni, Edgar. *Nostradamus and His Prophecies* (including all the prophecies in French and English, a critical biography, a bibli-ography of Nostradamus and his commentators, a review of the-ories of him and his method). New York: Bell Publishing Com-pany, 1982 (reprinting of the original edition in 1961).

Lorie, Peter. *Nostradamus: the Millennium and Beyond—the prophe-cies to 2016.* Astrological Consultant: Dr. Liz Greene. New York: Simon & Schuster, 1993.

Stearn, Jess. *Edgar Cayce: The Sleeping Prophet: the earth-shaking prophecies and remarkable medical cure.* Garden City, New York: Doubleday & Company, Inc., 1967.

Vaughan，Alan. *Patterns of Prophecy*: the first study of prophecy that presents a workable theory of how man can see— and even alter—his future （《預言的模式》）. New York: Dell Publish-ing Co. Inc., 1973 ed.／1976 printing;

Weber, Eugen. *Apocalypses: Prophecies, Cults, and Millennial Bel-*

iefs through the Ages. Cambridge, Massachusetts: Harvard University Press, 1999.

"What Islam believes about the End", *Islam and the World Events*, http://www.truthnet.org/islam/Islam-Bible/4Islambeliefs/index. htm.

Wigal, Donald (Ph.D.). *Visions of Nostradamus and other prophets*. New York: Gramercy Books, 1998.

第八章
馬雅預言和新文明

　　前一章提到，人類歷史發展中的一個重大轉折時期，正微笑而略帶憂傷地走近我們。對此，人們一定會好奇於這個歷史新階段的內容和預期。二十世紀靈媒凱西曾對此有具體的預言，內容包括從地貌的改變直到人的意識結構轉換等多重變化；十六世紀的法國預言家諾特丹穆斯暗示，這一變化時間是在 1999 年；而馬雅先知則明確預期，2012 年將是一個大時代的終結日。我們已經曉得，理解馬雅預言的基本思路之一乃是心理學的方法，即太陽走進銀河的天象會帶來的地磁場倒轉，可視為人類意識轉變的一個契機；該方法強調意識結構的改變對 2012 年，和以後的人類歷史進程所具有的轉變性作用。人們也許會問，意識、意識轉變和歷史新階段，這三者之間究竟有何關聯？前述的現代科學量子理論和當代全像投影宇宙觀，在很大程度上能用來解答這些問題。第五章曾揭示馬雅預言所蘊涵的萬物平等的世界觀和時間永恆的歷史觀，這些深邃的哲學思想有助於我們認清，人類今次文明所面臨的困境和發展的規律，以及它和正在來臨的歷史新紀元的關聯。按照筆者的新歷史哲學，我們今次文明的發展乃是一個否定之否定的歷史辯證過程，當代人類社會的諸多頑症（如生態惡化、貧富對立等），只能在歷史的辯證發展中才能治癒，而在「康復」前，會有一個痛苦的時期。第三章曾分別論述了馬雅預言中的巨宏觀天象運動週期（歲差運動），和宏觀時間尺度上的文明發展規律（太陽年）；由此可知，我們目前正處在太陽系演化過程的中期，和地球最近一

次冰河時代中的最近一次間冰期（或溫暖期）。若從宏觀的文明發展來說，我們現處在馬雅人的第四／五太陽時代的最後幾年，或印度人的四瑜珈中最後一個時代的初期。馬雅先知看重宏觀和巨宏觀視野的歷史週期，因為它們對人類文明的存亡具有決定性影響。這裏的問題是，我們要如何來認識迎面而來的歷史新階段？她是人類的新歡？還是舊友？是他鄉的陌生者？還是外星來的怪物？今人習慣於僅從古埃及開始的（已持續了五千多年的）今次文明，而且陶醉於市場經濟＋民主政治＋全民福利這一理想社會模式，作為今次文明的發展歸宿。作為一種活在人類發展進程中生機勃勃的歷史智慧，馬雅預言需要不斷地被詮釋和再認識。正在來臨的人類發展新紀元，乃是馬雅先知在宏觀層次上的歷史敘述；要將這個歷史預見轉變成世人可理解的時代精神，並能身體力行的生活內容，還需要通過當代理性的思辯和梳理過程，將宏觀敘述變成微觀描述。這就是說，我們需要將馬雅先知對人類發展新紀元的洞見，具體連繫到我們目前所處的歷史階段，和今次文明的發展過程來加以認識。歷史猶如綿延的群山，其間可能會有斷層，但脈絡清晰可循；歷史更像廣袤的原野，到處可見各時期的落葉、敗草和殘花；但同時，也隨處有不斷出現的萌芽、青草和鮮果。照馬雅族時間永恆的觀念，認識了今天（的大時代），就等於通曉了昨天（的大歷史），同時也就預見到了明天（的新紀元）。

一、馬雅預言和歷史意識

（一）意識結構和歷史演進

1. 整體性歷史意識

眾所周知，古代馬雅社會是由世襲的祭司神權所主導，「勞心者治人，勞力者治於人」的階級對立狀況十分明顯，九世紀，馬雅低地區域幾乎所有的城鎮都突然遭到遺棄。學者們對此提出種種假設來說明這個文明突然消失的神秘現象，其中一個假說就是，馬雅社會發生了內亂，證據是許多神像雕塑被打碎。階級對立威脅到祭司職位的世襲制，如何通過天象觀測來安定人心以維持社會秩序，這應該是馬雅知識菁英們如此重視天象觀測的一個重要的現實考量。我們今天重視馬雅歷史預言，並不意味著我們希望回到古代馬雅人的神權時代、生活在祭司權威主導的社會中。和其他古代文明社會一樣，馬雅人的歷史意識也是追求物質世界的輝煌（和其他文明的區別在於，馬雅人善用石頭的氣勢來表達祭司權威的神聖），社會組織結構也是男尊女卑的父權中心模式，因此，它和我們今次這個文明發展單元一樣也屬於過去時。我們今天之所以珍視馬雅預言，乃是因為預言所蘊涵的平衡宇宙觀，有利於增強我們的巨宏觀歷史意識，啟發我們用銀河、太陽和地球等演化週期，來幫助建立一個綜合宇宙－人－社會發展規律的整體歷史觀（Holistic History）。一旦確立了這樣一種合理的歷史意識，該意識本身便會構成歷史發展的內容，從而影響到具體的歷史進程。那問題是，意識的本質又是什麼呢？近代文明強調的是，通過改變（自然和社會）環境來改變人的意識。而馬雅預言啟發我們的乃是，意識也可以改變環境。

2. 意識的量子結構

科學家們認為，能量是意識的構成物，它包含了電和磁這兩種物質成分。這就是說，人類意識在本質上具有電磁性質。第四章第一節提到，十六年前的一份科研報告指出，我們人類大腦中有千

百萬個磁粒子，它們和地磁場彼此有一種強大、直接和緊密的關聯。正是這種連繫使得地磁場的改變會直接影響到人類的神經和免疫系統，以及對時、空間的知覺和潛意識的活動（如夢境），甚至是對現實的感覺。有證據顯示，人類的意識狀態能夠改變量子的行為方式，這是因為意識結構具有量子的力學機制，簡單來說，就是意識過程和量子活動相似，它們都無法被分解成獨立的元素，它們的本質屬性在很大程度上要決定於它們和其他元素的相互關係。這讓我們聯想到第六章第一節述及的全像投影宇宙觀，即在微觀層面的粒子水平上，世界乃是一個不可分割而彼此關聯的巨大網路，我們身上神經細胞內某個碳原子中的一個電子，被連接著太陽裏某個氫原子中的一個質子，它們又被連接到水中游魚呼吸的鰓、林中鳥兒跳動的心和天上流轉星辰的粒子。這就是說，人的意識和它所意識到的內容是彼此關聯的，我們的現實世界取決於我們感知世界的方式，換言之，我們的意識狀態在很大程度上決定了我們將如何感知周圍的世界。若要改變現實，首先就得改變我們自身，特別是我們對自己和世界的認識方法。2012年行星、太陽與銀河中心排成一線的天象，每隔二萬六千年才出現一次。這一天象形成及其前後時間，我們星球的磁場正開始衰弱，而衰弱的磁場環境則有利於人類接受變化和改變意識。因此，馬雅預言提供今人一個難得的歷史機會，來深刻總結我們人類五千多年來的文明歷程，興利除弊，排污去穢，脫胎換骨，重新出發。

3. 意識結構的進化

照現代歐洲天才型學者格布薩（Jean Gebser, 1905～1973）的看法，人類的發展過程實質上是量子模型的意識反映，這種意識通過突然的跳躍和轉變的方式來展開自身，從而進化到新穎的意識結構。每一次轉變都是人的身心結構的變化。他用這個觀點將今次人

類文明過程劃分成不同的意識結構時期，即意識的古代結構、意識的魔術結構、意識的神話結構、意識的智性結構和意識的綜合階段。格布薩認為，1914年至1945年兩次世界大戰時期的歐洲歷史，反映的就是意識結構失去了有效性的症狀，同時，這段歷史也預告了新穎意識結構的誕生。每一個新的意識結構都使人類對時空有新的認識，相應的這種認識又使人類更能創造新穎而突現的大腦能力。換言之，每一次意識結構的變異，明顯都是來自原點的意識潛在可能性的突然而深刻的表現。我們也許不能完全苟同這位天才的「意識囈語」，但面對天才的意識，我們卻無法不去思考，人類意識對人類歷史的作用和反作用。想當年，英國小說家奧威爾曾預言：1984年全世界將受極權統治，西方人對此深感恐懼。也許正是這種集體的恐懼意識使得奧氏預言最終難產（或自我否定）。同樣，2000年來臨前的好幾年，世人對千禧蟲（Y2K）也懷有末日的恐怖心理，有人甚至把現金深藏地洞，以防整個銀行系統的電腦設備屆時會全部「中風」。結果，世界照樣美好。如果格布薩能活到今天，他一定會認為以氣候變化為標誌的全球暖化危機，乃是意識結構無效的又一次症狀。只有通過2012年全球生態危機的突然引爆，意識才能出現突變並進化到新的階段。

（二）歷史發展的辯證規律

1. 今次文明特徵和轉折

從宏觀來看，發軔於蘇美和古埃及的今次人類文明，基本上乃是一種入世的意識形態和父權的社會結構，它們主導著現時整個文明發展中的各歷史階段，區別只在於入世的方式和父權的內容。蘇美和古埃及時期是神權和王權的聯盟，古希臘羅馬時期則以（男性公）民權為主，中世紀是神權統治，近代以來則是以民族國家為

軸心的（男性）民權時代，女權運動興起於1960年代，那已經是今次人類文明進入尾聲階段的歷史象徵了。顯然，今次五千多年文明發展各階段的依次交替，呈現出一種否定之否定的辯證歷史節奏，但主導人類發展的意識形態和社會結構的基本內容大致相同，即追求物質世界的輝煌、維護男性統治的威權。在古埃及、巴比倫、中國、印度、古希臘和馬雅，這種輝煌表現於雄偉的金字塔、壯麗的皇宮和恢宏的廟宇，為了追求這種輝煌，人們就得被組織起來有效行動，以開發和利用（自然和人力）資源，而繁重的體力勞動和龐大的組織結構自然需要有父權的威勢。

世人對馬雅預言的恐懼心理在很大程度上，乃是根源於西方宗教文化裏的線性時間觀念（見第七章第二節）或近代文明意識中直線進步史觀，即以為只要我們願意或堅定意志，人類將會永遠走在「金門大橋」上。五百年前，市民階層（和後來的資產階級）開始登上歷史舞臺，他們從神父和國王那裏奪回自己的經濟、政治和社會權利，然後便「君臨天下」，直線進步的歷史觀反映的就是這個新興社會階層，對自己潛能和天賦的無比自信和無限擴展的歷史抱負。在特定的時間階段裏直線進步的歷史觀乃是合理的。今天人類的歷史視野和宇宙意識遠非文藝復興和啟蒙時代所能比擬的。從馬雅人巨宏觀的歷史角度我們已清楚地看到，今次已持續五千多年的人類文明發展，即將進入一個轉折時期，馬雅預言中的2012年就是這一轉折的象徵年份，它標誌著人類集體意識的轉變和新世紀的來臨，雖然這種轉變和來臨是需要付出（巨大歷史）代價的。前述的詹金斯認為，馬雅先賢是將人類文明發展視作一個兩極來回往復或精神細胞有絲分裂的過程，從中將誕生一個新的更加高級的生命體。每經過一次宇宙細胞的有絲分裂，每經過一個二萬六千年週期的歲差運動，我們人類就會愈加接近那個更高級的「龐然大

物」，和「它」相比，人類不過是它身上的細胞而已。

2. 綠色與和平的新文化

　　人們也許會問，我們今次文明之前的人類又是如何生活的呢？之後的人類又將如何發展呢？現有考古證據顯示，距今大約七千至一萬年的時候就有人類生活在今土耳其中部，他們的意識形態和社會結構都與今次文明完全不同。那時還處在新石器時代的人類推崇自然女神，看重人際關係的和諧，而不是追求自己的出人頭地；重視人際間的合作，而不是彼此間的競爭。這種和諧社會後來被我們今次競爭文明所否定和取代，就象我們今次文明將被下一個新的文明所否定和取代一樣，這是歷史發展的辯證規律。　馬雅先知們通過天象觀察，認識到人類發展各階段之間依次更替的不可避免性質，他們所預言的2012年，既是馬雅人長曆法中為時五千一百二十五年（即前述的所謂十三個「巴卡通」）大時代的終結日，也剛好象徵了我們這次文明的末期或轉折，從西元前三千多年古埃及出現象形文字開始，我們這次文明大致也歷時了五千多年。第四章提到，2012年很可能是我們這個世界生態危機的一個引爆點，它是由西方文化主導的全球一體化世界發展的必然結果。屆時，各國都將程度不同地面臨環境污染、集體貪婪和政經不穩的發展形勢。所幸的是，發軔於1960年代的新世紀運動發展到今天，已演變成以綠色和平運動為標誌的人類新文明的發展潮流，這裏「綠色」象徵人與自然的和諧，「和平」表示人與人之間的協商與合作。我們人類從競爭走向合作、從征服走向共存的意識轉變，才是真正意義上的地球磁極轉換，這種意識形態的轉型是人類在新舊交替大變革時代的希望。根據當代馬雅學者的詮釋，上述人類意識轉變過程將在馬雅人所預言的2012年宇宙相合時達到高潮，從而讓我們看出預言的歷史深意。

3. 新文明誕生前夕的陣痛

然而，我們必須有足夠的心理準備來面對，意識轉變或新文明誕生過程中的陣痛，這意味著2012年前後各五十年左右的時間內（即從1960年代至2060年代），人類將面臨因生態危機和新舊對立所引起的價值混亂和社會失序，並需要承受由此而來的身心痛苦、暫時的絕望乃至於必要和大量的犧牲。在神權時代的馬雅和其他傳統社會裏，每遇大事或大難，是用祭獻（活人）的形式，來表達對執掌人類命運之神的敬畏和誠意的；為了延遲時代終結日的到來，一些馬雅族甚至於大肆屠殺戰俘，以血明志來息神怒；而為了求得雨神之助，馬雅人又不吝將部落中的美女，祭獻給上帝來表達自己的心意（類似於中國古人為河伯娶婦的做法）。猶太先知亞伯拉罕在與上帝立約時，為了取信於神，也曾將親生兒子活祭給上帝。當然，今人已不需用古法來明心志，但「犧牲」一詞，對處在新舊交替大變革時代的我們卻仍然具有象徵的涵義。每個新時代總是要將舊時代送進墳墓後才能開啟的，在馬雅神話中，這個世界就是通過兩個神明的自我犧牲才被創造出來的。根據詹金斯的敘述，在太陽第一次升起和落山之前，眾神聚集一起，在象徵神明中心的聖火周圍，行使贖罪儀式長達四天；在兩個神祇躍入聖火中犧牲之後，眾神便停止了儀式；當羽蛇神凱特薩蔻特爾（Quetzalcoatl）轉向東方時，太陽早已在地平線上升起，這象徵著創世紀的完成（第28頁）。

二、給今天的大時代定位

本章開頭提到，正在來臨的人類發展新紀元，乃是馬雅先知在宏觀層次上的歷史敘述，要將這個歷史預見轉變成我們可理解的

具體的時代生活內容，還需要通過當代理性的一番思辯和梳理過程，即把宏觀敘述變成微觀描述，將馬雅先知對人類發展新紀元的洞見，具體連繫到我們目前身處的歷史階段，和今次文明的發展全過程來加以認識。照馬雅族預言歷史的方法論原則——時間永恆的哲學，認識了今天，就等於通曉了昨天，同時也預見到了明天。按此思路，下面我們先來梳理一下現有各種歷史階段的劃分意見，隨後考察馬克思主義對社會發展階段的預言，最後介紹超越歧見的歷史階段劃分新說，由此，大致可以認清我們今天所處的大時代之性質。

（一）現有歷史階段論綜述

對歷史進程的時間，西方人比較敏感，而傳統中國人心目中向來只有「朝代」而無「時代」的觀念。第三章述及古希臘人劃分的歷史階段，即世界從有序依次走向無序而不斷循環的黃金、白銀、青銅、英雄和鐵器這五個時代。中世紀是神權一統的天下，天主教會壟斷了歷史的話語權，躊躇滿志的神父們鄙視以前希臘人的循環史觀，在他們看來，人類發展是個從創世走向末日而迎來天國的歷程。在此視野中，人類歷史被劃分成開始（創世）、中間（贖罪）和終結（末日審判）這三個階段。十七世紀的啟蒙運動徹底否定了教會的權威，因此，充分肯定現世生活價值的近代西方人，對歷史便有了全新的認識；人們從不同的視野對人類發展的時間區分，發表了各種不同的意見，但這些五花八門的分類所依據的哲學理論卻只有一個，那就是進化論或文化等級觀念。為了便於系統的了解，下面列出近代以來西方史家們的各種歷史階段劃分類型：

(1) 按時間，分為上古、中古和近代這三個歷史發展階段（維柯）。

(2) 按文化形態的演變，分為蒙昧、宗法、野蠻和文明這四個歷史時期（傅立葉）。

(3) 按思維的發展過程，分為詩歌、散文和哲學這三個時代（赫爾德）。

(4) 按認識方法，分為神學、形而上學（哲學）和實證（科學）這三個階段（聖西門）。

(5) 按歷史劇中角色的變化，分為神、英雄和凡人這三個時期（維柯）。

(6) 按絕對理念的發展，分為東方王國、希臘王國、羅馬王國和日耳曼王國這四個依次遞進的演化時期（黑格爾）。

(7) 按社會經濟結構的歷史形態變化，分為原始社會、奴隸社會、封建社會、資本主義社會和共產主義社會，這五個依次進化的社會發展階段（馬克思）。

(8) 按生產工具的改進，分為石器、青銅和鐵器這三個歷史時代。

(9) 按產業的主導優勢不同，分為農業、工業、電子和資訊這四個歷史階段。

(10) 以西方近代文明為分界，歷史分為前現代（Pre-Modern）、現代（Modern）和後現代（Post-Modern）這三大時期。

此外，英國歷史學家湯恩比（Arnold Toynbee，1889～1975）是按歷史文明的生命週期，將整個人類歷史過程看成是，二十六種已有或現存的文明單位同時性的發展。這個劃分突破了通常按時間先後或文化等級來認識歷史的窠臼。

（二）馬克思的遠見和盲點

在上述這些歷史階段劃分理論中，大概只有馬克思嘗試著從人類物質生產的結構變化中來尋找歷史的運動規律。長期以來，馬克思的社會歷史發展階段說，受到西方主流社會的批評和責難。但是，2008年美國引爆全球金融危機時，就連最保守的英國坎特伯雷大主教都翻出《資本論》來批評時政。每當資本主義經濟出現重大危機時，人們總會想到馬克思，這是因為在對資本主義經濟制度的研究方面，迄今還沒有人超過他在理論上的廣度和深度。世人根據馬氏的觀點可以推測資本主義經濟危機的週期，這是因為馬克思的理論深入到了資本主義經濟體制的實質內容。既然如此，何以馬克思未能看到，他預期會在生前爆發的資本主義總崩潰呢？這是因為馬氏雖然觸及到了資本主義經濟的實質，但卻未能（或無法？）在其理論中反映該實質的全部內容。簡而言之，就是馬克思僅將資本家作為經濟人來看待，由此他便有意無意地將所謂資產階級和無產階級之間錯綜複雜的多面性互動關係給簡化了。其實，我們人是有多種需要的，除了物質慾望和經濟活動，人還有精神渴望和宗教生活。今天，在科技發展上我們早已進入了電子、資訊與航太時代；在精神或靈性追求方面，我們也已處在了所謂新世紀中。但在社會經濟發展方面，二十一世紀初的現在，其實和馬克思所生活的十九世紀並無多少差別，利潤和增長仍然是人類社會經濟活動的兩大驅動輪子。近一百年前列寧曾預言：資本主義的最高也是最後階段的帝國主義將走向全面崩潰。此後半個多世紀，月亮在獅子座和水星入人馬座的毛澤東在1960年代也預言，一百年內外中國和世界將發生翻天覆地的變化（指社會主義在全球取得勝利）。

馬克思、列寧和毛澤東都屬於近、現代主流文明社會中的「異教徒」、「造反派」、「持不同政見者」或「麻煩制造人」，他們的預言自然帶有偏激的色彩。但今天馬克思的信徒們已經認識到，當代資本主義是屬於整個資本主義歷史過程中的一個新的發展階段，是在自由競爭的資本主義（相當於十八至十九世紀以蒸汽為動力的工業化時期），和私人壟斷的資本主義（約等於二十世紀初期前後幾十年的電氣化時代）基礎上發展起來的國家壟斷的資本主義。時間上，這個高級類型的資本主義大約始於二十世紀中葉，以高科技、自動化和資訊化為生產力的發展標誌，其特徵是經濟與政治的高度結合，國家經常主動干預市場，將生產的競爭規模限制在不危害全民利益的範圍內。從目前世界範圍的發展狀況來看，處在這個歷史新階段的資本主義有著強大而潛在的生命力，它推動和促進了社會化的大生產事業，如成立於1958年的美國太空總署（NASA），它領導著龐大的科研計劃，成為我們時代發展的火車頭。如果在西元第四個千年，社會主義作為一種科學理論的實驗，而非人類單純的道德願望，真的會取代資本主義來引領全球風騷，它大概也只能逐步地脫胎於國家壟斷資本主義的母腹，而無法通過「試管嬰兒」來別開生面，二十世紀人類付出了巨大代價的社會實驗業已證明了這一點。這段充滿著血與火的歷史留給我們的的教訓是，不能過於強調歷史形式（社會制度的環境）對歷史主體（社會成員的意識）的決定作用，而忽視了後者對前者作出選擇的能動性，也不應過分強調人類歷史衝突行為的倫理學根源和影響，後者直接或間接地導致了二十世紀暴力革命的風行，更不宜在強調衝突（歷史的惡行）對歷史發展具有推動作用的同時，卻將消除衝突的願望，僅通過邏輯形式的中介，就直接變成歷史的現實。換言之，理想社會無法單憑主觀願望來建立，它是歷史、邏輯和想像這

三者有機統一之結果。

（三）超越歧見的時代定位

1. 因人而異的歷史階段認識

在馬雅先知看來，我們現在正處於會伴有毀滅性災難的一個大時代終結日前夕。對深負原罪感的基督徒來說，耶穌歸主後近二千年來，都是歷史發展中的贖罪階段，接下來（的2012年？）就是天災人禍頻繁、各種亂象叢生的「末日審判」時期。對馬克思這些「異教徒」來說，每個毛孔都滴著工人血汗的資本主義在全球勝利之後，接下來登場的主角就是崇尚公平與正義的社會主義，和消除了一切歷史衝突的共產主義。但是，在享受世俗生活的自由派菁英們看來，今天的世界科技發達、通訊快速、交往密切、經濟繁榮、文化昌盛、法制健全，這難道不是人類史上的一個「黃金時代」嗎？歷史必須永恆地駐留在這個時刻！顯然，意識形態不同，人們對歷史發展階段性質的認識就會南轅北轍。那麼，這是否意味著人類無法對此取得共識呢？答案並非如此悲觀。我們還記得第五章所論述的精神與物質平衡對稱的宇宙觀，它旨在超越近代以來彼此對立的唯物與唯心，這兩種對世界的片面認識，以便從一個更宏觀的層面來審視人類的歷史發展過程，用人類歷史認識活動內在的節奏變化，來作為劃分歷史階段的依據。

2. 人類歷史認識活動的節奏

根據筆者《新歷史哲學綱要》（1986），所謂歷史規律就是，在人類實現自身目的的歷史活動過程中所表現出來的認識活動節奏；人類歷史認識活動的最基本內容就是，如何處置人與神（宇宙）的關係，這種認識在不同歷史時期有著不同的側重點，從而表現出一種邏輯發展的節奏，它貫穿著人類至少是今次文明發展的全

過程，譬如，所謂原始社會乃是自然神祇的崇拜時期，奴隸社會是有限理性的時代，封建社會是神權（與王權聯盟的）時期，資本主義社會則是人權高漲的全面理性時代。依此觀點，歷史被劃分成如下幾個主要發展階段。

(1) **史前神權時代**，這大致上是人類的原始社會時期，或所謂遠古時期，亦是考古學上的（新、舊）石器時代。其時間上限可早至距今一百七十萬年前（如上述中國雲南的元謀人），下限則在西元前八至七世紀（如希臘）和西元前3000年（如中國）至西元前5000年（如埃及）。該時代意識形態的基本特徵是人——宇宙這兩者在原始思維中的同格存在，人類普遍有自然神祇的崇拜，具體表現為各種不同形式的動、植物圖騰，如馬雅人的蟒蛇、印度人的牛、中國人的龍和埃及人的貓等。用現代眼光來看，那是一個神權壓迫人性的蒙昧時期，但卻有人視之為歷史上的「黃金時代」，如古希臘人和文藝復興時的康帕內拉（Campanella Tommaso, 1568～1639）和啟蒙時代的盧梭（J. J. Rousseau, 1712～1778），因為那時人們的物質生產勞動很簡單，以狩獵和採集經濟為主，有些以漁業或原始的自然農業為生，大家共同佔有生產資料，平均分配生活物品，並用道德或良心而不是法律或暴力，來調節彼此間的關係和維持必要的社會秩序。無論在內容上和時間上，被認為是黃金時代的原始神權時代（早期階段），很接近於上述印度四瑜珈中的圓滿時期。

(2) **古典理性時代**（又稱有限理性時代），這是人類的奴隸社會時期，或上古時代，是考古學上青銅和鐵器時代。時間上該時代始於西元前七世紀左右（如古希臘），大約止於

五世紀（古羅馬）；在東方，它始於西元前3000年前後，止於西元初期。該時代意識形態的基本特徵是人類理性的覺醒和初步成熟。人類在長期的神權監護後，開始以理性為界將自身（歷史認識主體）和宇宙（歷史認識客體）相區別，並且以主體認識結構為基礎來認識宇宙。但理性（倫理上的善性）的解放必得通過意志的自由（倫理上的惡行）才能實現，而理性善對倫理惡的控制乃是人類文明高度發展的結果。因此，在當時的歷史條件下，人性的解放或自由往往使人變得難以節制的衝動。微觀上主體身心失衡造成的精神或心理不安，便表現為宏觀上群體之間無休止的爭戰，如中國春秋戰國時代，和古希臘與波斯及斯巴達的長期戰爭。善的絕對化最後導致了惡的無限制。這可以解釋希臘羅馬文明最後衰亡的原因。

(3) **中古神權時代**，這是人類的封建社會發展時期，是考古學上鐵器全盛時代；在西方，這是所謂黑暗的中世紀，或宗教／信仰的時代；在東方，也可稱之為傳統倫理時代，因為其時，倫理本位的儒家佔據了中國的意識形態正統地位。時間上，中古神權時代始於五世紀前後（即羅馬帝國滅亡之時），止於十八世紀末法國大革命；在東方，該時代約始於西元前一個世紀左右漢武帝罷黜百家，獨尊儒家之時，中間經過了1000年前後宋朝時儒家的理學化，止於十九世紀末二十世紀初清王朝傳統倫理權威終結之時。

該時代對西方人來說，其意識形態的基本特徵是人類對歷史的絕對罪惡，即對古典理性時代激情衝動行為的自責，這具體表現為人自覺或不自覺地歸依宗教，人們凝神靜心，自我關照，以認識心靈湖水中宇宙的映象或倒影，在

宗教體驗（非理性的直覺）中重新獲得了內心的平靜與靈肉間的和諧。這是人類沉思反省的時代，它為近代文明的出現積累了豐富的精神能量。

該時代對東方人來說，其意識形態的基本特徵是，對人——宇宙關係的認識通過哲學，達到了倫理規範歷史（內容）的層次。東方倫理對人性惡有深刻的洞見。和西方不同，儒家主張人人各有其位份和生活，而不是人人對自由的同等要求。這是主體意識歷史層次的倫理表述，它主張社會層次間的自然和諧，而非層次間人為的劃一（平等）。這和古希臘柏拉圖和亞里士多德等哲賢的見解不謀而合。

(4) **近代全面理性時期**，這是人類歷史上資本主義社會發展時期，亦稱近代期，或工業化時期。在西方，該時期始於十九世紀初，止於二十世紀中期；在東方，該時期始於十九世紀西方殖民主義的入侵，迄今還在繼續。該時代意識形態的基本特徵是，人類理性的全面覺醒，理性不只是一種認識方法，而且成了征服自然的強大武器。作為理性規範表達形式的科學實際上已取代了神權時期上帝的權威，成了高踞於奧林匹斯山上的現代宙斯。

(5) **現代批判理性時期**，在文化層面，它被稱為後現代化時期；就科技發展而言，該時期被稱為後工業化社會，這是歷史上資本主義在全球取得主導優勢的時代，在西方，它始於二十世紀六〇年代，將於 2060 年前後達到一個發展高峰。該時代意識形態的基本特徵是，由啟蒙運動彰顯的理性和進步的價值觀被深刻反思，今次人類文明的歐洲中心論受到廣泛的批評。現代人通過新世紀運動，思想再次得

到解放，合作與分享、和平與和諧開始成了人與人、人與
自然，這兩種基本關係的規範準則。

3. 當今批判理性時代的特徵

按筆者上述劃分理論，我們今天正處在批判理性時代。在社
會、政治和經濟層面，這是資本主義在全球取得主導優勢，商品生
產和市場經濟空前繁榮和發達的時候。就科技發展而言，該時期是
以電子化、資訊化、網路化和數字化為標誌的所謂後工業化時代。
在思想文化層面，它被稱為以解構近代傳統觀念為主題的現代與後
現代時期，物質至上的世界觀、理性為尊的思想方法和直線進步的
歷史哲學，所有這些近代以來所形成的價值觀念，都受到了全面而
深刻的反思。從時間上來說，現代批判理性時期發軔於十九時期末
期，二次世界大戰加速了該時代意識的形成，1960年代在歐美社
會掀起的新世紀運動可視為這個時代的《獨立宣言》，而馬雅預
言的2012年，則象徵著該時代中一個發展高潮期的開始。屆時各
種預期的自然變化將有助於改變人類從近代文明承繼過來的，那套
傳統意識、社會結構和生活方式。如果沒有意外的全球範圍的毀滅
性災難來中斷今次文明的發展，可以預期的是，人類至少還有五千
至一萬年的時間來延續今次文明。在時間流程上，整個二十一世紀
都將屬於批判理性的時代範圍，由此，人類將逐漸過渡到理性與靈
性和諧共處的新世紀，它將會延續到西元第四個千年，或西方命學
上整個寶瓶座世紀的時間範圍。

三、新世紀運動和新文明

上面提到，馬雅先知預言，即將來臨的2012年是一個大時代
的終結日；基督徒視今日為天災人禍頻繁、各種亂象叢生的末世，

而馬克思的信徒們則期盼著資本主義不斷加深各種危機，以便為社會主義的觀音菩薩騰出供位。儘管不同的意識形態，會造成不同的時代觀感，但很多人都在不同程度上一致感覺到，一個全球範圍的大動盪、大變革時代在走近我們。正如詹金斯所說，馬雅預言中2012年罕見天象所預示的宇宙能量場效應逆轉現象，將在精神和物質兩大層面上，根本改變地球人類的文明發展方向。我們的世界觀、歷史觀、人生觀和審美意識等都會由此而發生重大變化；長期以來受到社會集體主流意識所壓制的那些價值觀念會因此而「浮出水面」；人類歷史發展的鐘擺將重新得到平衡，就像五百年前西方社會開始從神權中心轉向人權為本一樣。其實中國人的太極圖已經形象地標示出對立統一這個宇宙發展的大「道」。在馬雅曆法中有一個持續二百六十天的週期，它乃是基於人類二百六十天的胚胎生成週期，而在更高更大的層次上，這個週期象徵著長達二萬六千年的歲差週期，這是一個人類精神生成週期；2012年，父性的太陽運動走進母性的宇宙中心，這現象本身就象徵著受精或播種（詹金斯，第330頁），這些受精卵或新種子將在上述的大時代中成長、壯大、開花和結果。2012年的宇宙相合運動則會加速，已在這個星球上孕育起來的生態文明的新生，那將是持續另一個二萬六千年的宇宙大時代。在西方星象命學上，這個週期是按十二個星座的次序再劃為十二個「世紀」，分別持續二千一百年左右；按西方命學史觀，我們目前正處在由雙魚座世紀（Age of Pieces）走向寶瓶座世紀（Age of Aquarius），後者就是多年來世人所謂的新世紀（New Age，又譯作新紀元或新時代）。這場西方社會的「文化大革命」運動，其時間範圍大致對應著上述的批判理性時代，內容上，它承繼著近代理性文明，同時肩負著開創新世界的使命。新世紀運動是馬雅預言所昭示的另一個宇宙大時代的先聲，它將在批判

繼承近代科技文明的基礎上，奮力催生出全新的生態文明來。

（一）寶瓶座世紀的象徵性

1. 追求靈性的神力

　　對寶瓶座所標誌的新世紀的開始年份，由於計算方法、歷史理解等諸多方面的差異，天文學家、星象學家、靈學家、神學家和其他有關學者都各持己見，例如，瑞士心理學家榮格將這個起始年份定在1997年，國際天文學界則界定為2600年，但目前流行的看法傾向於將2000年作為新世紀的起始年。西方命學家們相信，星座特徵會表現於它所對應的歷史時期，例如，寶瓶座（亦稱水瓶座）的符號是兩條波動的線條，表示流水般的滲透、革命性的變化，和沐浴後的新生。在古老的埃及文化中，寶瓶座最初乃是和尼羅河洪水有關，每年的漲水季節，就是滿月落在寶瓶座的時候。天文學上，寶瓶星座的人格是希臘神話中的丟卡利翁（Deucalion），他是給人類送來火種的先知——普羅米修斯的兒子，曾在著名的史前大洪水中逃生，而成為今次人類文明的祖先。在西方命學傳統裏，寶瓶座就代表著更新和哺育萬物的精神力量，它所象徵的時代特徵便是：個體的靈性追求、普世的人道理想和廣泛的社會變革。這和被它所取代的舊世界不同。雙魚星座的標誌符號是分別往相反方向游動的兩條魚，它象徵著矛盾和分離，該星座所對應的歷史時期不就是一場精神和物質不斷分離和對立的矛盾運動嗎？雙魚座還同時具有消解自我意識的基本特徵，在這段歷史進程中，為了平衡強大的物質主義潮流（如古希臘羅馬和近代時期），或專制的教會宗教勢力（如中世紀的異端裁判所），多少人犧牲了自我利益乃至付出了生命代價，為的是保持人類社會整體上的健康發展，33年耶穌受難的那副十字架，就是雙魚座世紀最好的象徵：

耶穌將其肉體留在塵世這副十字架上，靈魂則升天歸附於神明。過去近兩千年裏，人類為了各自的宗教信仰、民族利益和（或）政治觀點而互相殘殺，如歐洲中世紀和文藝復興時期名目繁多的宗教戰爭、近代史上大大小小的民族戰爭，和現代史上傷亡慘重的兩次世界大戰等。由於雙魚座能量使人失去了自我意識，所以人類只能在民族意識、國家利益或宗教信仰中才能找到生存的意義（安身立命的基礎）。

2. 人類的歷史歸宿

二十世紀的兩次世界大戰，使近代理性文明的精神支柱轟然倒塌，西方有識之士和年輕一代的心靈受到了極大的震憾，他們再也無法認同已有三百年歷史的實證科學傳統，和延續了幾千年的猶太──基督教的社會文化結構。如果說十九世紀末二十世紀初期，包括星象學在內的西方玄學復蘇的社會基礎，還只是一小部分有識之士的話，那麼在新世紀大旗下集合起來的便是，一大批對西方傳統文化失望或絕望的反叛者，其中包括1940年代戰爭末期或戰後出生的理想主義的年輕一代（美國前總統柯林頓就是其中的一位），他們中不少人曾一度轉向馬克思主義，但後來卻為東方宗教或土著文化所吸引。筆者九〇年代所就讀的那個研究所哲學專業有兩位骨幹教師，他們在六〇年代都曾是馬克思主義的崇拜者，但後來，一個到印度去探尋《吠陀》的真諦，一個鍾情於佛教和前希臘時代的文化研究。從反叛傳統文化開始而走近馬克思主義，最後轉向東方、土著或史前宗教和文化，對六〇年代西方亞文化運動中成長起來的年輕一代來說，這條心路歷程是比較典型的，也很有象徵意義。馬雅預言正是通過這場西方的文化革命，才逐漸走進世人的眼中。前述美籍墨西哥裔作家阿古利斯，就是新世紀運動中的一個活躍人物，他在西方第一次公開提出，馬雅族預言的2012年終

結日，和天文學上太陽—銀河相合天象在時間上是一致的。巧合的是，新世紀運動起始的1960年代，離馬雅預言的2012年終結日還差半個世紀，這個時間剛好與馬雅大時代中最短循環週期五十二年大體一致，後者乃是西元前3114年開始、已持續五千多年的馬雅第四／五太陽時代的末期。靈媒凱西曾預言，二十世紀末亞特蘭提斯文明將浮出水面。如果這是一個象徵應驗的預見，連繫到馬雅人乃是亞特蘭提斯人後裔的說法，我們不禁要感慨，新世紀運動實際上已成了現代文明的先知，猶如中世紀教父奧古斯丁的所為，後者以「上帝之城」的光芒照亮了「地上之城」，如今，新世紀人（New Agers）則以古代和史前文明的智慧和靈能，滋潤著被理性熾烤大旱的土地。

（二）新世紀運動的歷史背景

1. 歷史週期和西方社會

按照馬雅族的曆法和中國人的傳統，四至五百年是一個歷史週期。在星象命學上，從1500年至1999年則是一個行星運行週期，它正好是木星、土星、天王星、海王星和冥王星等這些外層行星的交會高潮時刻。若此，可推測，目前西方社會的發展又處在了一個歷史轉折點上，問題僅僅是這一次的轉折其變化究竟會有多大，其影響又會有多深遠。如果從十六世紀的文藝復興往前推五百年，那是1000年，1054年羅馬教會發生分裂，形成東正教和天主教分庭抗禮、各霸春秋的對峙局面，至今還影響著西方社會和文化的發展；1073年格雷戈里當選教皇，拉開了王權和神權衝突的帷幕。這兩起事件清楚地表明，業已延續了五百年的教會霸權受到了挑戰並開始走向衰落，但要感覺其歷史後果，則還要等上五百年的時間。由此再往前推是500年（有一種說法，我們現在所處的雙魚

座世紀便是在450年開始的），在此前後，主教奧古斯丁寫出了《上帝之城》（426），標誌著天國的竣工，此後不久，世俗的西羅馬帝國便消亡了（476），「蠻族」（大致可類比於現代的勞苦大眾）征服了西歐，天主教（相當於今天的左翼政黨）則乘勢主導大局，隨後便一統西方的天下。再往前推，西元開始前後，羅馬正處在帝國大擴張的強盛時期，而深受老百姓歡迎的基督教創始人耶穌，卻在這個時候被釘上了十字架（33），這兩個看似平行實為因果的歷史事件，令人聯想到近十年前，正當資本主義所向無敵、全球化經濟欣欣向榮的時候，紐約世貿大廈卻突然被伊斯蘭激進分子炸毀。這不禁使人感慨，兩千年來物質世界的每一次繁榮都難以改變人與人之間貧富差別和（或）信仰對立這一基本的歷史格局，而改變這種格局乃是實現啟蒙運動，和由此產生的法國大革命的社會理想（即自由、平等、博愛）的前提條件。但是，讓人嗟嘆歟欷的是，三百年來人與人關係的這一基本格局並沒有實質性的變化，當人們擺脫了對一部分人的依附後，又被迫或自願地成了另一部分人的附庸，而人與自然關係格局的變化卻造成了當代全球範圍日益惡化的生態環境。

2. 理性霸權在走向衰落

進入二十世紀以後西方科學界一系列新的發展和發現，從內部搖撼了源自十七世紀傳統科學的霸權地位。愛因斯坦的相對論和波恩等人的量子說，顛覆了機械唯物宇宙觀一統天下的局面，從而為確立一種認識方法多元，而終極目標趨同的整體性世界觀開闢了道路。同時，社會科學再次將人類行為作為研究目標，而心理科學領域中的精神分析學派的研究發現，人類心靈結構中存在著一種獨立於意識和意志，來引導人類行為的暗藏而神奇的力量（即潛意識）。以往，星象學家會設法讓人相信天上星體運動造成的能量變

化，是通過一種無法觸摸的隱秘介質，來影響人類行為的〔也因此星象學長期來被認為屬於神秘學（Occultism）的對象，不過這個詞在英文裏是含貶抑的，至少在二十世紀六〇年代那個時期〕，但沒有人能說清楚這種神秘力量究竟是什麼。現在，潛意識這個概念不僅豐富了星象學的解釋理論，同時也為科學研究靈界現象開闢了道路。

1980年代末期和九〇年代初期，西方（至少是英語世界）先後有好幾部探索前世、輪迴或轉世等靈界現象的著作問世，如洛杰·伍爾戈的《其他世、其他我：一個榮格學派心理治療師對前世的發現》（1987）、布萊恩·韋斯的《前世今生：生命輪迴的前世療法》（1988；臺灣的中譯本於1992年出版）和雷蒙·默狄的《回程：一名精神科醫師的前世探索之旅》（1990）。但這些作者並非是那種道行高深的修行者或特異功能人士，他們都是西方知名大學畢業的（精神病）醫生（如布萊恩就是耶魯大學的醫學博士，並擔任過耶魯大學精神科主治醫師），他們或通過親身經歷，或通過專業研究，從科學的角度對靈界現象進行了嚴苛的考察，其結果是令人振奮的，因為現在第一次有科學界人士出面來證實以往被斥為「迷信」、「愚昧」和「妖魔」的靈異現象。

二十世紀的兩次世界大戰，標誌著由十八世紀啟蒙運動倡導的歷史價值的信用破產，近代歷史發展的動力資源也隨之被摧毀。標榜理性、人道和進步的西方列強，其相互之間殘殺的酷烈程度，比起人類歷史上任何一次戰爭都是有過之而無不及的。而大戰末期產生的核武器更是驚醒了世人，十七世紀開始的科學革命所造成的人與自然關係（即征服自然）基本格局其後果終於顯現，人類被迫面對自己生存環境的安全，強烈質疑理性霸權的合法性。作為一種深刻的戰後反思，六〇年代後期西方社會掀起了反主流文化運動

（即後來所稱的新世紀運動）和激進的左派抗議活動（如法國五月風暴和美國民權運動），它們匯合成歷史巨浪極大地衝擊了現存的社會秩序，包括實證科學的霸權地位、白人菁英的權力壟斷和猶太—基督教文化的自我中心，其特徵是西方優越、種族隔離、社會等級和文化保守；越來越多的西方有識之士和年輕一代，轉向和西方文化異質的東方或土著文化，來尋求個人的解脫之道和（或）社會的變革之途，一時間瑜珈、氣功、禪坐、《易經》、風水和《道德經》等一切東方文化的「舶來品」都被奉若神明，大為流行。筆者就讀過的加州綜合研究所（California Institute of Integral Studies, CIIS）就專門從事東西方文化的比較研究，它創辦於1968年那個「東方紅」時代，當時就座落在舊金山著名的海特—艾西比（Height—Ashby）大街那一帶，該地區是當地亞文化運動的大本營。這股熱浪滾滾的東方潮就是以新世紀著稱的，1980年代後期它被媒體熱炒得家喻戶曉。由於現代西方命學的復興淵源在於神智學社，而後者又是1960年代反主流文化運動，以及隨後的新世紀運動的主要思想來源，因此，星象命學很自然就成了西方這場「新文化運動」的「白話文」（Lingua franca），世人正是通過星象學的象徵語言（如寶瓶座世紀），才得以親近這場範圍廣泛而影響深遠的社會意識方面的「文化大革命」。

3. 新世紀運動的家譜學

「寶瓶座世紀」這個名稱，起初是十九世紀在神智學社等神秘學團體內部發展出來的，在1960年代反主流文化運動中推出的搖滾樂《頭髮》裏的著名歌曲《寶瓶座世紀》，使該名詞在圈內流行開來。此後，在1970年代早、中期又出現了偏重哲學（或形而上學思維）的亞文化運動，這時「寶瓶座世紀」被改稱為「新世紀」。接著在1980年代，這個新名詞成了媒體的「寵物」，被用

來指稱上述和其他有關的一切反傳統或非主流的文化與思想。因為「新世紀」和「寶瓶座世紀」這兩個詞有上述的那種緣份，所以西方人習慣於將這場在美國興起，而隨後蔓延至歐洲的新世紀運動的起源，定格在1960年代。但實際上從思想的發展脈絡來看，除了十九世紀後半期發展起來的神智學（Theophosy）外，這場新世紀運動還可上溯至十九世紀早期以美國詩人梭羅、愛默生和英國詩人華茲渥斯為代表的超驗主義哲學（Transcendentalism），甚至再追溯到十八世紀瑞典科學家斯維登伯格（Emanuel Swedenborg, 1688～1772）的神秘主義思想。 寶瓶座被認為象徵心靈能量和個人經驗，所以上述的東方潮便將寶瓶座世紀視為人類所希望的新紀元， 屆時，人們將根據自己的意願和體驗來從事心靈的探索和精神超越，以達到天人合一的神明境界。這種強調個人內心體驗的靈修之道，相當符合現代人的胃口，而明顯地區別於前述的雙魚座世紀，那時人們只能通過凌駕於個人之上的團體或有組織的宗教才能接近神明。

和我們的習慣思維不同，西方這場仍在繼續的新世紀運動其實並沒有特定明確的發起人或團體，它既沒有一場社會運動通常必有的那些政策綱領和行動宣言，也沒有常設的組織機構和固定的成員名冊，唯一擁有的就是為參與者所認可的一套基本的價值觀。在信仰方面，他們主張寬容和理解，期待各宗教的融合與一個最高層次的綜合性世界宗教；哲學上他們持一種泛神論和整體性的宇宙觀；政治上，他們是世界主義者，主張各民族和種族、各階層和團體以及兩性的權益平等、相處和睦，期待有一個能統籌全球問題的世界政府；文化上他們要求改變理性霸權和西方中心的話語環境；他們的生活態度是積極而樂觀的，相信宇宙正處在進化流程之中，他們的生活方式是個人主義的，強調個體能動作用，其名言是：您

創造自己的實相（You create your own reality）；他們的精神資源和思想武器主要來自東方宗教文化和西方神秘主義。1992年出版的《西方思想的激情》（*Passion of the Western Mind*），便是按照新世紀運動的價值觀，來審視西方思想和文化發展歷程的一個嘗試。可見，新世紀運動實際上是西方一切對傳統文化不滿、失望、絕望和反叛者的精神聯盟和它的行動目標。據最新統計，目前在美國有超過一千二百餘個各類組織、中心機構、合伙公司、小型團體、各種社區和網路協會表示認同其價值，它們所代表的生活領域包羅萬象，從健康保健到靈性成長、從政治、經濟、生態到教育、交往、個人發展和不同文化之間的關係，幾乎所有人類感興趣的地方都有人從新世紀的視野來進行新的探索。人們不同的個性結構、生活習慣和文化背景，使新世紀運動看起來就象一個應有盡有的文化超市，那裏有長期受到西方實證科學排斥，和教會宗教壓制的所有人類「文化特產」，即世界各地具神秘傳統的宗教、土著信仰、史前文化和靈異世界，其中包括產地在中國東北和俄國東西伯利亞地區的薩滿教（Shamanism），和長期受到正統教會打壓的崇尚偶像的新異教（Neo-Paganism）以及神秘學（Occultism），它的研究對象是一切被實證科學和教會宗教視為「愚昧」、「落後」、「迷信」或「危險」的神秘事物或超自然現象，包括各種不同方法和用途的預測術，如星象學（Astrology）、數字學（Numerology）、手相（Palmistry）、骨相（Phrenology）、塔羅牌（Tarot）和水晶球（Crystal）以及抓沙撒地占卜（Geomancy），和各種運用超自然力量來干預人生的靈異現象，如（符咒）辟邪術（Talisman）、魔法（Magic）、妖術（Sorcery）、（精靈崇拜）的伏都教（Voodoo）、特異功能（Extra-Sensory-Perception 或 ESP）、神志清醒的做夢能力（Lucid Dream），甚

至包括世界主要宗教內的神秘主義傳統,如印度教的密修派(Tantrism)、佛教的西藏密宗(Lamaism),猶太教的喀巴拉派(Kabala)和天主教的諾斯提派(又譯靈智派,Gnosticism)等。內涵豐富多彩的新世紀運動,不僅向西方人提供正統教會以外的另類宗教(即通過打坐而不是祈禱的方法來和神明溝通),以滿足那些反叛者「安身立命」的心理需要,同時它還提供一種傳統消費社會之外的另類生活方式(如強調素食、節制消費、節省能源和注重環保等),還有和傳統醫學不同的另類身心療法(即不用或少用副作用強烈的西藥,多用草藥和針灸以及精神、心靈和身體相結合的綜合療法來醫治疾病等)。總之,西方人希望通過這場方興未艾的全方位社會、文化、意識等各方面的變革運動,來追求一種不同於現有傳統的新的生活方式和新的社會秩序。

(三)新世紀運動和新文明

1. 對新世紀運動的批評

在主流社會看來,新世紀運動則是群龍無首的烏合之眾和「牛鬼蛇神」的草澤深淵,它使歷史沉渣泛起,混淆人們的是非。歷史上,基督教在取得天下之前,曾同各種偶像或精靈崇拜的土著宗教(基督教稱之為異教或邪教)爭奪信徒,並以後者轉入地下或消亡而告勝,現在這些長期受到壓制的所謂異教,隨著新世紀運動而獲得了新生(如新異教),對此,正統的基督教會是大為惱怒的,它指斥新世紀運動為各種妖術和邪靈藏垢納污。此外,在靈修方面,新世紀運動對靜坐的強調和正統教會對「禱告」和「信念」的強調是不同的,而東方宗教裏的「輪迴」(Transmigration)思想又是和基督教的「死後」生命(Afterlife)說相衝突的。科學界對新世紀運動也嗤之以鼻,認為它是一堆「迷信」和「愚昧」的歷

史垃圾,而馬克思主義者則將其貼上「唯心論」的標籤後打入冷宮。但所有這些非難並不能說明歷史的真相。當然,認同新世紀價值觀的人們,其素質也是良莠不齊、魚龍混雜的,不少人借機滿足私慾,在性方面雜交或濫交,或吸食毒品來逃避現實。對於這些負面現象,有關人士至今仍百口莫辯。

2. 新文明的歷史大方向

我們今天當然不能無視主流社會的批評,但要評價新世紀運動,就得從大處著眼,不能糾纏細枝末節,更不能只聽一家或幾家之言。如果把它放在整個歷史發展宏觀過程中去考察,就不難發現,這場新世紀運動乃是歷史上的第二次文藝復興,是人類正在進入的(生態)新文明發展週期的序曲,也是十八世紀末法國大革命的繼續和深化。五百年前的文藝復興運動只是發現和強調了抽象的「人性」和「人本」的觀念,法國大革命也只是從政治上打碎了神權和王權束縛人性的鎖鏈,雖然當時確立了自由、平等和博愛的社會理想,但自那時以來,人類在征服自然的科學革命中、在民族國家興起的政治革命中逐漸迷失了自己,使人與自然的關係不斷惡化(如全球暖化現象),人與人之間的關係日益緊張(如九一一事件)。而這場新世紀運動的最主要目的,就是要糾正造成科學霸權的機械唯物論的片面認識方法,破除民族國家自我中心的幻覺,使我們現代人類在吸收東方和土著文化以及史前文明的過程中,獲得一種全新的整體性世界觀。它這樣做並不是要以東方文化來取代西方文化,不是要退回到人受自然奴役的原始社會,也不是簡單地用直覺智慧來代替分析理性,而是要整合這兩種文化,並形成一種內涵更加豐富多彩的新文化,只有在以這種新文化為基礎的社會環境中,才能維持人與自然、人與人之間的健康關係。事實上,這場新世紀運動對西方,乃至整個世界已經並且正在產生不可估量的歷史

影響。作為它的基本價值，今天「多元」和「平等」已經作為國際社會政治正確的標準觀念而深入人心，不同性傾向者甚至在紀律嚴明的（美國）軍界都受到了保護；東方和土著宗教、史前文化和各種神秘學，更是受到知識界的日益重視。1980年代，當中國大陸還剛開啟國門實行改革時，出版界就不失時機地推出了不少西方史前文化（如沉沒的亞特蘭提斯文明）和神秘現象（包括外星人和不明飛行物）的譯作，這些著作很多就是這場新世紀運動的碩果，而筆者當時被發配在南京郊外的一個偏僻小鎮教書，也及時嚐到了「新世紀」的鮮果，對我們這些浸潤於實證科學和以它作方法論基礎的馬克思主義的人來說，這些譯作令人眼界大開、觀念一新。

新世紀運動在1980年代受到媒體大張旗鼓的宣傳，從而引起了（西方）主流社會的重視，九〇年代，筆者在舊金山就讀的那個從事東西方文化比較的研究所，就得到了著名的洛克菲勒基金會的定期資助。新世紀運動的影響並不僅侷限於思想文化領域，它所倡導的新生活方式也開始影響到一般民眾，九〇年代後期開始，越來越多的人選購有機食品，對垃圾食品說「不」；不少飯店則改為素食館以滿足日益增長的市場需要。與此同時，自由派的媒體和保護消費者利益及環境保護團體配合默契，利用輿論和法制的力量，不斷揭露資本主義制度下唯利是圖、及時行樂、過度消費、糟蹋資源等社會病症狀。歐美社會從1990年代開始，大批受過新世紀文化薰陶者，或在新世紀運動中成長起來的一代人，陸續擔任了各級政府、企業和公司的領導職務，如美國前總統柯林頓、英國前首相布萊爾和德國前外長費舍爾等，他們都在不同程度上將新世紀的理念具體應用到社會管理和政治改革中。即將來臨的2012年是這場新世紀運動的一個發展高潮，預期發生的各種自然變化會加速改變人類原有的意識內容或思維模式，從而催生出史無前例的生態文

明，那將是人類歷史上又一個為期數千年的發展大時代。

四、參考資料

以下中文資料按出版年份的先後排列：

〈第四章：歷史規律論：二、人類發展的歷史階段〉，《新歷史哲學綱要》，作者：胡昕，南京（手稿），1986年（全文概述見《認識宇宙是人類歷史的動因》，上海《社會科學報》，1987年1月29日，第六版），第42-46頁。

〈腦和意識的量子力學機制〉，作者：威勒・達摩瓦登那，2006年3月27日，南海海水觀音，http://www.guanyin.org/zhrs/show.asp? id=2478。

〈當代資本主義研究綜述〉，作者：陸彥明，馬克思主義研究網，http://myy.cass.cn/file/200302019530.html。

〈新紀元運動〉，維基百科，2009年12月17日，http://zh.wikipedia.org/zh-tw/%E6%96%B0%E7%BA%AA%E5%85%83%E8%BF%90%E5%8A%A8。

〈全球綠色政治的歷史譜系〉，作者：劉東國（中國人民大學國際關係學院外交學系副教授、歐洲中心研究員），共識網，2010年1月20日，http://new.21ccom.net/articles/qqsw/qqgc/article_201001203087.html。

以下英文資料按作者姓氏起首字母順序排列：

Jenkins （詹金斯）, John Major. "Chapter 3: Cosmology: Finding the Center" and "Chapter 25: Back to the Center: the Message of the Maya End-Date" in *Maya Cosmogenesis 2012: The True Meaning of the Maya Calendar End-Date*（《2012年馬雅宇宙創生論：馬雅曆法中的終結日之確切涵義》）. Rochester, Vermont: Bear & Company, 1998, p. 27-40 & p. 327-34.

Zolar. *The History of Astrology*. New York: ARCO Publishing Company, Inc., 1972.

餘音
悲觀論還是樂觀論？

　　閱完末章最後一句時，讀者也許會掩卷長嘆：筆者對新世紀的解讀顯得過於樂觀了，確實，馬雅古賢預言2012年終結日時，內心一定充滿悲情。認識到生死相依、時間永恆的宇宙意義，是一回事，心理上產生對個體生命渺小和脆弱的無奈感、對人類和宇宙必定要走向毀滅那一刻的恐懼和傷感，則是另一回事。這種心理因素加上天災頻仍的生存環境，使馬雅預言就像《舊約聖經》中的「耶利米書」一樣，帶有悲觀的傾向。在馬雅人看來，那種心想事成、風調雨順和國泰民安的吉日，在時間的流程中還不到四分之一。同樣，中國人「居安思危」的心理和「憂患意識」也反映了一種悲觀論的歷史傳統。可見，人類在這個星球上的生存充滿艱辛。而將各個時代人類面對茫茫宇宙，所生的恐懼感和悲觀心理推向極致的，乃是現代英國哲人羅素說過的下面這段讓人傷感而氣餒的話：「人是不能預見其目標的諸原因的產物；人的起源、人的成長、人的希望和恐懼、人的愛情和信念只不過是原子偶然排列的結果；任何熱情、任何英雄主義、任何強烈的思想和感情都不能使人免於一死；歷代的全部勞動成果、全部熱忱、全部靈感、處於全盛時期的光輝燦爛的人類全部才能，都注定要在太陽系的大滅亡中遭到毀滅，人類成就的整個殿宇定將不可避免地被埋葬在宇宙的廢墟之下。」

　　其實，悲觀論和樂觀論都有自己的一套哲學。前者認為，惡是統治世界的決定性力量，人生注定會遭受災難和苦惱；善和正義

是毫無意義的，道德的價值只在於戕滅慾望。古希臘羅馬時期的懷疑論者、斯多噶學派和新柏拉圖主義者、近代的叔本華、尼采、現代的存在主義者和上述的羅素等，都是歷史悲觀論的信徒。與此相對，樂觀論者深信，人類社會的發展是從野蠻走向文明的向上過程，人生的目的就在於追求社會的文明和進步，在於追求宇宙的終極真理。十七世紀的萊布尼茨被公認為是近代哲學史上最著名的樂觀論者，西語「樂觀主義」一詞就是被用來指稱萊氏理論的，即這個世界是一切可能世界中最好的世界。柏拉圖、亞里斯多德、十七世紀德國唯理論者、十八世紀法國啟蒙思想家、十九世紀馬克思主義和現代實用主義哲學家們，都是無可救藥的歷史樂觀論者，其中的馬克思主義更是將歷史樂觀論提升到一個空前絕後的意識高度。

在歷史哲學中，樂觀論和悲觀論始終處在對立的兩極，生與死、善與惡、創造與毀滅、和平與戰爭這些內容，在歷史進程中表現出一種平衡的張力，影響並主導著人類的歷史行為。馬雅古賢早就認識到，宇宙運動包括人類生命的本質，就是一個不斷的生死相繼的過程。有毀滅，便有新生；有生命，便有死亡；有和平，便有戰爭；有建設，便有破壞。印度宗教的創世神話中就設定了兩個主神，即毗濕奴（Vishnu）和濕婆（Shiva），他們分別掌控宇宙中創造與破壞這兩種基本能量和功能。平時毗濕奴就躺在宇宙海上沉睡，當祂一覺醒來時，肚臍中便生出一朵蓮花，從裏面走出來的是梵天，代表著宇宙萬物的運行法則，由此創造了整個世界。這就是印度宗教里巨宏觀的歷史發展週期「劫」的起始；在「劫」末，濕婆會起舞，以象徵世界的毀滅。印度人深信，「毀滅」（世界）本身便有「新生」（宇宙）的涵義，它們是互為因果的一體兩面，因此，濕婆同時也是兼有創造功能的再生之神。

在今次文明發展中，悲觀論並未能扼住人的生存意願，從而

導致歷史的自殺。同樣，樂觀論也未能避免人類的墮落（如羅馬帝國末期）和歷史的停滯（如中世紀）。德國哲學家尼采認為，其實「……這個世界既不好也不壞（也就是說，它的存在中既沒有最好的，也沒有最壞的），而「好」與「壞」這些詞只有相對於人而言才有意義；的確，儘管這些詞經常使用，但這也許並不能證明它們是合理的；無論如何，我們必須既要擺脫誹謗世界的觀念，也要擺脫讚美世界的觀念。」羅素前面那段話之後還說了一句：「就我們現在的知識來看，從進化中根本不可能正確地推導出樂觀主義哲學來。」這話沒錯，只是並未說全。如果我們確實無法從生物進化，但太陽系注定的衰亡中推出樂觀主義哲學來，同樣我們從中也「根本不可能正確地推導出」悲觀主義的哲學來，中國人深信，生生不息，此乃天地之大德也。處在今天這個大時代的我們，既不需要兒童般天真浪漫、無憂無慮的樂觀心理，也不需要世故老人那種看破紅塵而自暴自棄的悲觀態度。這個世界是精神與物質、生與死、善與惡的平衡對稱。逆境中，我們要有意志上的樂觀主義，來體現宇宙的生存意義；順境時，則需要智慧上的悲觀主義，居安思危，警鐘長鳴。

參考資料

《中國大百科全書‧哲學》，北京／上海：中國大百科全書出版社，1987 年 10 月。

《西方思想寶庫》，吉林人民出版社，1988 年。

後　記

　　本書是去年秋天動筆構思的，但其中用來理解和評價古代馬雅族歷史預言的哲學理論，卻是基於筆者二十多年來讀書、思索和求知的成果。1986 年，筆者利用教書的閑暇，寫出了《新歷史哲學綱要》；1992 年，筆者在舊金山的加州綜合研究院（CIIS）研讀哲學與宗教，這年夏天通過寫作《開放、平衡與對稱的二元宇宙觀》，筆者初步確立了自己的哲學體系；1996 年的碩士論文全面梳理了《論語》中君子人格的哲學思想；2002 年完成的博士論文，從現代詮釋學（又稱闡釋學或解釋學）和比較分析的角度，系統解說了孔子哲學的方法論。正是多年來所積累的學問和養成的思維習慣，筆者在面對讓世人震驚、恐懼而疑惑的馬雅預言時，能用哲學、歷史和心理學的方法，來平靜地考察馬雅古賢睿智的內容和價值。

　　本書今年 4 月下旬完稿後，能在年內順利與讀者見面，這首先要感謝臺灣商務印書館的葉幗英主編，她的慧識和才學，讓人心生敬意。書稿原先寫得有些像論文，體態臃腫而神情嚴峻。經過葉主編的「妙手裁剪」，讀者現在看到的這本書，從歷史預測和比較文化這兩大視野，系統而簡明地論述了古代馬雅智者關於 2012 年大預言的淵源、內涵、方法、性質和影響，既顧及到一般讀者的閱讀興趣和知識水準，又保持了論述所必需的學術性，這在海內外同類著作中可算是別具一格，獨具匠心的。其次，要感謝本書的責任編輯徐平先生，他的學問和認真，讓筆者獲益非淺。胞弟胡俊對本書的寫作始終給了了鼓勵、支持和幫助，在此一併表示謝意。

胡昕　2010 年 10 月於舊金山東灣

人類大毀滅？
——漫談馬雅預言與歷史預測

作者◆胡昕

發行人◆施嘉明

總編輯◆方鵬程

主編◆葉幗英

責任編輯◆徐平

校對◆林郁潔

美術設計◆吳郁婷

出版發行：臺灣商務印書館股份有限公司

台北市重慶南路一段三十七號

電話：(02)2371-3712

讀者服務專線：0800056196

郵撥：0000165-1

網路書店：www.cptw.com.tw

E-mail：ecptw@cptw.com.tw

網址：www.cptw.com.tw

局版北市業字第 993 號

初版一刷：2011 年 1 月

初版三刷：2011 年 7 月

定價：新台幣 300 元

ISBN 978-957-05-2546-5

人類大毀滅？——漫談馬雅預言與歷史預測／胡昕
著. -- 初版. -- 臺北市：臺灣商務, 2011.01
　　　面 ；　公分

　ISBN 978-957-05-2546-5（平裝）

　1. 預言　2. 世界末日

296.5　　　　　　　　　　　　　　99019139

《安娜之死》

作者　謝曉昀

定價　350 元

西元 1980 年 6 月，居住在 S 鎮上中的少女安娜，先是離家出走後繼而失蹤，經過多日搜尋，殘破的屍體在荒涼的草原中被人發現。

經由失蹤人口通知前來認屍的兩位家屬：**葛羅莉與羅亞安**，都堅稱這具面目全非的屍體是她們的家人；在這兩人奇怪毅然的堅持之中，間接開啟一段神秘的相識過程，揭發出更多不堪回首的往事。

圍繞在神秘死亡中心的五個人，人生與命運因為安娜之死而糾結在一起。在過程中，一同緩慢地揭開了最終讓人詫異也讓人心碎的謎底，各自的人生也因為這個死亡而得到救贖。

惡之島

彼端的自我

謝曉昀 著

我遇見和我長得一模一樣的人，但是，我想親手結束他的生命……

臺灣商務印書館

《惡之島：彼端的自我》
作者　謝曉昀
定價　320 元

　　當你以為自己的人生走到了中年，生活安穩無慮，已擁有富裕的物質生活與社會地位，總感嘆生命中，再也沒有值得費力追求的目標時，突然出現一個與自己一模一樣，甚至生命力比你還旺盛的複製人時，你會有什麼感覺？

　　這本《惡之島—彼端的自我》，是關於島國與人類兩者分裂交錯的魔幻寫實長篇小說，精密剖析人對於另個自己，所會產生各種切面的心理面向；這本小說同時也深切地敘述一個事實：命運總是像骨牌效應，一個輕輕推倒，人生從此改變；而在面對萬劫不復的一刻，每個人是真的完全了解自己嗎？

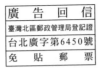

廣 告 回 信
臺灣北區郵政管理局登記證
台北廣字第6450號
免 貼 郵 票

100台北市重慶南路一段37號

臺灣商務印書館 收

對摺寄回，謝謝！

傳統現代　並翼而翔

Flying with the wings of tradtion and modernity.

讀者回函卡

感謝您對本館的支持，為加強對您的服務，請填妥此卡，免付郵資寄回，可隨時收到本館最新出版訊息，及享受各種優惠。

■ 姓名：＿＿＿＿＿＿＿＿＿＿＿＿＿＿＿ 性別：□ 男 □ 女

■ 出生日期：＿＿＿＿年＿＿＿＿月＿＿＿＿日

■ 職業：□學生 □公務(含軍警) □家管 □服務 □金融 □製造
　　　　□資訊 □大眾傳播 □自由業 □濃漁牧 □退休 □其他

■ 學歷：□高中以下（含高中）□大專 □研究所（含以上）

■ 地址：＿＿＿＿＿＿＿＿＿＿＿＿＿＿＿＿＿＿＿＿＿＿＿＿＿
　　　　＿＿＿＿＿＿＿＿＿＿＿＿＿＿＿＿＿＿＿＿＿＿＿＿＿

■ 電話：(H)＿＿＿＿＿＿＿＿＿＿ (O)＿＿＿＿＿＿＿＿＿

■ E-mail：＿＿＿＿＿＿＿＿＿＿＿＿＿＿＿＿＿＿＿＿＿＿

■ 購買書名：＿＿＿＿＿＿＿＿＿＿＿＿＿＿＿＿＿＿＿＿

■ 您從何處得知本書？

　　□網路 □DM廣告 □報紙廣告 □報紙專欄 □傳單
　　□書店 □親友介紹 □電視廣播 □雜誌廣告 □其他

■ 您喜歡閱讀哪一類別的書籍？

　　□哲學·宗教 □藝術·心靈 □人文·科普 □商業·投資
　　□社會·文化 □親子·學習 □生活·休閒 □醫學·養生
　　□文學·小說 □歷史·傳記

■ 您對本書的意見？（A/滿意 B/尚可 C/須改進）

　　內容＿＿＿＿＿編輯＿＿＿＿校對＿＿＿＿翻譯＿＿＿＿
　　封面設計＿＿＿＿價格＿＿＿＿其他＿＿＿＿＿＿＿＿

■ 您的建議：＿＿＿＿＿＿＿＿＿＿＿＿＿＿＿＿＿＿＿＿＿

※ 歡迎您隨時至本館網路書店發表書評及留下任何意見

臺灣商務印書館 The Commercial Press, Ltd.

台北市100重慶南路一段三十七號　電話：(02)23115538
讀者服務專線：0800056196　傳真：(02)23710274
郵撥：0000165-1號　E-mail：ecptw@cptw.com.tw
網路書店網址：www.cptw.com.tw 部落格：http://blog.yam.com/ecptw